U0853928

金正昆，浙江东阳人，1959年出生，知名礼仪与公共关系专家。曾为中国人民大学国际关系学院外交学系主任，教授、外交学博士生导师；现为国家检察官学院、中国民航大学、中国石油大学、西北大学、西南大学、南昌大学等多所高等院校兼职教授。其应用礼仪研究，目前处于国内前沿位置。自20世纪80年代末起，率先在国内高校中开设现代礼仪课程，积极致力于向全社会推广、普及礼仪规范，倡导当代礼仪的中国化、时代化与大众化。已在相关领域正式出版专著、教材30余部，发表论文百余篇。代表作主要有《外交学》《行政礼仪》《接待礼仪》《校园礼仪》《外事礼仪》《公务员礼仪》《大学生礼仪》《教师礼仪规范》《社交礼仪教程》等。

目　　录

绪　论

荀子尝言："学不可以已。"《礼记》则进一步强调："人不学，不知道。"

学习礼仪，与学习其他任何一门学问一样，首先需要回答三个基本问题：第一，它是什么？第二，为什么要学习它？第三，怎样才能学好它？

综合职场礼仪的学习，下面将对上述三个基本问题逐一予以阐述。

第一，什么是礼仪？

中国素称礼仪之邦。自公元前 11 世纪周公姬旦制礼以来，礼仪早已成为中华主流文化的重要组成部分之一。因此，孔子的三十二代孙孔颖达曾骄傲和自豪地说过："中国有礼仪之大，故称夏；有服章之美，谓之华。华、夏一也。"

谈到个人修养时，孔子所发表的见解是："君子博学于文，约之以礼"，"不学礼，无以立"。他的这一真知灼见，早已成为我国主流社会的一种共识。

在中华传统文化发展的进程中，"礼"因其侧重点不同，而逐步地形成了诸如"礼义""礼法""礼规""礼化""礼乐""礼俗""礼交""礼仪"，以及"礼貌""礼节"等不同的表述。时至今日，以"礼仪"表述"礼"，或者说将"礼"与"礼仪"等量齐观，已成为约定俗成的做法。

就其内涵而论，由"礼"演化而来的"礼仪"实际上兼具以下双重含义：

一方面，"礼仪"是人们为人处世的良好态度。孔子曾经言简意赅地指出："礼者，敬而已矣。"在这里，"礼仪"所侧重的是"礼"。在此含义上，可以称为"礼貌"。在人际交往中，所谓有"礼"之人、"'礼貌'待人"之人，皆知"有礼者敬人"，"礼多人不怪"。简言之，作为为人处世的良好态度，"礼仪"所强调的是：敬人为本。

另一方面，"礼仪"则指人们待人接物所应遵守的正确的行为规范。程颐曾经就此明确地指出："礼者人之规范也，守礼所以立身也。"在这里，"礼仪"所侧重的则是"仪"。在此含义上，亦可称为"礼节"。在实际操作中，所谓守"礼"之人，皆知"不以规矩，不能成方圆"。在人际交往中依"礼"待人，则必须对个人的所作所为"以礼节之"，即按照标准化的程序与仪式进行。简言之，作为待人接物所应遵守的正确的行为规范，"礼仪"所要求的是：操作规范。

就其外延而论，“礼仪”则是“礼”与“仪”，或曰“礼貌”与“礼节”的集合，没有“礼”、没有“礼貌”，“仪”与“礼节”便显得空洞无物、徒有其表。没有“仪”、没有“礼节”，“礼”与“礼貌”则犹如空中楼阁、无从谈起。

在本书之中，以下所言及的“礼仪”，均为“礼”“仪”并重，或者说是作为“礼貌”与“礼节”集合的“礼仪”。概而言之，“礼”是对“仪”的要求与指南，无“礼”则无“仪”；“仪”是“礼”的载体与体现，无“仪”则无“礼”。守“仪”，必须明“礼”；行“礼”，则应知“仪”。

第二，为什么要学习礼仪？

习近平同志曾经指出，“礼仪是宣示价值观、教化人民的有效方式”。他的精辟论述，从根本上回答了为什么要学习礼仪这一问题。

对于现代人来说，学习礼仪、掌握礼仪、遵守礼仪，或曰践行礼仪，具有下述三个方面的明显作用。

其一，践行礼仪可以教人向美。

子曰：“文质彬彬，然后君子。”通过礼仪的践行，人们可以“正容体、齐颜色、顺辞令”，可以“正其衣冠”，可以变得和颜悦色、温文尔雅。

践行礼仪，不仅可以令人美化自身，而且还可以通过自身的美化来美化社会、美化祖国、美化世界，美美与共。倘若人人如此、时时如此、处处如此，并且持之以恒，则可谓“美丽中国”因为有你！

其二，践行礼仪可以导人向善。

礼仪所教的是“修己以敬”“修己以安人”“修己以安天下”。礼仪所要求的是“躬自厚而薄责于人”“礼之用，和为贵”“知同明异”“求同存异”“克己复礼”。

孟子有言：“礼，门也。”践行礼仪，实质上就是要求人们敬他人、敬社会、敬国家、敬工作、敬自己，“毋不敬”，就是要求人们善待他人、与人为善。

其三，践行礼仪可以促人向上。

《礼记》曰：“礼也者，理也”，“礼之所尊，尊其义也”。践行礼仪，无疑需要知书达理、深明大义。礼仪所言之“理”、所谓之“义”，就是要求人们“见贤思齐”，“见不贤而内自省”，“吾日三省吾身”，“君子上达”，奋发向上。

践行礼仪，就是要求人们明大德、守公德、严私德，自觉地遵守公序良俗，做一个有良好教养的人，做一个行为与品德高尚的人，做一个有益于人民、有益于社会、有益于祖国的人。

总的说来，当代中国人践行礼仪，是利国家、利社会、利他人、利自己的善举，是有益于建设富强民主文明和谐美丽的社会主义现代化强国的上行之举。

第三，怎样才能学好礼仪？

在具体实践中，礼仪可按照其适用场合、适合对象之别，划分为不同的类型。以下所讨论的是怎样才能学好礼仪的问题，主要指的是职场礼仪的学习。

顾名思义，职场礼仪属于一种按其适用场合划分的礼仪类型，它往往是与社交礼仪相对而言的。

职场礼仪，在此指的是通行于机关、企业、事业、团体、科研院所等单位工作场所的礼仪规范。其适用对象为职员，即职场从业人员，俗称上班族，包括在职场上从事行政或业务工作的各类人员。

与职场礼仪相对应，所谓社交礼仪，则指的是人们在职场之外、非工作场合进行个人应酬时所应遵守的礼仪规范。其适用对象，既可以是上班族，也可以是无业人员、退休人员等。

依照常规，职场礼仪通常包括办公礼仪、礼宾礼仪、应酬礼仪、餐饮礼仪、服饰礼仪等具体内容。

在具体的操作上，职场礼仪明确了职员在其工作中应当如何“有所为”、应当如何“有所不为”。“有所为”，指的是操作职场礼仪之“宜”，即它的“高线”；“有所不为”，则指的是操作职场礼仪之“忌”，即它的“底线”。

学好职场礼仪，关键是要从以下四个方面具体着手：

首先，应当掌握原则。

职场礼仪的学习，自然应当原则与细节并重。但就其具体应用而言，职场礼仪的基本原则往往不可或缺。有道是“思维决定行为”。应用职场礼仪时倘若忽略了以其基本原则作为行为指南，难免会无的放矢、事倍功半。

其次，应当关注细节。

老子主张：“天下大事，必作于细。”在实际操作中，职场礼仪由一个又一个具体细节所组成。操作职场礼仪时如果忽略了其具体细节，有时便会功亏一篑。

再次，应当“以戒为师”。

毋庸讳言，职场礼仪的内容包罗万象，细节纷繁复杂。但是，在其具体操作中必须分清主次，即应当“以戒为师”。孟子认为：“人有不为也，而后可以有为。”所谓“以戒为师”，即操作职场礼仪时重在守住“底线”，重在不该失礼处绝不失礼。

最后，应当立即行动。

学好职场礼仪，重在付诸行动。学礼、知礼、守礼、行礼的具体水准如何，重在从我做起、从现在做起。

毛泽东同志教导我们："读书是学习，使用也是学习，而且是更重要的学习。"邓小平同志则强调，"学马列要精，要管用"。

无论如何，学好职场礼仪，重在行之有效，重在学以致用，重在实践、认识、再实践、再认识，重在为做好自己的本职工作尽心尽力。

进而言之，学好职场礼仪，还应坚持古为今用、洋为中用、推陈出新。身为当代中国人，理当明确的是：中国的职场礼仪必须坚持中国特色，弘扬优秀的中华传统礼仪文化。与此同时，还应意识到：中国正在走近世界舞台的中心。作为全球化的积极参与者与人类命运共同体的积极构建者，中国理应遵守有关职场礼仪的国际惯例。

还应明确，中国的职场礼仪亦须与时俱进、推陈出新。《礼记》主张："礼，时为大。"唯有如此，职场礼仪的学习才能够真正做到学有所得、学有所成、学以致用。

第一章 办公礼仪规范

《礼记》曰："在官言官，在府言府，在库言库，在朝言朝。"

职场者，职员工作之处所也，亦即上班族平时上班之场所。在职场工作，每一名职员所做最多的事情就是在写字间内处理各式各样的公事，就是所谓办理公务，亦称办公。从总体上讲，办公不仅是每一名职员日常工作的基本形式，而且也是其上班供职的常规形式。人们在与一家单位进行接触，尤其是初次与之打交道时，通常都会对其职员的办公礼仪是否规范给予高度关注。

礼仪者，对常人而言，乃其正确的行为规范；对职员而言，则为其所应具备之职场教养。孟子说过："礼，门也"；"不以规矩，不能成方圆"。换言之，礼仪者，做人之规范也，为人之教养也，处世之规矩也。

办公礼仪，亦称办公室礼仪，一般是指职员在其工作岗位上，特别是在其写字间内处理公务时所应遵守的日常规范。概括地说，办公礼仪具有下述四个基本特征：

第一，规范性。办公礼仪，实际上就是职员在其工作中用以约束自己的标准化做法。其中最为强调的，就是各种各样的"规矩"。讲不讲"规矩"，不仅事关职员个人素质的高低，而且也是衡量所在单位办公是否规范的重要标准。

第二，对象性。运用办公礼仪，讲究其"对象化"。一方面，办公礼仪只能被职员用来严于律己，不宜以之苛求外人；另一方面，办公礼仪在具体运用时则要求因人而异，不可以死搬教条，不可以对所有人均按同一个标准无条件地硬套。

第三，细节性。就具体内容而论，办公礼仪十分强调对职员日常工作中每一环节的具体细微之处的规范。它注重的是：教养体现于细节，细节展示素质，细节决定成败。

第四，传统性。随着时代的进步，办公礼仪的形式与内容均会与时俱进，不断地调整、充实、发展。同时，办公礼仪也是非常推崇传统的，并且将本国、本民族的优秀传统文化与办公礼仪的标准化、正规化直接联系在一起。

办公礼仪的主旨，就是要求每一名职员在其具体的工作岗位上行事有法、待人有方、办公有道，并使所有的职员均能恪尽职守、勤于公务，努力地提高自己的办事效率。简单地讲，即：一要严于律己；二要善待他人；三要尽职尽责。

第一节 行 政

在职场上，每一名职员都必须严格地遵守行政礼仪。所谓行政礼仪，是指各个单位的职员行使具体的职责时，即在其内部管理与工作中所应遵循的最为基本的礼仪规范。

在运用行政礼仪时，对下述要求应予以重视：其一，就适用对象而言，它仅仅适用于本单位内部；其二，就适用地点而言，它仅仅适用于写字间这种特定的办公地点；其三，就适用时间而言，它仅仅适用于正常的上班时间。超越上述特定的范围，行政礼仪通常就会失效。

管理对任何一个单位的重要性都是不言而喻的，然而管理首先是对人的管理。作为专司内部管理工作之职的行政部门，主要任务实际上是协调、处理好本单位内部的人际关系，以便使本单位全体职员上下一心、同心同德、团结友善。由此可见，行政礼仪的主要使命，就是要协调、处理好本单位的人际关系，增强本单位的向心力与凝聚力。

一般而言，在具体规范单位内部的人际关系时，行政礼仪的基本宗旨是：约束自我、善待他人。

一、约束自我

就本质来说，人是各种社会关系的总和。因此，每一个正常人不论置身何处，都应当自觉地、积极地、主动地处理好人际关系。在现代社会中，忽略人际关系，或我行我素、率性而为，实际上永远都是行不通的。

“要做好事情，必须先做好人。”处理不好人际关系，其实就是不懂做人之道。不懂做人之道，反过来往往又会直接或间接地有碍自己的本职工作，导致自己往往没有做事情的机会。

每一名职员，不论其职位高低，在处理本单位内部人际关系时，首先都要学会约束自我。所谓约束自我，在此主要是要求职员在待人接物方面一定要严于律己；在处理本单位内部人际关系时，必须有意识地对自己有所要求。

按照常规的礼仪规范，每一名职员在自我约束方面，主要应当关注爱岗敬业、训练有素、保持自尊三大要点。

1. 爱岗敬业

爱岗敬业，是对职员的基本要求。在工作中，每一名职员都应自觉自愿地身体力行。就目前而言，职员的爱岗敬业主要应当表现在以下方面：

一是调整心态。所谓心态，此处是指一个人的心理状态。在事业上，大凡获得成功的人士，都必定保持着良好的心态。人们只有调整好自己的心态，才能真正做好自己的事情。作为一名职员，在自己的工作岗位上，一定要善于调整心态：胜不骄，败不馁；能上能下，能进能退。

二是全心投入。常言说：“三百六十行，行行出状元。”要想在本职工作上有所成就，就一定要认真对待自己的工作。热爱是最好的老师，专心是最佳的途径。在工作上认真负责，锲而不舍，就一定会取得长足的进步。

三是努力进取。在工作上不仅要专心致志，而且还要奋发向上、不断进取。唯有目标明确，才不至于虚度人生。在工作中只有不断进步，才能使自己立于不败之地。在工作中没有努力进取的精神，就会失去上进的动力，就有可能在激烈的竞争中被淘汰。

四是坚忍不拔。一个人要做多大的事情，就要承担多大的压力。在事业上与生活中，任何人都不可能一帆风顺，被他人误解、遭受挫折，甚至饱受委屈的事情也许会时有发生。此时此刻，应当坚忍不拔，甚至忍辱负重，经受住任何形式的考验。

五是以苦为乐。在自己的工作岗位上要想赢得他人的好评，不仅需要努力学习、勤于钻研，而且还需要吃苦耐劳，不为名利所动，不计较一时一事的得失。

六是取长补短。毛泽东曾经说过：“虚心使人进步，骄傲使人落后。”在工作中，既要承认自己的长处，更要正视自己的短处，并且还要善于取人之长、补己之短。

2. 训练有素

在社会上，每一位受人尊重的人，都必定在其事业方面有所成就。在职场上，不论是一位上司，还是一名普通职员，都应当努力使自己拥有一技之长，在工作的各方面都表现得训练有素。下述六点，尤应注意。

一是精通业务。一名职员如希望自己在工作中表现得训练有素，首先就要精通业务。而要真正做到这一点，就必须从现在做起、从点滴做起，认真学习，努力实践，在钻研业务时既要有热心，更要有耐心。

二是学识渊博。每一名职员除了要熟悉自己的业务外，还应当开阔视野、善于观察、勤于思考，努力学习掌握其他方面的新知识、新技术、新信息。

三是遵守法纪。在日常工作与生活中，每一名职员都应做到在社会上遵守法律，遵守社会公德；在单位中遵守制度，遵守职业道德。与此同时，还应当讲究家庭美德与个人品德，并且自觉地遵守公序良俗。

四是守口如瓶。在职场上，有时难免人人都会掌握一定的行业秘密或者别人的隐私。而一名训练有素的职员的标志之一，就是在外人面前对此要守口如瓶。这不仅是一种个人素养，而且也是一项最基本的职业操守。

五是注重效率。在工作中，既要认真做事，更要讲究效率；不但要追求质量，而且也要保证数量。假使职员在工作中拖拖拉拉、瞻前顾后、敷衍了事，必然会为其他后来者所赶超。

六是恪守承诺。在职场上，人们十分强调“一诺千金”。在公务交往中，一个讲信用的人才有可能广交朋友，而一个不讲信用的人却往往举步维艰。有人曾说：“信用是每一家企业的最佳广告，也是现代人在职场的立足之本。”此言宜为每一名职员所谨记。

3. 保持自尊

在处理各方面的人际关系时，职员都要有意识地保持自尊。只有尊重自己，才有可能获得他人的尊重。一个没有自尊的人，永远也不可能受到他人的尊重。每一名职员在维护其自尊时均应注意下列五项细则：

一是珍惜形象。在工作中，职员必须对个人形象倍加珍惜。每一名职员的衣着、举止、谈吐，既反映着自身的精神风貌，又表现出其素养、品位与身份。在此方面稍有差错，就会使个人形象受到损害。

二是公私分明。处理公务时，公私分明是对每一名职员的起码要求。一方面，要分清职场大局与个人感情，不要将个人感情夹杂到工作关系之中；另一方面，要爱惜本单位财物，自觉防止贪占本单位财物的行为。

三是争分夺秒。在职场上，时间就是生命、时间就是效率、时间就是资源。在工作中，每一名职员都应当善于有效地分配时间、利用时间，分秒必争，并且懂得珍惜他人的时间。

四是安排有方。单位里的日常工作，往往千头万绪。要想达到举重若轻的境界，就一定要善于合理安排，并力求轻重有别、缓急有序、条理分明、有条不紊。

五是维护环境。在工作中要想给他人留下良好印象，就应当认真地维护好自己的办公环境。具体而言，办公环境又有“大环境”与“小环境”之分。前者是指办公室内外的整体环境，后者则是指个人的办公桌、文件柜等具体环境。对它们的基本要求是：干净、整洁、有序。

二、善待他人

在本单位内部从事任何一项具体的管理工作，往往都会涉及各种各样具体而又复杂的人际关系。应当承认，协调、处理人际关系的能力，是一名职员所应具备的基本工作能力之一。在现实的人际交往中，一个人的人际关系如何，不仅反映着其个性如何，而且往往决定着其事业的成功与发展与否。

在公务交往中，要求每一名职员在协调与处理人际关系时都要始终不渝地善待他人。善待他人，一般又涉及下列五个层面的问题：其一，主动地接受他人；其二，积极地欣赏他人；其三，认真地尊重他人；其四，努力地理解他人；其五，友善地对待他人。

在单位的内部管理中，每一名职员所面临的最重要的人际关系不外乎与同事的关系、与上司的关系、与下属的关系、与异性的关系等。孟子明确地说过，“有礼者敬人”。他所要求的是：以礼待人，就是要敬重对方、善待对方。若想在实际工作中真正做到敬重对方、善待对方，自然应当根据交往对象的不同而有所区别。

1. 与同事的关系

同事，这里指的是在单位里共事的，朝夕相处的，或职级相近、业务相近的工作上的伙伴。在单位里供职时，同事往往是不能由自己所选择的。唯有主动接受他们，并力争与其和睦相处，才有助于自己工作的顺利开展。

必须牢记：尊重同事是一种本分。具体来讲，要处理好与同事的关系，应注意下列六点：

一是平等相待。与同事共处，要亲切友善，不能区分亲疏远近。一般情况下，对待同事应当一视同仁、不偏不倚。在同事之中拉山头、划圈子、搞宗派，或者过于偏向某一部分人，虽有可能受到极个别同事的青睐，但也可能由此而失去另外一些同事的好感。此类庸俗的做法，最终只会损害同事之间的关系。

二是搞好团结。要做好本职工作，就必须具有团队意识，善于团结同事。平时与同事打交道时，既要讲究公事公办、开诚布公、直言不讳，敢于开展批评与自我批评，又要注意具体的方式方法，不搞歪门邪道，不吹毛求疵、借题发挥、煽风点火、挑拨离间，不能破坏团结。

三是以诚待人。正常的同事关系，应当是君子之交。此种君子之交的同事关系，要求彼此之间豁达大度、互信不疑、以诚待人。苏东坡曾经说过："服人以诚不以言。"人与人之间最大的信任来自诚实无欺，同事之间的相互信任亦应以真诚为基础。对同事虚情假意、不讲诚信，必然会失去对方的信任，甚至伤害对方。

四是相互支持。既然同事是自己工作上的伙伴，那么在工作中就应当主动地关心对方、帮助对方。当同事需要支持和帮助时，应当挺身而出，而不要附加其他条件、要求，也不能为此而有怨言。应当明确的是，支持同事的工作不仅会赢得对方的支持，而且也会直接地有助于本单位的发展。

五是距离适度。不论帮助、关心、支持同事，还是对方主动有求于自己，都要注意就事论事，适可而止。处理自己与同事的关系时，始终都要把握好分寸，要防止热情"越位"、强人所难、影响到对方的工作、干涉对方的私生活，避免引起对方的反感。

六是戒骄戒躁。在工作中，要虚心待人，善于向周围的同事学习，见贤思齐。要真正地视同事为良师益友，认真地向对方学习。在同事面前，任何时候都要力戒自高自大、目空一切、忘乎所以。对同事指手画脚、盛气凌人、简单粗暴，都是要不得的。

2. 与上司的关系

在单位里，上司指的就是自己在工作关系上的上级领导。妥善地处理好自己与上司的关系，通常被视为本职工作顺利开展的基本前提。

必须牢记：尊重上司是一种天职。要处理好自己与上司的关系，下述五点均须谨记：

一是服从领导。与上司共事，首先需要摆正自己的位置。既然在上司面前自己是下属，那么在工作中就必须服从上司的领导。在具体工作中，允许职员以正当方式向上司提出意见或建议，但一旦上司做出了决策，就必须积极地遵照执行。对上司的指令阳奉阴违，任意曲解，甚至公然大唱反调，都是绝对不允许的。

二是维护威信。在工作中，不论为了维护单位的形象，还是出自下级服从上级的纪律约束，每一名职员都必须有意识地维护上司的个人威信。一方面，不宜在背后议论、评论、指责上司的个人能力与决策；另一方面，则不宜在大庭广众之中顶撞、指责上司，或者取笑、捉弄上司，使其当众出丑。

三是敬重上司。不论自己与上司之间的私人关系如何，都要注意在工作场合，尤其是在外人面前时时、处处、事事以恭敬之心相待。要明确自己与上司在工作中所处的不同位置，该向上司请示时就要请示，该向上司汇报时就要汇报，对上司的建议要认真考虑，对上司的批评亦应虚心接受。称呼上司时要使用尊称，与上司交谈时要使用敬语，同上司外出时勿忘“礼让三分”。

四是明确权限。在单位里，每一名职员不但分工不同，而且工作之中的权限范围也有所不同。在实际工作中，每一名职员对自己的具体工作既要开拓进取、积极主动，也要讲究量力而行、明确权限。一个单位犹如一部机器，要保证其正常运转，就要求其所有部件各就各位、恪守本分。假如职员在工作中率性而为、擅自做主，不懂得各司其职的重要性，往往就会导致单位这部机器“运行出轨”。

五是全力以赴。在日常工作中，职员对于上司最给力的支持、最好的回报，就是要认认真真、尽心尽力地做好自己的本职工作。在平时，积极做好本职工作，实际上就是主动地配合上司，就是为上司分忧，同时也是对上司的最大支持。真正做到了这一点，无疑将会使上司对自己另眼相看。

3. 与下属的关系

所谓下属，在单位内部一般是指在工作中归属自己管理、领导的下级部属。俗话说：“一个好汉三个帮。”任何一名领导，不论其多么精明强干，如果失去了下属的支持、配合与拥戴，往往就会变成一事无成的孤家寡人。

必须牢记：尊重下属是一种美德。要想处理好与下属的关系，对下列五点应予以重视：

一是充分信任。每一名有成就的领导，都懂得对于下属必须“用人不疑，疑人不用”。在实际工作中，一旦将某项具体任务交给了下属，就要给对方以相应自主安排、自行发挥的空间，要充分信任下属的经验、能力与判断。除必要的指令之外，一般不要给予下属过多的限制与干涉。这种做法对对方既是一种信任，也是一种支持。

二是量才使用。在向下属具体分配、下达任务时，首先应当对其在工作上的能力、经验与潜质综合加以考虑，然后在此基础上量才使用。对下属量才使用而不是逼迫对方勉为其难，不仅有助于工作任务的顺利完成，而且也是现代管理科学对领导者提出的起码要求。

三是礼贤下士。在工作中所存在的上下级关系，不过是由于分工不同而形成的一种普通的人际关系。在上司与下属之间，既存在一种领导与被领导的关系，又存在一种同舟共济的同事关系。《礼记》要求：“在上位，不陵下。”一名高明的领导必然懂得：礼贤下士是领导所必备的一种素养。在任何时候，领导对下属都要平等相待、态度温和，尤其要在人格上尊重对方。

四是热情相助。在实际工作中，每一名领导都要积极而主动地对自己的部下给予一切力所能及的、必要的帮助。在下属需要帮助时，一定要尽力相助。当下属未曾要求帮助，而自己发现确有帮助对方的必要时，亦应出手帮助。对上司而言，为下属排忧解难属于其本职工作；帮助下属，其实就是帮助自己。

五是体谅保护。为下属所爱戴的上司，通常都善于对下属体谅保护。在工作中处理人际关系时，上司不能搞任人唯亲；评估工作时，上司不应对下属求全责备；下属遭遇困境时，上司要敢于同下属风雨同舟；下属遇到挫折时，上司对下属要在生活上帮助、工作上支持、精神上理解；下属在工作中发生失误时，上司则理当主动承担必要的责任。

4. 与异性的关系

在每个单位内部，人们在协调、处理人际关系时，通常均需考虑性别因素。在任何场合，男女之间的关系往往都十分敏感。在单位里，这一点自然也不例外。

必须牢记：尊重异性是一种风度。处理与异性之间的相互关系时，职员不可忽略以下四点：

一是男女平等。在单位里，尽管男女之间分工有所不同，但其社会地位理当完全平等。要坚决反对在工作中存在的性别歧视，尤其是要反对男尊女卑、重男轻女或女权至上、重女轻男的极端主义做法。

二是彼此宽容。在坚持男女平等的同时应当承认，在具体工作风格上往往男女确有差异：男性处事相对果断，但却往往为人粗犷、散漫；女性往往温柔细心，但却时常拘谨、敏感。因此，男女相处时要彼此包容、忍让，彼此都不宜苛求于对方。

三是相互配合。要做好工作，就要善于同异性搞好配合。在工作中，既要善于与同性进行合作，也要学会如何与异性打交道。总之，要在工作中充分调动各方面的积极性，不同性别的职员要相互配合，不论缺少了哪种性别的职员，往往都有可能造成整个工作团队的损失。

四是掌握尺度。与异性相处，需要掌握好分寸。对异性的关心和帮助都不要超过一定限度，不能违反公序良俗与法律法规。与异性交往，切忌距离不当。语言上不检点、举止上无自尊、共处时没风度、工作中不与之合作、人际交往中利用对方，都是不当之举。

第二节 销 售

在许多单位的各项日常业务之中，销售永远处于十分重要的位置，从根本上来说，销售业绩往往直接关系到每一个以此为主业的单位的生存与发展。

所谓销售，通常是指卖出自己的产品、技术与服务。任何成功的销售，往往既有赖于产品、技术、服务自身的特点与长处，又有赖于相关人员的积极而共同的努力。

就礼仪规范而言，职员从事具体的销售工作时，主要应当在接近客户、争取客户、影响客户三个方面多加注意。

一、接近客户

从事销售工作，必须以接近客户为出发点。接近客户，在此具体是指以一定的方式与客户进行直接接触。有时，又称为接触客户。只有接近客户，才有可能令对方注意到自己的单位及其产品、技术、服务的存在，才有可能令对方对此产生兴趣，并逐渐在今后成为自己潜在的或现实的消费者。假如销售人员连接近客户这一点都做不到，便没有任何成功的机会可言。

根据礼仪规范，销售人员在销售过程中如想成功地接近客户，就务必自觉遵守“三 T 法则”。所谓“三 T”，即时机（timing）、机智（tact）、包容（tolerance）三个英文单词的首字母缩写。它的含义是：在接近客户时，销售人员务必掌握时机、灵活机智、善于包容。只有认真遵守“三 T 法则”，销售人员才能够真正地做到在空间距离与心理距离上同时接近客户。

1. 掌握时机

要想成功地接近客户，必须首先看准时机。假如不合时宜，销售人员的主观意图自然便难以实现。一般而言，下列几种时机，都是销售人员主动接近客户的最佳选择。

一是客户产生兴趣之时。如果客户已经自发地对某项产品、技术或服务产生了兴趣，销售人员的接近往往便易于取得成功。

二是客户有此要求之时。有时，客户如果主动提出要求，希望对有关产品、技术、服务进行更深一步的了解，此刻销售人员接近对方往往便是顺理成章之事。

三是客户较为方便之时。稍有眼色的人都知道：对方若是不方便，接近对方则必然会碰壁。相反，若不会给其带来不便，且为对方心情愉快之时，则接近对方便易于成功。

四是现场环境有利之时。倘若当时的现场及其周边环境对接近客户比较有利，则销售人员对对方的接近一般容易取得成功。

五是内外形势较好之时。在内外形势对本单位比较有利时，因势利导地主动接近客户，也有较大的胜算。

2. 灵活机智

接近客户，有时必须讲究一定的方式与策略。不论采用哪一种具体的接近方式，都要求销售人员必须灵活机智：既要知难而上，又要适可而止；既要设法引起客户的兴致，又要力戒勉强对方。

销售人员要想真正做到灵活机智这一点，关键是要因人而异、因物而异。因人而异，在此是指针对不同的客户，接近时必须采取不同的对策，具体情况具体对待；因物而异，则是指销售人员在接近客户时，还需统筹考虑自己所销售的产品、技术、服务的特点。销售不同的产品、技术、服务时，应采用不同的推销方式。目前，常见的可以直接接近客户的推销方式主要有以下四种：

一是现场推销。它是指将待售之物置于一定的场所，一边介绍，一边销售。此种推销方式的长处是受众具体、现身说法、易于调整，其不足之处则是其覆盖面较小。

二是上门推销。它是指销售人员直接登门拜访潜在的消费者，对自己所售之物进行推销。这种推销方式受外界干扰较少，但却容易遭到拒绝。

三是电子推销。它是指利用目前通行的电子媒介，例如，社交媒体、互联网、电话等途径所进行的推销。这种推销方式的优点是可以节省各种资源，并且可以详尽地说明情况。它的缺点则是不易及时得到反馈，并且可信度较差。

四是传媒推销。它是指利用电视、报纸、广播、期刊等大众传媒所进行的推销。传媒推销的覆盖面广、影响大，但所需费用较高，效果往往不易控制。

3. 善于包容

由于销售工作是让消费者付款接受一种产品或服务的过程，所以当销售人员主动接近客户时，必须做好必要的思想准备，要学会接受被别人拒绝，要善于包容、忍让别人。也就是说，要容忍他人的怠慢与误解，甚至要忍受常人所难以忍受的种种委屈。

具体来说，在接近客户时要做到善于包容，主要应当注意以下四点：

一是态度上谦恭有礼。不论自己意欲接近的对象如何对待自己，都要自始至终地以礼待人，始终做到友善、热情、文明、谦恭。

二是口头上有问必答。在自己接近客户的具体过程中，对客户以及周围的人所提出的任何问题，不论其是否专业、是否友善、是否与业务有关，均应来者不拒、有问必答，并尽心尽力。

三是语气上不厌其烦。对别人的非议、质疑，甚至讽刺、挖苦、挑衅或刁难，都要以静制动，克制自己的情绪，不为其所动。对自己的本职工作，一定要表现出应有的素质。

四是表现上坚守底线。它要求销售人员在接近客户时，除了主动热情之外，必须守住一个克制与容忍的基本底线，即：不应有损于国格，不应有损于人格，不应有损于自己的所在单位。在任何情况下，都不应当为了接近客户、促成销售，而对他人低三下四、摇尾乞怜，放弃做人的基本原则。

二、争取客户

在销售过程中，销售人员一旦成功地接近了客户，就应当再接再厉，尽快与对方实现良性互动。这一过程，被称作争取客户。争取客户的关键，是要求销售人员认真地了解客户心理，积极地见机行事，主动地启发、引导对方，以促使双方交易的成功。

在争取客户的过程中，就礼仪规范而言，通常必须兼顾掌握客户心理、临场反应敏捷、推介重视互动、讲究销售技巧四大要点。

1. 掌握客户心理

在争取客户的过程中，理当注意对方的心理变化。不仅如此，还应当努力适应对方，并且因势利导，争取变被动为主动。

针对客户的心理变化，销售人员在争取客户时，通常要做好如下四件事情：

一是促使客户加深认识。在推介所售产品、技术、服务时，应针对客户的兴趣及疑虑，尽可能地向客户提供更多的资讯，以便使客户对所售产品、技术、服务有更为全面的认识。

二是促使客户体验商品。在条件允许之际，应为客户提供一些直接接触所售产品、技术、服务的机会，让其试看、试听、试穿、试玩、试用，以便亲自体验所售产品、技术、服务的优点。

三是促使客户产生联想。推介产品、技术、服务时，销售人员可以客观地突出其品牌、特征、知名度、消费圈等客户关心的要素，促使客户产生正面联想，引发其消费冲动。

四是促使客户有所选择。进行消费前，客户往往要对拟购产品、技术、服务的品牌、型号、质量、功能、价格、优惠条件、操作方法、更新换代与售后服务反复权衡、比较。若适时地向客户多提供几种选择，既可以满足客户需要，又可以更好地赢得客户信任。

2. 临场反应敏捷

面对客户时，销售人员不但要观察细致，而且还应该反应敏捷。做不到这一点，就容易使自己经常失去客户。

要求销售人员面对客户时反应敏捷，主要是要求其具有一种反应迅速的综合能力。具体而言，应当表现为以下“六快”：

一是眼快。它要求：销售人员善于察言观色，及时看清楚客户的神态、表情、举动，以及其他方面的临场反应。

二是耳快。它要求：销售人员能够耳听八方，及时听到、听清、听懂客户的具体要求、建议或意见。

三是脑快。它要求：销售人员思维敏捷，及时根据自己的所见所闻做出判断，并迅速做出必要的反应。

四是嘴快。它要求：销售人员可以及时而流畅地说明、解释、答复客户所提出的、所感兴趣的任何问题，并且在语言沟通上与对方不存在障碍。

五是手快。它要求：销售人员及时用双手为客户提供规范、周到、热情的服务。

六是脚快。它要求：销售人员腿脚利索，行动迅速，办事效率高，不耽误客户的时间。

3. 推介重视互动

任何一次成功的销售，通常都离不开销售人员与客户双方之间的互动。作为争取客户的关键步骤之一，销售人员在推介所售产品、技术、服务时，一定要重视双方之间的互动。

销售人员在向客户推介所售产品、技术、服务时，能否实现真正的互动，关键在于销售人员以下两个方面的表现：

一是发现焦点。一般而言，客户在购买产品、技术、服务时，主要关注其档次、功能、价位三大因素，它们被称作客户购物的三大焦点。具体来说，不同层次的客户在关注这三大焦点时，往往又有各自不同的侧重点：一般而言，成功人士讲究的是档次，专业人员重视的是功能，工薪阶层注意的则往往是价位。

销售人员在其面向客户进行推介时，一定要善于区分对象，善于发现不同对象所关注的不同焦点。

二是投其所好。推介产品、技术、服务时，销售人员往往必须学会对客户投其所好。其中最常用的做法之一，就是要在所售产品、技术、服务的独特之处上大做文章：

其一，强调“人无我有”。若自己所售产品、技术、服务有同类其他产品、技术、服务所不具备的新特点时，必定就会引人注目。

其二，强调“人有我优”。当自己的产品、技术、服务在功能等方面与竞争者不相上下时，若强调其优质、优价以及优越的“出身”，同样也可以吸引广大消费者。

其三，强调“人优我新”。若自己的产品、技术、服务与竞争者相比没有其他长处时，突出其在设计、款式等方面的一个“新”字，亦可吸引不少追求新潮、新款的消费者。

4. 讲究销售技巧

从总体上讲，争取客户是一项十分复杂的工作。要做好此项工作，既需要销售人员具备高度的责任心，又需要面对客户时讲究一定的销售技巧，二者往往缺一不可。

直接面对客户时，销售人员所必须坚持的销售技巧有所谓的“四先四后”，它们具体是指：

一是先易后难。销售人员向客户介绍产品、技术、服务时，务必先从客户易于理解之处入手，然后方能由浅入深、由易而难、循序渐进，逐渐提高其难度、深度。

二是先简后繁。销售人员在讲解产品、技术、服务的功能等专业性问题时，理应先从简单易解之处开始，随后再逐步向复杂烦琐之处过渡。

三是先急后缓。在一般情况下，销售人员在推介、展示产品、技术、服务时，均应首先考虑客户服务需求，从对方急于了解之处开始，然后再逐渐推进到对方并不急于了解的相关内容上。

四是先特殊后一般。销售人员在介绍、推广产品、技术、服务时，通常应先强调其特点，首先从其特别之处入手，然后再逐步涉及其他较为普通的内容。

三、影响客户

众所周知，在整个销售过程中，销售人员与客户往往相互影响。对销售人员而言，一定要尽最大的努力，向客户施加正面的、积极的、有益的影响，以争取销售的成功。

在任何时候，影响往往都具有一定的主观目的性。当销售人员主动在销售过程中影响客户时，其影响应具体体现在价值、诚信、真心、情感、形象五个方面。它们又被称为“影响客户五要素”。

1. 以价值影响客户

客户购买产品、技术、服务时，首先希望的是等价交换，并且物有所值。因此，在影响客户时，销售人员始终应坚持以价值为基本导向。具体而言，下列三点尤应注意：

一是强调其真实价值。向客户讲清楚产品、技术、服务的真实价值，自然而然就会令对方感到物有所值。

二是强调其使用价值。客户购买产品、技术、服务的时候，最看重的是其使用价值，亦即对自己“需求的满足”。从科学的角度讲，使用价值又可分为物理性使用价值与心理性使用价值。前者是指纯粹物质方面的用途，后者则是指对消费者精神方面的满足。强调所售产品、技术、服务的使用价值时，对其两个侧面应当并重。

三是强调其价格优势。价格是价值的表现形式，同时往往也会成为销售的一大障碍。在涉及价格问题时，销售人员要重点强调自己所售产品、技术、服务货真价实，同时还要杜绝价格欺诈。

2. 以诚信影响客户

《论语》曾有要求："与朋友交，言而有信。"古罗马政治家西塞罗则强调："没有诚实，何来尊严?"他们对诚信的推崇，销售人员应当铭记于心。

在销售产品、技术、服务的具体过程之中，要真正做到"诚信"二字，对下列两点就必须加以注意：

一是坚持以诚待人。所谓以诚待人，就是要求一个人为人处世要诚实坦然、表里如一、言行一致。这一点讲起来很容易，真正付诸实施却有一定的难度。在销售过程中，要求销售人员以诚待人，主要应当表现为：所售商品、技术、服务在质量、功能、价格及售后服务方面，必须说到做到，不能弄虚作假、欺骗他人。永远都不要忘记：诚实是做人的一种教养与美德。

二是坚持取信于人。所谓取信于人，就是要求人们在日常的交往应酬之中，必须讲究信誉，必须慎于承诺、有诺必践、言行一致、讲话算数。在任何时候，都不能在正式场合信口开河、言过其实、乱做承诺、开空头支票。在销售过程中，每一名销售人员都要充分认识到：取信于人，是职员所要遵守的职业道德。讲不讲信用，不仅是一名销售人员懂不懂规矩的原则问题，而且反映了其单位是否有严格的制度保障与纪律约束，并直接涉及其单位的形象。讲不讲信用，同时还是销售工作能否拥有良好口碑、是否可持续发展的关键性问题。

3. 以真心影响客户

与其他性质的人际交往一样，在销售过程中，销售人员与客户之间也是十分讲究坦诚与交心的。因此，销售人员与客户进行交往时，要始终与对方坦诚相见，待之以真心。具体来讲，对以下三点一定要高度重视：

一是明确销售工作的终极目标。从总体上讲，销售工作拥有三大终极目标：让客户动心，让客户放心，让客户省心。真正做到了这三点，才算为客户服务，才能令客户满意。

二是遵守销售工作的岗位要求。做好销售工作，从根本上要求销售人员在面对客户时要兼备"待客三心"：其一，细心，它所指的是对客户进行耐心细致的观察了解。

其二，实心，它所指的是要实心实意地换位思考，能够主动站在客户一方思考问题。其三，热心，它所指的则是为客户提供服务时必须十分热情。

三是全心全意地提供优质服务。在销售工作中，为客户提供服务是否全心全意，往往至关重要。销售人员要想真正为客户提供全心全意的优质服务，不仅需要有高度的责任心、精湛的专业技术，而且还必须注意以下三点：其一，应当善始善终。其二，应当面面俱到。其三，应当细致入微。

4. 以情感影响客户

高水准的销售人员，通常都会重视情感变化对销售过程的种种影响。所谓情感，一般指的是人们对于客观事物所持的具体态度，它往往体现为喜、怒、哀、乐等。平时，一个人的情感往往会随着自己所处环境、所交往对象的不同而不断地发生变化，并且直接左右其待人接物的态度。

在销售过程中，销售人员必须在面对客户时学会以情感人。以情感人，在此即指要以情感去影响客户。它主要体现为以下三点：

一是健康。销售人员只有拥有健康的情感，为人处世才有可能抱有正确的态度。

二是积极。在销售过程中，销售人员的个人情感一定要深厚持久、坚忍不拔、努力进取、奋发向上。

三是友爱。所谓友爱的情感，就是为人处世要拥有爱心。具体而言，包括：其一，要有同情与恻隐之心。其二，要有宽容与体谅之心。其三，要有关怀与友善之心。其四，要有尊重与爱护之心。

5. 以形象影响客户

销售工作的各个环节，都与形象密切相关。不论售前、售中还是售后，形象都会对销售工作产生重大影响。在售前阶段，所售产品、技术、服务的形象不好，人家不来买；在售中阶段，所售产品、技术、服务的形象不好，人家不想买；在售后阶段，所售产品、技术、服务的形象不好，人家则不再买。有鉴于此，一位著名企业家曾经指出："从本质上看，一家成功的公司销售的是其形象，而并非其某种具体的产品、技术、服务。"

以形象影响客户，具体要求销售人员注意以下三点：

一是树立良好的个人形象。在客户面前，个人形象欠佳的销售人员通常都不受欢迎。

二是打造完美的产品、技术、服务的形象。面对客户时，销售人员一定要想方设法地为自己所销售的产品、技术、服务打造出尽可能完美的形象。

三是维护自己所在单位的形象。从根本上讲，维护自己所在单位的形象，是销售人员的基本职责与重要使命。

第三节 会 议

在每一名职员的职业生涯中，会议往往具有重要的意义。它不仅可以传递信息、决断大事，而且还可以使职员集思广益、广泛交流、广交朋友，为其提供各种机会。

会议，通常是指一些特定的人员被召集在一起，对某些规定的问题进行研讨、决定。职场的会议，则是指以公务活动为主题的会议。它亦称公务会议。虽然公务会议的具体内容与形式多有不同，但不论组织会议还是出席会议都有一套既定的礼仪规范。

一、组织会议

凡正式的公务会议，均应进行大量细致而具体的组织工作。在实际操作中，会议进行前、会议进行中与会议进行后，具体的组织工作又多有不同。以下，仅就会议场地、会议期限、会议文件、会议证件、会议排位、会议议程、会议主持等最关键、最常用的会务礼仪规范问题加以介绍。

1. 会议场地

举行会议，首先必须确定场地。会议场地，通常包括地点与场所两个具体问题。

一是举行会议的地点。举行较为重要的公务会议，一定要慎重选择地点。选择会议举办地点的原则是：安全、便利、幽静。在多数情况下，公务会议都会安排在本单位所在地举行。

如欲在异地举行会议，条件允许并符合有关规定的话，最好以国际性、全国性或地方性的经济中心、历史文化名城等作为首选地点。

二是举行会议的场所。确定会议地点后，接下来便要选择举行会议的具体场所。选择具体的会议场所时，对其位置、面积、设施、档次与口碑等因素应兼顾考虑。在正常情况下，公务会议应优先考虑在正规的会议中心、大礼堂或会议室举行。不应忽略的是，会议场所的具体条件，有时会直接影响到整个会议的气氛。

2. 会议期限

一次正式的公务会议，自然会有时间方面的限制。具体来看，主要分为以下两个问题：

一是举行会议的日期。在确定何时举行会议时，往往需要兼顾会议的实际需要以及气候、环境、客流、节假日等因素。除非极有必要，不应在法定节假日或当地举行重大活动时举行会议。

二是会期的具体时长。这可分为两个方面的问题：其一，整个会议持续的时间。一般而言，举行一次公务会议的总体时间不宜过久，绝大多数会议不宜长于 2 天。其二，每场会议所用的时间。若会期为 1 天以上，通常可将其分两场或两场以上；每天两场。根据经验，每场会议以举行 2～3 小时为佳。会议一旦开得太久，就会令人疲乏不堪、无精打采。

此外，还应当考虑会议中途的休息时间与会议进行中的发言时间。一般而言，每场会议若长于两小时，即应安排中场休息 20 分钟左右；会议的普通个人发言时间则一般不应长于半小时。

3. 会议文件

要想开好一次公务会议，就必须认真准备好会议文件。会议文件在此是指提交会议讨论或有助审议事项的各类文书材料。按照其性质与功能，会议文件有以下几类：

一是主旨文件。在每次会议上，主旨文件都是最重要的文件。它通常包括主题报告、领导讲话、传达提纲、计划草案、决议草案，以及开幕词与闭幕词等。

二是议案文件。它通常是指交付会议审议的文件，包括各项议案及其说明等。

三是信息文件。它指的是记录、反映会议概况与进程的各项文件，例如，会议记录、会议简报、会议报道等。

四是决议文件。它是对会议议决结果的直接反映，例如，纪要、决议、决定、公告、通知等。

五是事务文件。它主要用来为会议服务，包括开会通知、会议细则、参会须知、日程安排、代表名单、生活安排等。

准备上述各类会议文件时，均应由专人负责，会议文件应该格式规范并且控制数量。

4. 会议证件

会议证件，多见于重要的大型会议。它是发给与会人员佩戴、使用的一种身份证明。使用会议证件的目的，主要在于会务管理。具体来说，是为了识别身份、统计人数、维持秩序、保证安全，并维护会议的严肃性。会议证件，通常分为下述两类。

一是出席证件。它指的是参加会议者所使用的会议证件，具体又可分为以下四种：

其一，代表证。它主要发给会议正式代表使用，是规格最高的出席证件，一般均应编号并在其左上角处贴有本人近照（见图 1－1）。（本书举例时所使用的单位名称、人名、电话、地址等皆为虚构，请勿对号入座。）

东方公司第二次职工代表大会

本人近照

代 表 证

姓名　　谢婉玲
编号　　0 6 1

图 1-1　代表证的具体式样

其二，出席证。它主要发给会议的正式出席者，持此可参加本次会议的各种活动。它一般不贴照片，但应标明席次（见图 1-2）。

安格尔公司新产品发布会

出 席 证

席次：12 排 6 座

图 1-2　出席证的具体式样

其三，列席证。它主要发给列席会议者。持证可以与会，但不享有正式代表所拥有的权利。列席证的格式，通常与出席证相似。

其四，来宾证。它主要发给与会的嘉宾以及其他特邀代表，以保证其受到照顾。来宾证的格式亦与出席证相同。

二是工作证件。它是会议工作人员或其他为会议服务者与会时所使用的会议证件。具体分为以下三种：

其一，工作证。它主要发给会议工作人员专用，上面均印有姓名、编号，有时还需在其左上角处贴有本人近照（见图 1-3）。

临江第六届高新技术交易会

工　作　证

姓名：厉　莉
编号：1561

图 1-3　工作证的具体式样

其二，记者证。它主要发给前来采访会议的记者专用。一般均应注明其单位、姓名、编号（见图 1-4）。

滨海第一届海港节

记　者　证

单位：海宁电视台
姓名：周大白
编号：0821

图 1-4　记者证的具体式样

其三，通行证。它主要专门发给配有汽车的单位或个人，供其车辆出入会场、住地时所使用，要求注明单位与车号（见图 1-5）。

首届商务节暨大型游园会

通　行　证

单位：金典公司
车号：JZK-1166

图 1-5　通行证的具体式样

制作会议证件，总的要求是：美观、规范、简朴和易于辨识。普通的小型会议与公司内部日常性会议，均无制作会议证件之必要。

5. 会议排位

在正式的公务会议上，通常均应讲究会议排位。会议排位，具体又分为座位的摆放与座次的高低两个问题。

一是座位的摆放。倘若会场的座席可自由调动，则座位的摆放可有礼堂式、教室式、展示式、分组式、圆桌式、方桌式、U字式、E字式等几种选择。

其一，礼堂式摆放。它一般指利用正式礼堂的固定座席。其特点，是在群众席正前方设有居高临下的主席台。礼堂式往往场面较大，多用于大型、特大型会议（见图1-6）。

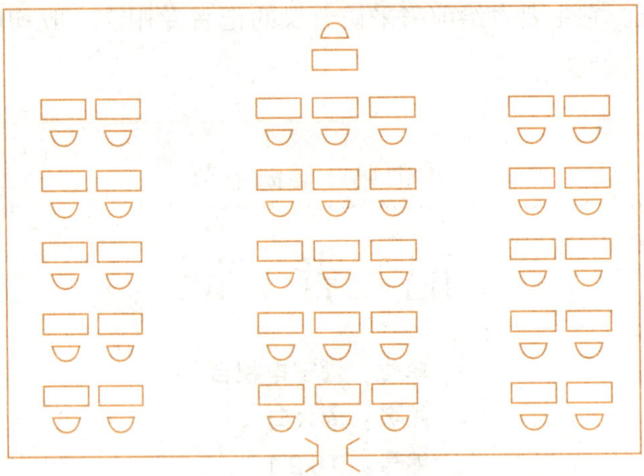

图1-6 礼堂式摆放

其二，教室式摆放。它实际上是礼堂式的缩微版，大多配合各种中小型会议室来摆放。在群众席前方亦设有主席台，但二者在同一高度之上。多见于中小型会议（见图1-7）。

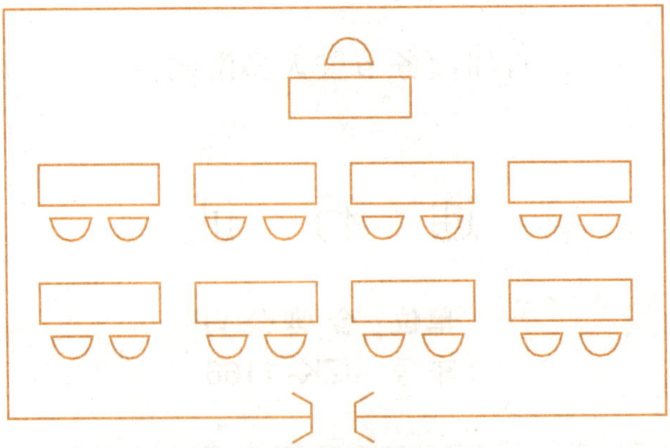

图1-7 教室式摆放

其三，展示式摆放。它的特点是：多人在主席台上就座，而台下的群众席不仅较为简易，而且往往可以自由就座。多见于公开的展示会、说明会（见图 1-8）。

图 1-8　展示式摆放

其四，分组式摆放。它的基本特点是：不论具体座席多少、如何进行摆放，均应分为几组，每组的座席数量应大致相近。适用于分组所进行的研讨会（见图 1-9）。

图 1-9　分组式摆放

其五，圆桌式摆放。适用于人数较少的各类会议，尤其是内部会议。具体做法是：所有与会者不分主次在一张圆桌周围入座（见图 1-10）。

其六，方桌式摆放。它与圆桌式大体相似。二者区别在于，一为圆桌，一为方桌。它主要适用于内部会议或小型会议（见图 1-11）。

其七，U 字式摆放。主要指将座席放置成英文字母“U”的形状。它主要适用于讲座、培训等小型讲习会（见图 1-12）。

其八，E 字式摆放。主要指将座席摆放成横置的英文字母“E”的形状。它主要适用于规模不大的座谈会、讲习会、办公会（见图 1－13）。

图 1－10 圆桌式摆放

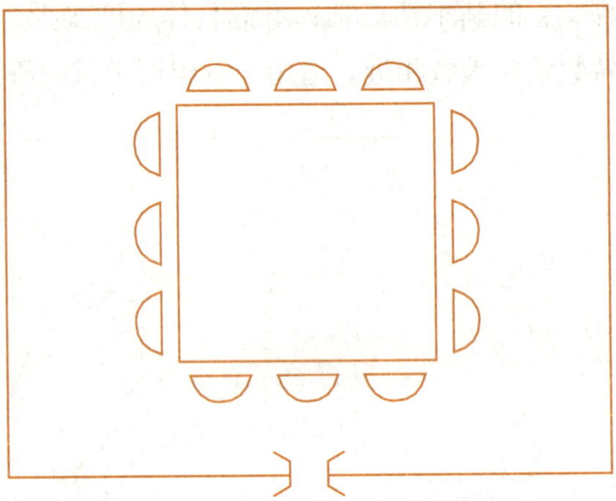

图 1－11 方桌式摆放

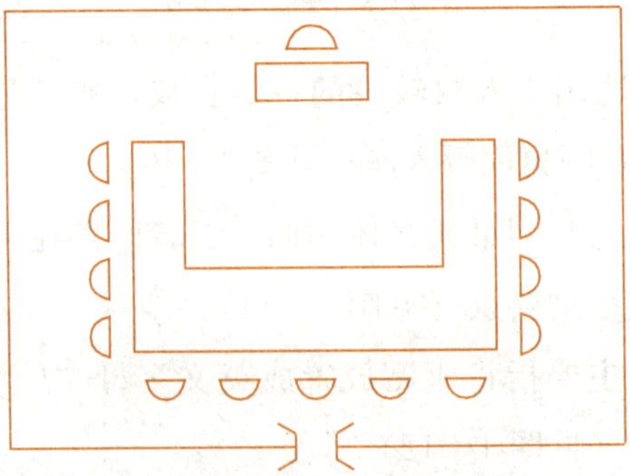

图 1－12 U字式摆放

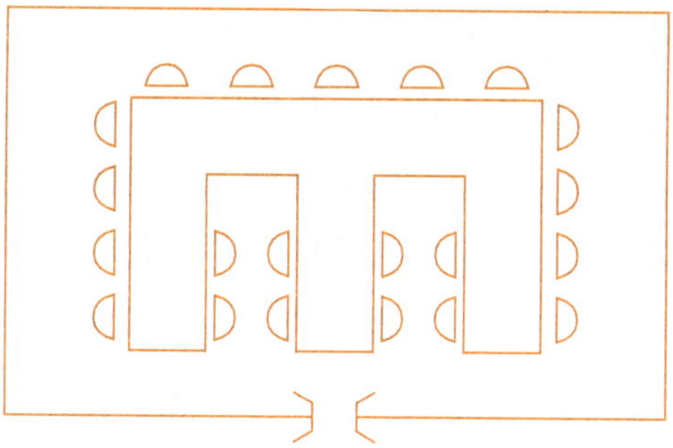

图 1-13 E 字式摆放

二是座次的高低。凡正式会议，往往需要具体确定座次的高低。具体而言，确定座次时，应兼顾下列两点：

其一，基本规则。公务会议的座席排列主要应遵循四项规则：面门为上，居中为上，以左为上（此处的左右，通常是指在室内面对正门的左右），前排为上，在许多情况下，以上四项规则往往同时使用。

其二，区别对待。参加会议的具体人数不同时，座席排列应有所区别。

举行小型会议时，通常不设主席台，而是全体与会者一起就座。会议主席之位要么设在面门之处（见图 1-14），要么设在进门之时的右侧（见图 1-15）。

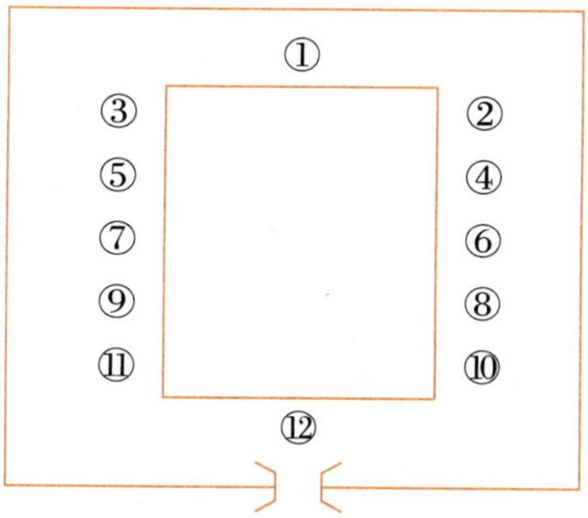

图 1-14 小型会议座席排列方式之一

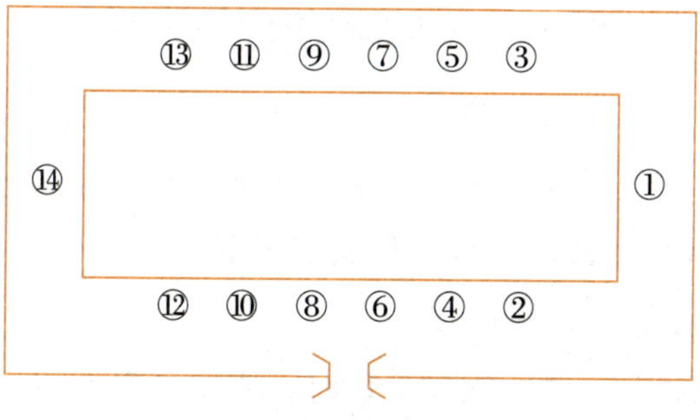

图 1-15 小型会议座席排列方式之二

大型会议的座席排列，则往往非常讲究。具体而言，它又分为主席台座席排列与群众席座席排列两种。前者必须认真排列，后者则可排可不排，下面分别介绍。

首先，主席台座席排列。大型会议的主席台，一般均应面对会场主入口。主席台上的具体座席，又有主席团座席、主持人座席与发言人座席之别。

主席团座席排列，具体上有三项规则可依：一是前排高于后排；二是中央高于两侧；三是左侧高于右侧（此处的左右，亦指在主席台上面对正门时的左右）。进而言之，它往往又有单数（见图 1－16）与双数（见图 1－17）的不同。

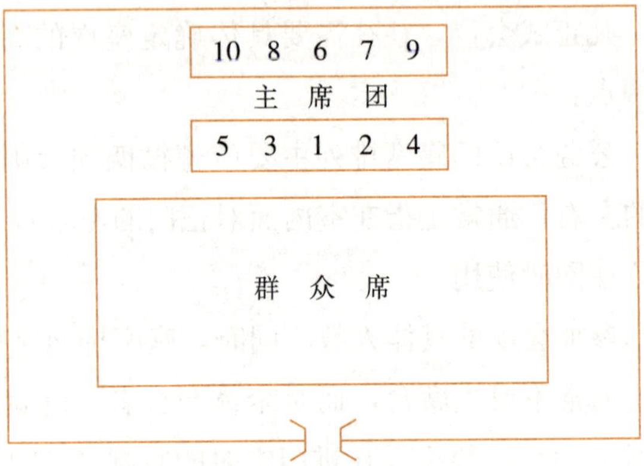

图 1－16　主席团的座席排列方式之一

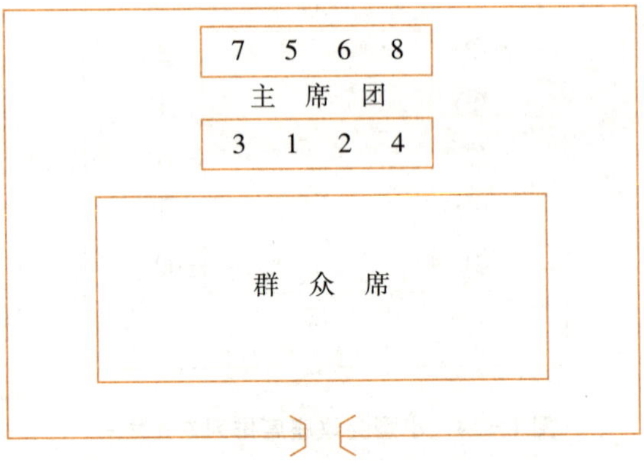

图 1－17　主席团的座席排列方式之二

主持人座席，通常可有三种选择：其一，居于主席团前排正中央。其二，居于主席团前排右侧。其三，按其具体身份在主席团就座，但不宜就座于后排。

发言人座席，简称发言席。其常规位置有两种：第一，主席团正前方（见图 1－18）。第二，主席团右前方（见图 1－19）。

其次，群众席座席排列。举行大型会议时，主席台之下的一切座席均称为群众席。群众席座席的排列方式有两种：自由择座和按单位就座。在群众席上按单位排列座席

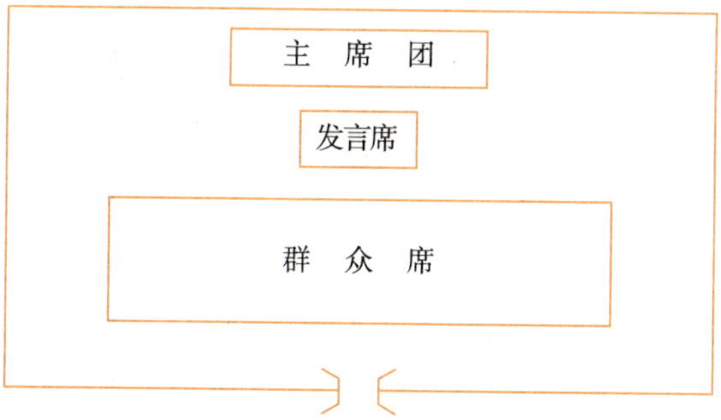

图 1－18　发言席的排列方式之一

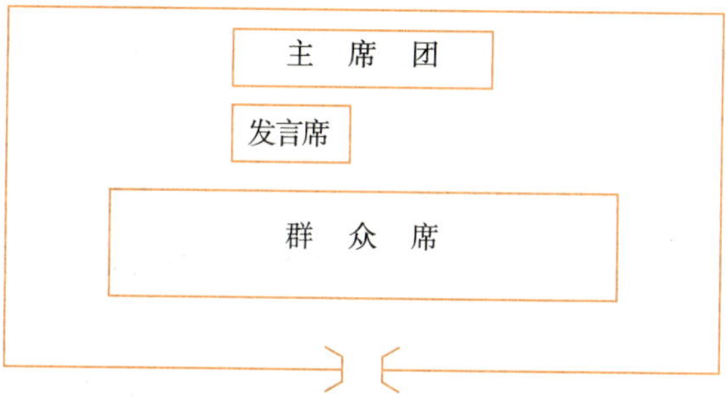

图 1－19　发言席的排列方式之二

时，通常应以面对主席台为基准。既可以由前往后横向排列（见图 1－20），又可以依进门的方向为准自左向右进行竖排（见图 1－21）。

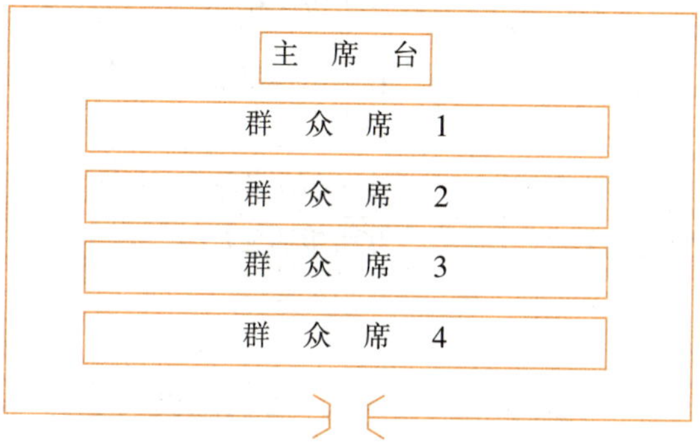

图 1－20　群众席的座席排列方式之一

6. 会议议程

开会是为了议事，议事自然需要程序。会议议程，在此指的就是举行会议的具体程序。它是会议进行的先后顺序与活动纲领，是对会议所做的有秩序的规范与引导。

具体而言，会议议程涉及会议的目的、任务、方法，一般应于会前确定。它通常由会议组织、领导机构依据会议宗旨拟定，并应预先提交与会者。

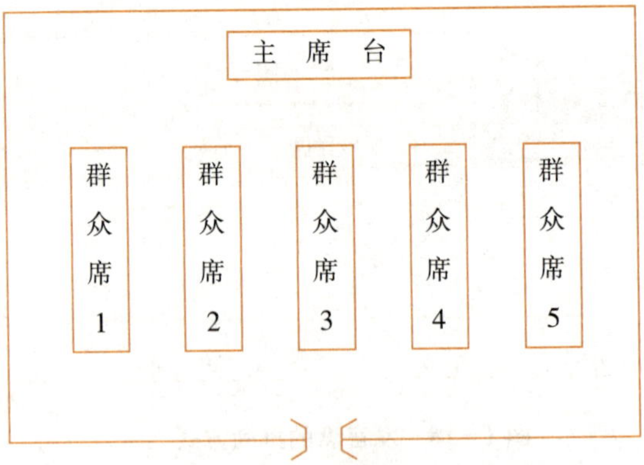

图 1-21 群众席的座席排列方式之二

会议的常规议程有三类：一是“报告-讨论-总结”；二是“传达-部署-落实”；三是“议题-议论-议决”。

一般来说，普通会议的具体议程包括以下六点：一是宣布会议开始；二是介绍会议任务与宗旨；三是大会报告；四是大会讨论或小组讨论；五是大会议决；六是总结与宣布散会。

倘若会议议程较多，会期较长，则不仅要向与会者印发具体的会议议程，而且宜将具体内容列表（见表 1-1）。

表 1-1 亚龙公司 2022 年度总结会日程表

时间	内容	地点	召集人
12 月 20 日上午	开幕式 王总经理做大会报告	华美饭店礼堂	李副总
12 月 20 日下午	分组讨论	住地各会议室	各组组长
12 月 20 日晚上	主席团会议	华美饭店第二会议室	齐副总
12 月 21 日上午	大会发言	华美饭店礼堂	齐副总
12 月 21 日下午	大会总结散会	华美饭店礼堂	李副总

7. 会议主持

在公务会议上，主持人被称为会议主席。会议主席的主持水平，通常直接影响到会议的质量。正是这个原因，有人形象地称会议主席为“会议的领航员”。

在主持会议时，会议主席主要应当遵守以下六项基本的礼仪规则：

一是胸有成竹。在主持会议时，会议主席务必对会议的基本状况一清二楚。不仅要熟悉会议议程、会议文件、会议发言人，而且还要尽可能多地了解其他与会议相关的一切情况。

二是掌握全局。在主持会议时，会议主席应善于把握全局，控制场面。要努力贯彻会议宗旨，采取一切行之有效的措施，保证会议的顺利进行。

三是控制时间。控制会议时间，是保证会议顺利进行的一项有效措施。一方面要保证准时开会，准时休会；另一方面则要保证每一位发言人都能够自觉遵守规定的发言时间。

四是遵守议程。在主持会议时，会议主席必须无条件地遵守既定的会议议程。变更会议议程需要经大会主席团决定，否则不允许随意对会议议程进行任何调整。

五是平息事端。当会议进行期间发生了争议或出现其他会议组织者不希望出现的问题时，会议主席应积极予以调解，帮助有关各方求同存异，解决争端，使会议继续顺利进行。

六是促进交流。许多会议都会安排大会发言或各种形式的讨论。不论讨论、发言是自由进行，还是预先有所准备，会议主席均应积极鼓励、引导与会者在会议上畅所欲言，进行充分的交流和互动。

二、出席会议

参加正式的公务会议时，职员应当认真遵守会议纪律以及其他各项会议规定。在重视衣着、遵守时间、洗耳恭听、维持秩序、完成使命五个具体方面，尤其必须注意。

1. 重视衣着

凡正式的公务会议，均对与会者的衣着有所要求。这方面的基本规范是：与会者衣着庄重、正规，仪表干净、整洁。具体又可分为两类情况：

一是统一着装。不少大型会议，诸如发布会、推广会、展示会、庆祝会、纪念会、表彰会、联欢会等，往往要求本单位与会者统一着装。此时，本单位的制服是最常规的选择。

二是自行择装。一些会议，未必要求全体与会者统一着装，但与会者自己对此应当慎重对待。出席较为正式的公务会议时，套装、套裙、制服与制式皮鞋均应优先考虑。过分摩登的时装、过分随便的休闲装或便鞋，都不适合这种场合。

2. 遵守时间

参加会议时，不论是否有人监督，职员均应认真遵守会议时间。遵守时间具体又可分为以下三种表现：

一是到会准时。出席会议，一定要准时到达会场。必要时，还应早到一刻钟，以留出一定的时间上的“提前量”。以任何借口迟到甚至缺席，都是对其他与会者的失敬。

二是发言守时。在会上发言时，应自觉限制时间。对于规定的发言时限，绝对不应违反。即使会议无此规定，亦应长话短说，不要浪费其他与会者的时间。

三是离会适时。离开会场，宜待会议正式结束以后。若无特殊理由，不应在会议中途悄然离去。

3. 洗耳恭听

当会议正式召开之后，每一名与会者皆应专心致志地听取各位发言人的发言。对别人的发言洗耳恭听，既是为了全面、准确地理解发言的实质，也是对发言者所应表现出来的一种起码的尊重。那些准备在会议上发言的职员，尤其要对别人的发言认真聆听，切忌心不在焉。

在会议期间要做到洗耳恭听，就要避免自己犯以下两种错误：

一是忌交头接耳。当他人发言时，不论高声喧哗还是窃窃私语，都会扰乱发言人的思路，并且影响四周与会者对发言的倾听。

二是忌搞小动作。在别人发言时，看书、看报、听音乐、收发短信或微信，或者接听、拨打移动电话，同样显得自己用心不专、缺少教养。

4. 维持秩序

在会议举行期间，全体与会者均应自觉地维持会议的正常秩序。

一是不得四处走动。会议进行时，应在指定处就座，不得随意游走，四处乱窜。

二是不得打断发言。在任何人发言进行中，都不应中途打断发言。对其发言持有异议的，可在其发言完毕后请求发言。

三是不得不守顺序。若会议已对发言人的先后顺序有所规定，不得漠然视之，必须认真地遵守。

四是不得制造噪声。与会人员不论高兴、激动还是愤慨、反感，都不应以吹口哨、摔瓶子、击座椅、喝倒彩等方式制造噪声。即使正常鼓掌，也不应打断他人的发言。

五是不得退出会议。一般情况下，不允许以任何借口在会议中途公然退出会议。

5. 完成使命

参加会议者，通常都肩负着一定的使命。参加会议的职员，在会上切莫无所事事、虚耗时日，从而影响工作。

作为一般与会者，在会议上大都具有下述五项任务：

一是坦陈己见。职员在发言时，要敢于实事求是、直言不讳，以便让别人了解自己的真实意图。

二是反映情况。在必要时，应及时向会议反映自己所了解到的会上、会下的各种实际情况。

三是掌握精神。在开会时要认真倾听，并做好记录，以便掌握会议的精神实质。做到了这一点，今后在传达会议精神、执行会议决议时，就不至于走样。

四是积极配合。在力所能及的前提下，要积极配合会议的各项工作，以保证会议圆满成功。

五是贯彻落实。会议结束后，要努力采取有效措施，积极贯彻落实会议所提出的各项方针与任务。

第四节 谈 判

职员在其公务交往中，多多少少都有过参加谈判的经历。对一些人而言，在职场上的成败得失，往往就取决于一场谈判的结果。

职员所进行的谈判，虽非天天可见，但却通常是其所参与的最重要的公务活动之一。所谓谈判，是指在公务交往中，彼此存在着某种关系的有关各方，为了保持接触、建立联系、进行合作、达成交易、拟订协议、签署合同、要求索赔，或是为了处理争端、消除分歧，而坐在一起进行面对面的讨论与协商，以求达成某种程度上的妥协。

按照常规，谈判一向被视为一种利益之争，是有关各方为了争取或维护自己的切身利益，所进行的艰苦细致的讨价还价的过程。因此，在谈判中，如欲“克敌制胜”，那就不能不讲究谈判的谋略。

与此同时，也应当看到：大凡正规、正式的谈判，都是很注重礼仪规范的。绝大多数正式的公务谈判，本身就是按照一系列约定俗成的礼仪和程序而进行的庄重的会晤。在公务谈判中，正确的态度应当是：既要讲谋略，又要讲礼仪。倘若只讲谋略而不讲礼仪，或是只讲礼仪而不讲谋略，显然都无助于谈判的成功。

下面，将从职场礼仪的角度来具体讨论谈判的有关事项。一般来说，它主要体现在谈判的筹划与谈判的方针两大方面。它们互为表里、不可分割，共同决定着谈判的成功与否。

一、谈判的筹划

在现实生活中，谈判的具体形式可谓多种多样。不论面对的是何种形式的谈判，职员都有必要做好充分的准备，以求有备无患。

职员在为谈判而着手准备时，重点要对技术性准备和礼仪性准备两个方面的具体问题加以注意。

1. 技术性准备

为谈判而进行的技术性准备，重点是要求谈判者们事先充分地掌握有关各方的情况，进行谈判的“谋篇布局”，构思、酝酿正确的谈判手法与谈判策略。否则职员在谈判中就完全可能“两眼一抹黑”，出现目标不明、方法不当、顾此失彼等问题，甚至最终导致谈判功败垂成。

职员在准备公务谈判时，应当谨记以下四项基本原则：

一是客观的原则。所谓客观的原则，即在准备洽谈时，所准备的资料要客观，决策时的态度也要客观。

所准备的资料要客观，就是要求谈判者尽可能地取得真实而准确的资料，不要以道听途说或是对方有意散布的虚假情报来作为自己决策时的依据。

决策时的态度要客观，则是要求谈判者在决策时态度要清醒而冷静，不要为感情所左右，或是意气用事。

二是预审的原则。所谓预审的原则，含义主要有下述两点：其一，是指准备进行谈判的职员，应当对自己的谈判方案预先反复审核、精益求精。其二，是指准备进行谈判的职员，应当将自己提出的谈判方案，预先报请上级主管部门或主管人士审查、批准。

虽说负责谈判的职员拥有一定的授权，在某种特殊的情况下可以“先斩后奏”，但这并不等于说当事者可以忘乎所以、一意孤行。在谈判之前对自己的方案进行预审，既可以减少差错，又可以群策群力、集思广益，使方案更臻完美，避免做出不确定性决策的风险。

三是自主的原则。所谓自主的原则，是指职员在准备谈判以及谈判过程中，一定要发挥自己的主观能动性，并要相信自己、依靠自己、鼓励自己、鞭策自己，在合乎规范与惯例的前提下，力争“以我方为中心”。

坚持自主的原则，主要有两大好处：其一，可以调动相关职员的积极性，使其在谈判中拥有更好的表现。其二，可以争取主动权，或是变被动为主动，在谈判中为自己一方争取到更为有利的位置。

四是兼顾的原则。所谓兼顾的原则，是要求职员在准备谈判以及在谈判过程中，在不损害己方根本利益的前提下，应当尽可能地替谈判对手着想，主动为对方保留一定的利益。

凡有谈判经验的职员都清楚，最理想的谈判结局，不应当是“你死我活”“鱼死网破”，而应当是有关各方的利益和要求都得到了一定程度的兼顾，并且最终达成相互妥协，形成“双赢”或“共赢”的局面。在谈判中为对手留下余地，不搞“赶尽杀绝”，不但有助于保持与对手的正常关系，而且还会使其他的同行对自己刮目相看。

在技术上为谈判进行准备的时候，谈判者应当努力做好以下三个方面的工作：

第一，应当知彼知己。《孙子兵法》云：“知彼知己者，百战不殆。”在谈判之前，假如能对谈判对手有所了解，并就此有所准备，则在谈判中谈判者就能够扬长避短、避实就虚，从而取得更好的成绩。

对谈判对手的了解，应集中在以下方面：在谈判对手中，谁是真正的决策者或负责人；谈判对手的个人资讯、谈判风格和谈判经历；谈判对手在政治、经济以及人际关系方面的背景情况；谈判对手的谈判方案；谈判对手的基本目标；谈判对手的主要业务伙伴、对手，以及他们彼此之间相互关系的演化；等等。

第二，应当熟悉程序。谈判桌不比课堂，难以边学边用。虽说谈判的经验需要积累，但是因为许多谈判事关重大，所以它往往不允许人们轻率对待，不允许人们在“知其一，不知其二”的情况下仓促上阵。

从纯理论上来讲，谈判的过程是由以下“七部曲”一环扣一环、一气呵成的。所谓的“七部曲”，通常是指探询、准备、磋商、小结、再磋商、终结以及谈判的重建七个具体的步骤。在其中的每一个谈判的具体步骤上，都有其特殊的起承转合，都有一系列台前与幕后的准备工作要做，并且需要当事人具体问题具体分析，能够随机应变。因此，职员在准备谈判时，一定要多下功夫，多做案头的准备工作，尤其是要精心细致地研究谈判的常规程序及其变化，以便在谈判中能够胸有成竹、处变不惊。

第三，应当学习谈判策略。职员在进行谈判时，总的指导思想是平等、互利，但是这并不排斥努力争取或捍卫己方的利益。事实上，任何一方在谈判中的成功，不仅要凭借实力，更要依靠对谈判策略的灵活运用。

在谈判中，对于诸如聚同化异、以弱为强、制造竞争、火上浇油、出奇制胜、利用时限、声东击西等策略，任何行家里手都心知肚明，但关键是对这些谈判策略的“活学活用”，这一点并非每个人都能够做到。例如，在谈判时，应当何时报价，就是一个策略性极强的重要问题。如果想要先入为主、赢得主动权，那么率先出价是可行的。要是不明就里，指望以逸待劳、后发制人，那么则不妨后于对手报价。就此而论，单纯地讲先报价好，还是后报价对，都没有什么意义。只有就事论事，才能分出其优劣。

2. 礼仪性准备

谈判的礼仪性准备，指的是谈判者在安排或准备谈判时，应当注重自己的仪表、慎选谈判的场所、安排好谈判的座次，并且以此来显示我方对于谈判的郑重其事以及对于谈判对象的尊重。

在进行谈判准备时，礼仪性准备的效果虽然一时难以显现，但是却必不可少。与技术性准备相比，礼仪性准备同等重要。

一是仪表方面的准备。准备谈判时，对己方正式出席谈判的人员在仪表上务必要有严格的要求和统一的规定。男士应当理发、剃须、吹头发，不准蓬头垢面，不准留胡子或留大鬓角。女士则应选择端庄、素雅的发型，并且化淡妆，不可做过于摩登或超前的发型，不可染彩色头发，不可化艳妆或使用香气过于浓烈的化妆品。

在仪表方面，服装无疑是最值得出席谈判的职员重视的。由于谈判事关大局，所以谈判者理应穿着传统、简约、高雅、规范的最正式的服装。一般而言，套装、套裙乃是职员此时此刻的首选。佩戴珠宝首饰，则绝对不允许。

二是谈判场所的选择。根据谈判举行地点的不同，可以将其分为客座谈判、主座谈判、主客座轮流谈判与第三地点谈判。所谓客座谈判，即在谈判对手所在地进行的谈判；所谓主座谈判，即在己方所在地进行的谈判；所谓主客座轮流谈判，即在谈判双方各自的所在地轮流进行的谈判；所谓第三地点谈判，即在不属于谈判双方任何一方的地点所进行的谈判。

以上四种谈判地点的确定，通常应通过谈判双方协商而定。倘若己方担任东道主，负责出面安排谈判，即进行主座谈判，那么届时一定要在各方面打好礼仪这张“王牌”。人们常说：“礼多人不怪。”其实在谈判中，又何尝不是如此呢?！在谈判的台前与幕后，恰如其分地运用相关的礼仪来迎送、款待、照顾对手，往往可以赢得信赖，获得理解与尊重，有利于谈判的顺利进行。

三是谈判座次的安排。在谈判中，如果己方身为东道主，那么不仅应当布置好谈判厅的环境，预备好相关的谈判用品，而且还应当特别重视礼仪性很强的座次安排问题。

在某些小规模谈判或预备性谈判的过程中，座次问题可以不必拘泥。在举行正式谈判时，对座次问题则必须予以重视。因为它既涉及谈判者对规范的尊重，也是谈判者给予对手的礼遇。

举行双边谈判时，按惯例应使用长桌或椭圆形桌子，宾主应分坐于其两侧。若桌子横放，则面对正门的一方为上座，应属于客方；背对正门的一方为下座，应属于主方。若桌子竖放，则应以进门的方向为准，右侧为上，属于客方；左侧为下，属于主方。

在进行谈判时，各方的主谈人员应在自己一方居中而坐；其余人员则应遵循右高左低的原则，依照职位的高低自近而远地分别在主谈人员的两侧就座；假如需要译员，则应安排其就座于仅次于主谈人员的位置，即主谈人员之右（见图1－22、图1－23）。

举行多边谈判时，为了避免失礼，按照常规，一般均以圆桌作为谈判桌。这样一来，尊卑的界限就容易被淡化了。即便如此，在具体就座时，依旧讲究有关各方的与会人员应尽量同时入场，并且同时就座。至少，主方人员也不应在客方人员之前就座。

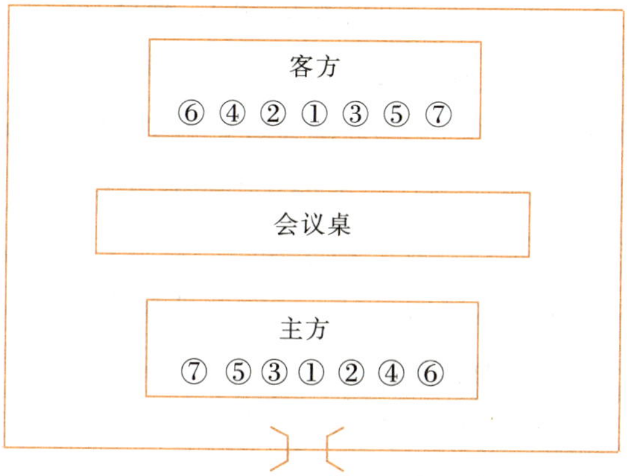

图1－22　横桌式谈判的座次排列

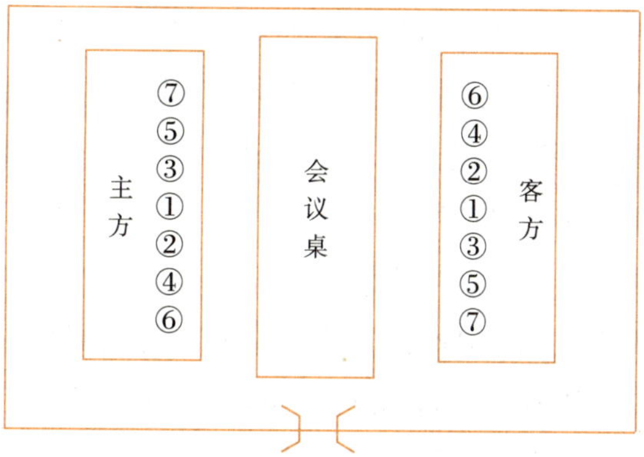

图1－23　竖桌式谈判的座次排列

二、谈判的方针

在谈判的具体进程中，双方人员的态度、心理、方式、手法等，无不对谈判构成重大的影响。

职场礼仪规定：职员在参加谈判时，首先需要更新意识，树立正确的指导思想，并且以此来指导自己的谈判表现，这就是所谓的谈判的方针。谈判方针的核心，是一如既往地要求谈判者在庄严肃穆、剑拔弩张的谈判桌前，以礼待人、尊重别人、尊重自己，并且礼敬谈判本身。具体来说，它又分为以下六点：

1. 礼敬对手

礼敬对手，就是要求谈判者在谈判的整个过程中，排除一切干扰，始终如一地对自己的谈判对手讲究礼貌，时时、处处、事事表现出对对方不失真诚的敬意。

在谈判过程中，不论发生了什么情况，都始终坚持礼敬对手，此举无疑能给对方留下良好的印象，而且在今后的进一步公务交往中，还能发挥潜移默化的功效。

调查结果表明：在谈判中，始终能够面带微笑、态度友好、语言文明礼貌、举止彬彬有礼的人，有助于消除对手的反感、漠视和抵触心理。换言之，在谈判桌前，保持“绅士风度”或“淑女风范”，有助于赢得对手的尊重与好感。

与此相反，假如在谈判的过程中，举止粗鲁、态度蛮横、表情冷漠、言语失礼，不知道尊重和体谅对方，则会大大增强对方的防卫性或攻击性，无形之中伤害或得罪对方，不自觉地为自己平添阻力和障碍。

2. 依法办事

在谈判中，利益始终是相关各方所关注的核心。对任何一方来说，大家讲究的都是“趋利避害”。在万不得已的情况下，则会“两利相权取其重，两害相权取其轻”。虽则如此，职员在谈判中追求己方利益时必须有其一定的限度，即必须依法办事。

所谓在谈判中应当依法办事，就是要求职员自觉地树立法治意识，并且在谈判的全过程中贯彻这一思想。谈判者所进行的一切活动，都必须依照并遵行国家的法律。唯有如此，才能确保本单位通过谈判获得一定的利益。法盲作风、侥幸心理甚至铤而走险的做法，都只会害人、害己，得不偿失。

在现实中，某些人喜欢在谈判时附加人情世故。这一习惯，如果是指注重处理与对手的人际关系，争取促进双方之间的理解与尊重，那么显然是正确的；假若是要在谈判中搞过度的“人情公关”，即对对方吹吹打打，与对方称兄道弟，向对方施以小恩小惠，则是非常错误的。实际上，那样做是无济于事的。因为人情归人情、生意归生意，任何有经验的职场人士，都绝不会在谈判桌上让情感战胜理智的。在谈判中，过多地附加人情，甚至以此为重点，实在是误入歧途。此种做法，其实是不懂谈判规则，同时也是缺乏法治观念的表现。

3. 平等协商

谈判是什么？一般而言，谈判就是有关各方在合理、合法并且有约在先的情况下进行讨价还价的一种行为。由此可见，谈判实际上是目标不同、想法各异的各方经过种种努力，从而达成某种程度上的共识或一致的过程。换言之，谈判只会进行于目标不同、想法各异的有关平等各方之间。假如离开了平等协商，难以设想会有成功的谈判。

在谈判中要坚持平等协商，重要的是要注意以下两个方面的问题：一方面，是要求谈判各方在地位上要平等一致、相互尊重。不允许任何一方仗势欺人，以大欺小，以强凌弱，以富压贫。如果在谈判的一开始，有关各方在地位上便存在着某种不平等，那么是很难最终达成让各方心悦诚服的协议的。另一方面，则是要求谈判各方在谈判中通过相互商量求得谅解、彼此让步，进而达成某种共识，而不是通过强制、欺骗等手段来达成一致。

4. 求同存异

有位谈判大师曾说过：所谓谈判，就是一连串的不断要求和一个又一个的不断妥协。这句话，显然有助于参加谈判的职员深化对谈判本质的理解。

在任何一次正常的谈判中，都没有绝对的胜利者和绝对的失败者。相反，有关各方通过谈判，多多少少都将获得一定的利益，也就是说，大家终将在某种程度上达成妥协，彼此都会“山重水复疑无路，柳暗花明又一村”。

具有谈判经验的职员都清楚，有关各方既然同意坐下来进行谈判，那么在谈判桌前，就绝对不可以一味坚持己方的某一立场，并一意孤行。否则就是作茧自缚，自欺欺人。原因十分简单，在谈判桌上的一切议题，实际上都是大可一谈的，否则谈判便不成其为谈判。

在谈判中，最终的妥协是通过有关各方的相互让步来实现的。所谓相互让步，意即有关各方均有所退让。但是这种相互让步，并不等于有关各方的对等让步。在谈判桌上所达成的任何妥协，对当事有关各方而言，只要其公平、合理、自愿，只要其尽最大限度维护或争取了各自的利益，就是可以被接受的。

5. 互利互惠

最理想的谈判结局，是有关各方达成了彼此都能够接受的某种一致。说到底，就是要使有关各方通过谈判，都能够互利互惠。

在公务交往中，谈判一直被视为一种合作或为合作而进行的准备。因此一场谈判最圆满的结局，应当是谈判的所有参与方都能各取所需，都取得了一定的成功，都获得了更大的利益。也就是说，谈判是讲究“双赢”“多赢”或“共赢”的。如果将争取以自己的大获全胜和对手的彻底失败来作为谈判的最终结果，则必将危及己方与对方日后的进一步合作，并且会使外界对己方产生“心狠手辣”“不能容人”的恶劣印象。

在现代职场上，最讲究的是伙伴、对手之间同舟共济。各个单位之间不仅要讲竞争，更要讲合作。自己所获得的利益，任何时候都绝不应当建立在有害对手或伙伴的基础上，而是应当实现“双赢”“多赢”或“共赢”。对于这种职场的公德，职员在谈判中务必要予以遵守。

6. 人事分开

在谈判中，谈判者在处理己方与对手之间的相互关系时，必须做到人、事分离，各自分别而论。

在谈判时将对手的人与事分开，主要是要求职员与对方相处时，务必切记：朋友归朋友、谈判归谈判的道理，对于二者之间的界限不能加以混淆。

正确的认识是：一方面，在谈判桌前，有关各方彼此对既定的目标都应当志在必得、全力以赴。因此，既不要指望对手中的老朋友、老熟人能够对自己“手下留情”，或是“里通外国”；也不要责怪对方“见利忘义”“不够朋友”。在谈判中，应当充分理解谈判对手的处境，不要对对方提出任何不切实际的要求，或是一厢情愿地渴望对方向自己进行施舍或给予回报。

另一方面，谈判并不是一场你死我活的战争。因此，职员应当就事论事，不要让自己对谈判对手主观上的好恶妨碍自己解决现实中的问题。在谈判时务必牢记：对“事”要严肃，对“人”则要友好；对“事”不可以不争，对“人”则不可以不敬。

在职场上，有一句行话，叫作“君子求财不求气”。它告诫人们：意气用事，在公务交往的任何场合包括谈判在内，都是弊大于利的。

在职场上，还流行着另外一句名言，叫作“君子爱财，取之有道”。将其应用于谈判之中，同样也是合情合理的。它告诉职场同人：要想在谈判中尽可能地维护己方的利益，减少己方的损失，就应当在谈判的方针、策略、技巧上多下功夫，从而名正言顺地凭实力在谈判中获得成功。要是心思用到了其他方面，甚至指望以见不得光的歪门邪道出奇制胜，不是痴心妄想，便是自欺欺人。

第五节　签　约

签约，即合同的签署。在公务交往中，签约被视为一项标志着有关各方的相互关系取得了更大的进展，以及为消除彼此之间的误会或抵触而达成了一致性见解的重大阶段性、标志性成果。因此，它备受职场人士的重视。

在公务交往的实践中，尽管君子协定、口头承诺在一定程度上起着作用，但更有效地取信于人的做法，则是签订“空口无凭，立字为据”的文字性合同。

《中华人民共和国民法典》规定：“合同是民事主体之间设立、变更、终止民事法律关系的协议。”在许多情况下，合同又被叫作合约。而在另外一些时候，人们所说的合约则是指条文比较简单的合同。

为了方便，在一般场合，人们往往将合同、合约以及准合同统统叫作合同。

根据职场礼仪的规定：对签署合同这一类称得上有关各方关系发展史上“里程碑”式的重大事件，应当严格地依照规范来讲究礼仪、运用礼仪。为了郑重起见，在具体签署合同之际，往往会依例举行一系列程式化的活动，即所谓签约仪式。在具体操作时，它又分为草拟阶段与签署阶段两大部分。

一、草拟阶段

《中华人民共和国民法典》规定：“当事人订立合同，可以采用书面形式、口头形式或者其他形式。”在现实生活中，职员所接触到的合同种类繁多，常见的有：买卖合同，供用电、水、气、热力合同，赠与合同，借款合同，保证合同，租赁合同，融资租赁合同，保理合同，承揽合同，建设工程合同，运输合同，技术合同，保管合同，仓储合同，委托合同，物业服务合同，行纪合同，中介合同，合伙合同，等等。在草拟这些合同时，均须注意相关的礼仪规范。以下，先来介绍草拟合同的正规做法。

从格式上讲，书面合同的写作有一定之规。它的首要要求是：目的明确、内容具体、用词标准、数据精确、项目完整、书面整洁。违反了上述各项要求中的任何一项，都有可能会给合作双方带来严重的后果。

从具体的写法上来说，合同大体上有格式条款与非格式条款两类。前者是当事人为了重复使用而预先拟定并在订立合同时未与对方协商的条款；后者则是当事人相互协商之后订立的条款。

一般来说，合同的内容由当事人约定，并应包括下列条款：当事人的姓名或者名称和住所，标的，数量，质量，价款或者报酬，履行期限、地点和方式，违约责任，解决争议的方法。此外，不同类型的合同在写作上均有其各自的具体规范，对于此类规范，职场人士必须自觉地遵照执行。

在草拟合同时，除了在格式与内容上要标准、规范之外，同时还必须注意以下四个关键性的问题。

1. 遵守法律

在公务交往中，所有正式合同都具有法律约束力。它一旦订立，任何一方都不可擅自变更或解除。因此，有关人员必须熟悉国家的有关法律与法规，以便充分地运用法律来维护自身的正当权益。

从操作中的实际情况来看，在拟订合同时，必须遵守的有关法律、法规，主要涉及商品生产、技术管理、外汇管制、税收政策以及商品检验项目五个具体方面。

在拟订涉外合同时，还必须遵循我国法律与相关的国际法。遵循我国法律，是国家主权原则的体现，是为了不损害我国的社会公共利益。遵循国际法，则是为了在涉外交往中更好地与国际社会接轨，在国际经济合作中有规可循。

2. 符合惯例

在拟订合同时，必须优先遵守法律、法规，尤其是必须优先遵守我国的法律、法规。遇上我国有关法律、法规尚未规定的，则可酌情采用公认的国际惯例。

所谓公务交往中的国际惯例，是指那些为国际社会所普遍接受的、约定俗成的常规做法。例如，在公务交往中，政治与经济应当分开，不允许借公务往来之便干涉他国的内部事务，或是伺机影响他国的内政、外交。

一般而言，国际惯例是维系国际交往正常化的重要基石，故此职员在拟订合同时应当以它来协调自己的行动，对此不甚了解、一知半解或一无所知而贸然行事，必定会吃大亏。

3. 合乎常识

在拟订合同时，有关职员有必要使合同的一切条款合乎常识，不要犯常识性错误。

职员在拟订合同时所应当具备的常识，是指与其业务有关的专业技术方面的基本知识，主要包括商品知识、金融知识、运输知识、保险知识和商业知识等。

一是商品知识。它实际上是一个整体性的概念，具体包括从产品的研发到商品的售后服务等一系列的内容。

二是金融知识。它是指与货币的发行、流通、回笼有关的一切知识。在此主要是指货币、汇率、信贷等与商务活动相关的金融知识。

三是运输知识。它包括具体运输方式的选择、运输中商品形态的具体要求、运输的特殊条件以及运输的责任方等内容。它们与仓储一样，都是必须予以重点考虑的。

四是保险知识。它包括险别的选择、办理的程序等内容。保险对各类正式交易的意义是显而易见的。

五是商业知识。它是指与商品流通各环节有关的知识。对合同的拟订而言，它也是不可缺少的。

掌握上述各方面的知识，将有助于职员在拟定合同的具体工作中得心应手，并且为交往对象所敬重。须知：在职场交往中，知识是实力的象征，没有知识就等于缺乏实力。

4. 兼顾对手

正式合同的一大特征，是有关各方面必须协商一致。之所以如此，是因为合同一向都是有关各方真实意图的具体体现。如果有一方恃强凌弱、仗势欺人，把自己的意志强加给对方，强迫他人与自己订立“城下之盟”，那么即使勉强签署合同，事后亦会不断地发生纠纷，那样做，其实对有关各方都不会有任何好处。

因此，在拟订合同的具体条款时，既要“以我为中心”，优先考虑自己的切身利益，又要替对手着想，顾全对方的脸面，并且尽可能照顾对方的利益，此举乃是促使合同为双方所接受的最佳途径。

进行与合同有关的谈判时，在确定具体条款之际，职员不仅要讲原则性，也要讲灵活性。在坚持根本利益的前提下，往往有必要灵活地变通、适当地让步，这样双方都会受益。

通常，合同的成立生效，需要履行一定的手续。《中华人民共和国民法典》规定：“当事人采用合同书形式订立合同的，自当事人均签名、盖章或者按手印时合同成立。”“当事人采用信件、数据电文等形式订立合同要求签订确认书的，签订确认书时合同成立。”“依法成立的合同，自成立时生效，但法律另有规定或者当事人另有约定的除外。”

二、签署阶段

仪式礼仪规定：为了使有关各方重视合同、遵守合同，在签署合同时应举行郑重其事的签字仪式，即所谓签约。

在公务交往中，人们签署合同之前，通常会竭力做好以下几个步骤的准备工作。

1. 布置签字厅

签字厅有常设专用的，也有临时以会议厅、会客室来代替的。布置签字厅的总体原则是：庄重、整洁、清静。

一间标准的签字厅，应当在室内铺满地毯。除了必要的签字用桌椅外，其他一切的陈设都不需要。正规的签字桌应为长桌，桌上最好铺设深绿色的台呢。

按照仪式礼仪的规范，签字桌应当横放于室内。在桌后，可摆放适量的座椅。签署双边性合同时，可放置两张座椅，供签字人就座。签署多边性合同时，可以仅放一张座椅，供各方签字人签字时轮流就座；也可以为每位签字人都各自提供一张座椅。

签字人就座时，一般应当面对正门。

在签字桌上，循例应事先安放好待签的合同文本、签字笔、吸墨器等签字时所使用的各种文具。

与外商签署涉外商务合同时，还需在签字桌上插放有关各方的国旗。插放国旗的位置与顺序，必须按照礼宾序列而行。例如，签署双边性涉外商务合同时，有关各方的国旗必须插放在该方签字人所使用的签字桌的正前方。

2. 安排座次

在正式签署合同时，各方代表对于己方所受到的礼遇均非常在意。因而职员对于在签字仪式上最能体现礼遇高低的座次问题，应当慎重对待。

签字时各方代表的座次，是由主方代为先期排定的。合乎礼仪的具体做法，有以下两种。

一是签署双边性合同。届时，以面对房间正门为准，应请客方签字人在签字桌右侧就座，主方签字人则应同时就座于签字桌左侧。双方各自的助签人，应分别站立于各自一方签字人的外侧，以便随时为签字人提供帮助。双方其他的随员，可以按照一定的顺序在己方签字人的正对面就座；也可以按照职位的高低，依次自左至右（客方）或是自右至左（主方）地列成一行，站立于己方签字人的身后（见图 1－24、图 1－25）。当一行站不下时，则可以按照以上顺序并遵照“前高后低”的惯例，排成两行、三行或四行。原则上，双方随员人数应大体上相近。

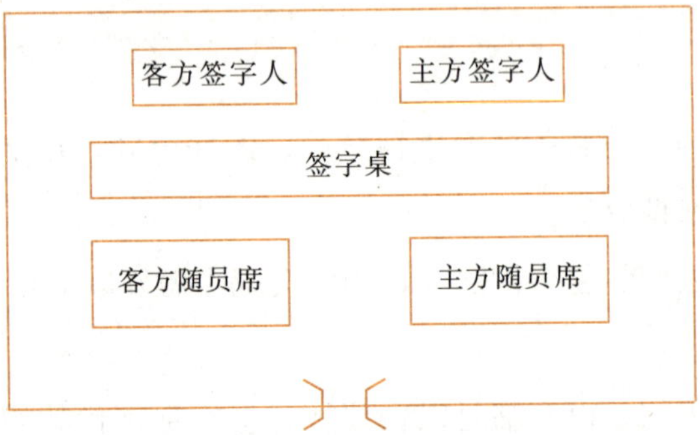

图 1－24　签署双边性合同时的座次排列之一

二是签署多边性合同。届时，一般仅设一张签字椅。各方签字人签字时，必须依照有关各方事先所同意的先后顺序，依次上前签字。他们的助签人，应随其一同行动。在助签时，以面对房间正门为准，并依据“右高左低”的规矩，助签人应站立于签字人的左侧。与此同时，有关各方的随员，应按照一定的序列，面对签字桌就座或站立（见图 1－26）。

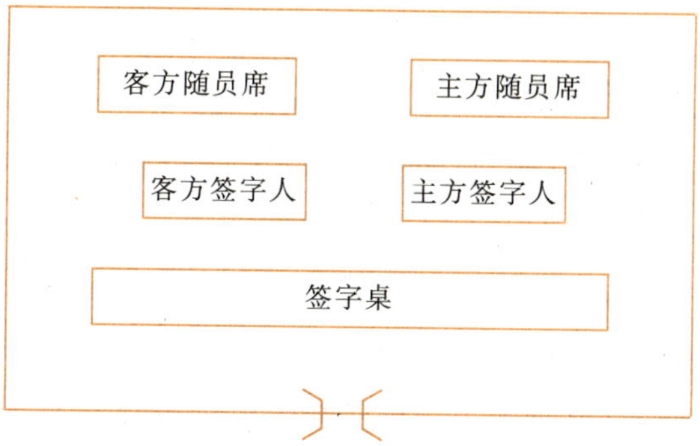

图 1-25 签署双边性合同时的座次排列之二

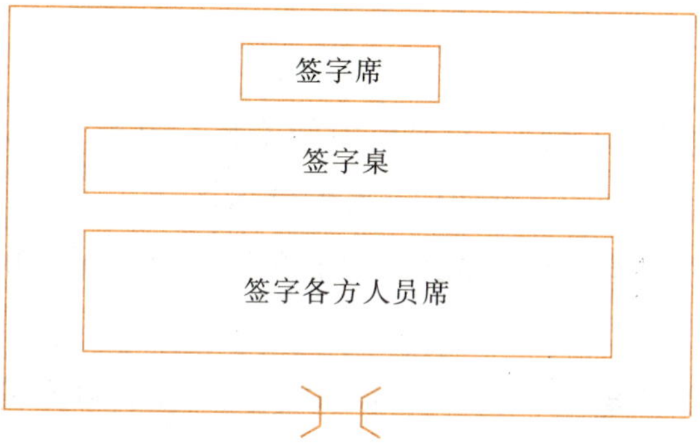

图 1-26 签署多边性合同时的座次排列

3. 预备文本

按照职场惯例，在正式签署合同之前，应由举行签字仪式的主方负责准备待签合同的正式文本。

举行签字仪式是一桩严肃而庄重的大事。在决定正式签署合同时，就应当拟订合同的最终文本，以避免出现临近签字时有关各方还在为某些细节而纠缠不休的情景。最终签署的文本，应当是正式的、不再进行任何更改的标准文本。

负责为签字仪式提供待签合同文本的主方，应会同有关各方一道指定专人负责合同的定稿、校对、印刷与装订。按照常规，应为在合同上正式签字的有关各方，均提供一份待签的合同文本。必要时，还可以再向各方提供一份副本。

签署涉外公务合同时，比照国际惯例，待签的合同文本，应同时使用有关各方法定的官方语言，或是使用国际上通行的英文、法文。此外，亦可同时并用有关各方法定的官方语言与英文或法文。《中华人民共和国民法典》规定："合同文本采用两种以上文字订立并约定具有同等效力的，对各文本使用的词句推定具有相同含义。各文本使用的词句不一致的，应当根据合同的相关条款、性质、目的以及诚信原则等予以解释。"因此，职员如需使用外文撰写合同，应反复推敲、字斟句酌，切忌望文生义、乱用词汇。

待签的合同文本，应以精美的白纸印制而成，按大 8 开的规格装订成册，并以高档质料如真皮、金属、软木等作为封面。

4. 规范服饰

按照礼仪规范，签字人、助签人以及随员，在出席签字仪式时，应当穿着具有礼服性质的深色西装套装、套裙或中山装套装，并且配以白色衬衫与深色制式皮鞋。女士可以化淡妆，男士则往往必须系上单色领带，以示正规。

在签字仪式上服务的礼仪人员、接待人员，可以穿自己的工作制服或是旗袍、唐装一类的礼仪性服装。

5. 制定程序

签字仪式是签署合同的高潮，它虽然时间不长，但程序规范、气氛庄重而热烈。签字仪式的正式程序一共分为以下四项，它们分别是：

一是签字仪式正式开始。有关各方人员届时进入签字厅，并按其既定的位次各就各位。

二是签字人正式签署合同文本。此刻通常的做法是：首先签署己方所保存的合同文本，然后签署他方所保存的合同文本。

依照惯例，每位签字人在由己方所保存的合同文本上签字时，应当名列首位。因此，每位签字人均应首先签署己方所保存的合同文本，然后再交由他方签字人签字。这一做法，在礼仪上称为“轮换制”。“轮换制”的具体含义，是指在位次排列上，应轮流使有关各方均有机会居于首位一次，以显示各方平等。

三是签字人正式交换已经由有关各方正式签署的合同文本。此时，各方签字人应热烈握手，互致祝贺，并相互交换各自一方刚才使用过的签字笔，以志纪念。与此同时，全场人员应鼓掌表示祝贺。

四是有关各方饮酒共贺。交换已签的合同文本后，有关人员，尤其是签字人应当场饮一杯香槟酒，并彼此握手祝贺。这是国际上所通行的用以增添喜庆色彩的常规做法。

应该说明的是，签字仪式不一定非搞不可，尽管它可以制造声势、扩大影响。但即便不举行签字仪式，有关各方对于签字本身也是必须郑重对待的，切切不可对其草率行事。

第六节　庆　典

庆典，一般是各种庆祝仪式的统称。在公务活动中，职员参加庆祝仪式的机会甚多。

就内容而论，在职场上所多见的庆祝仪式大致可以分为以下四类：第一，本单位成立周年庆典。通常，它都是逢五、逢十进行的，即在本单位成立五周年、十周年以及它们的倍数时进行。第二，本单位荣获某项荣誉的庆典。在单位荣获了某项荣誉称号、单位的“拳头产品”在国内外重大展评中获奖之后，基本上都会举行庆典。第三，本单位取得重大业绩的庆典。例如，较长时间的连续安全生产、生产某种产品的数量突破一定量，以及经销某种商品的销售额达到一定数额等，这些来之不易的成绩，往往都是需要庆祝的。第四，本单位取得显著发展的庆典。当本单位建立集团、确定新的合作伙伴、兼并其他单位、分支机构或连锁店不断发展时，自然都值得庆祝一番。

就形式而论，各单位所举行的各种庆祝仪式，应遵守一项基本要求，即务实而不务虚。若通过庆典活动能增强本单位全体职员的凝聚力与荣誉感，提升单位的知名度，那么大张旗鼓地举行庆典，多投入一些人力、财力、物力，任何理智、精明的单位都会在所不惜。反之，若是庆典活动对于宣传单位的形象、增强职员的凝聚力和自豪感起不到什么作用，那就完全没有必要好大喜功，非要庆祝一番不可。

对职员而言，组织庆典与参加庆典时，往往会有多方面的不同要求。庆典的礼仪，即有关庆典的礼仪规范，是由组织庆典的礼仪与参加庆典的礼仪这两项基本内容所组成的。

一、组织庆典

组织筹备一次庆典，如同进行生产和销售一样，首先要制订一个总体的计划。职员如果受命完成这一任务，需要记住两大要点：第一，体现出庆典的鲜明特色；第二，安排好庆典的具体内容。

毋庸多言，庆典既然是庆祝活动的一种形式，那么就应当以庆祝为中心，把每一项具体活动都尽可能组织得热烈、欢快而隆重。不论是举行庆典的具体场合、庆典进行过程中的某个具体场面，还是全体出席者的情绪、表现，都要体现出红火、热闹、欢愉、喜悦的气氛。唯有如此，庆典的宗旨，即塑造单位的形象、显示单位的实力、扩大单位的影响，才能够真正地得以贯彻落实。

庆典所具有的热烈、欢快、隆重的特色，应当在其具体内容的安排上得到全面的体现。

如果以组织者的角度来考虑，庆典的内容安排，至少需要注意出席者名单的确定、来宾的接待、现场的布置、庆典的程序等几个具体问题。

1. 出席者名单的确定

组织一次庆典活动，首先应当精心确定好庆典的出席者名单。确定庆典的出席者时，既不应当使对方勉为其难，也不应当寻找滥竽充数者。在具体确定庆典的出席者名单时，始终应当以庆典的宗旨为指导思想。一般来说，庆典的出席者通常应包括如下人士：

一是上级领导。地方党政领导、上级主管部门的领导，大都对单位的发展给予过关心、指导。邀请他们参加，主要是为了表示感谢。

二是社会名流。根据公共关系学中“名人效应”的原理，社会各界的名人对于公众最具有吸引力。如果能够邀请到他们，必将有助于更好地提高本单位的知名度。

三是大众传媒。在现代社会中，邀请报纸、期刊、电视、广播、网站等大众媒介，并主动与它们合作，将有助于它们公正地介绍本单位的成就，进而加深社会对单位的了解和认同。

四是合作伙伴。在公务活动中，合作伙伴是与自己休戚与共的。邀请他们来与自己分享成功的喜悦，是完全应该并且绝对必要的。

五是社区单位。社区单位，此处是指那些与本单位处于同一区域、对本单位具有种种制约作用的社会组织或者其他社会实体。例如，本单位周围的居民委员会、街道办事处、医院、学校、幼儿园、养老院、商店以及其他单位等。邀请这些单位参加本单位的庆典活动，会使对方进一步了解本单位、尊重本单位、支持本单位，或是给予本单位更多的方便。

六是单位职员。职员是单位的主人。单位每一项成就的取得，都离不开他们的兢兢业业和努力奋斗。所以在组织庆典时，绝不容许将他们排斥在外。

以上人员的具体名单一旦确定，就应尽早发出邀请或通知。鉴于庆典的出席者甚多、牵涉面极广，故不到万不得已，不应将庆典取消、改期。

2. 来宾的接待

精心安排好来宾的接待工作是非常必要的。与一般公务交往中的来宾的接待相比，对出席庆典仪式的来宾接待工作，更应当突出礼仪性。不但应当热情细致地照顾好全体来宾，而且还应当通过接待工作，使来宾感受到主人真挚的尊重与敬意，并想方设法使每位来宾都能心情舒畅。

做好接待工作最好的办法，是庆典一经决定举行，便立即成立对此全权负责的筹备组。筹备组成员，通常应当由各方面的有关人士组成。筹备组应根据具体的需要，下设若干专项小组，在公关、礼宾、财务、会务等各方面“分兵把守”，各负其责。其中负责礼宾工作的接待小组，尤其不可缺少。

接待小组成员的具体工作主要有以下几项：其一，来宾的迎送。即在举行庆祝仪式的现场迎接或送别来宾。其二，来宾的引导。即由专人负责为来宾带路，并将其送到既定的地点。其三，来宾的陪同。对某些年事已高或非常重要的来宾，应安排专人陪同始终，以便关心与照顾。其四，来宾的招待。即指派专人为来宾送饮料、上点心，以及提供其他方面的关照。

凡应邀出席庆典的来宾，绝大多数人对单位都是关心和友好的。因此，当来宾光临时，主人没有任何理由不使他们受到热烈而且合乎礼仪的接待。

3. 现场的布置

举行庆祝仪式的现场，是庆典活动的中心地点。对它的安排、布置是否恰如其分，往往直接关系到庆典留给全体出席者的整体印象的好坏。依据相关的礼仪规范，职员在布置举行庆典的现场时，需要通盘考虑的主要问题有：

一是地点的选择。在选择具体地点时，应结合庆典的规模、影响力以及本单位的实际情况来决定。本单位的礼堂、会议厅，本单位内部或门前的广场，以及外借的大厅等，均可相机予以选择。不过在室外举行庆典时，切勿因地点选择不慎而制造噪声、妨碍交通或治安，顾此而失彼。

二是环境的美化。在反对铺张浪费的前提下，应量力而行，着力美化庆典举行现场的环境。为了烘托出热烈、隆重、喜庆的气氛，可在现场张灯结彩，张贴一些宣传标语，并且张挂表明庆典具体内容的大型横幅。如果有能力，还可以由本单位职员组成的乐队、锣鼓队演奏乐曲或敲锣打鼓，增添热闹气氛。但是这类活动应当适度，不要热闹过了头，或者“喧宾夺主”。

三是场地的大小。在选择举行庆祝仪式的现场时，应当牢记场地并非越大越好。从理论上说，现场的大小应与出席者人数的多少成正比。也就是说，场地的大小应同出席者人数的多少相适应。人多地方小，拥挤不堪，会使人心烦意乱；人少地方大，则会使来宾产生“门前冷落车马稀”的错觉。

四是音响的准备。在举行庆典之前，务必把音响设备准备好。尤其是供来宾们讲话时使用的麦克风和传声设备，绝不允许出现问题，以免让局面难堪。在庆典举行前后，播放一些喜庆、欢快的乐曲，通常是可以的。但是对于播放的乐曲，应先期进行审查。切勿届时让工作人员自由选择，随意播放背离庆典主题的乐曲。

4. 庆典的程序

在进行庆典的准备工作时，应当精心拟定好庆典的具体程序。一次庆典举行得成功，与具体的程序安排不无关系。依照礼仪规范，拟定庆典的程序时，必须坚持以下两项原则：第一，时间宜短不宜长。大体上讲，它应以一小时为极限。这样做既是为了确保仪式效果良好，也是为了尊重全体出席者，尤其是为了尊重来宾。第二，程序宜少不宜多。程序过多，不仅会加长时间，而且还会分散出席者的注意力，并给人以庆典内容过于凌乱之感。总之，不要使庆典成为内容杂乱的“马拉松”。

依照常规，一次庆典大致包括下述几项程序：

一是预备工作。此时，应请来宾就座、安静，介绍嘉宾。

二是宣布庆典开始。此时全体人员应起立，奏唱国歌，唱本单位标志性歌曲。

三是主人致辞。在仪式上，本单位主要负责人通常应当致辞。其内容是：对来宾表示感谢，介绍此次庆典举行的缘由等。重点应是报捷以及此次庆典的可“庆”之处。

四是嘉宾讲话。大体上讲，出席此次庆典的上级主要领导、协作单位及社区关系单位，均应有代表讲话或致贺词。不过应当提前与其一一约定好，不要当众推来推去。对外来的贺电、贺信等，可不必一一宣读，但对其署名单位或个人应当予以公布。在进行公布时，可以以时间上的“先来后到”为序，或是按照具体名称的汉字笔画的多少进行排列。

五是文艺演出。此项程序，通常可有可无。如果准备安排，应当慎选其内容，注意不要有悖于庆典的主旨。

六是进行参观。如有可能，可安排来宾参观本单位的有关展览、陈列、部门或车间等。当然，此项程序有时亦可省略。

在以上几项程序中，前四项必不可少，后两项则可以酌情省略。

参加庆典时，不论主办单位的人员还是外单位的人员，均应注意自己临场的举止表现。其中，主办单位人员的表现尤为重要。

二、参加庆典

在举行庆典仪式之前，主办单位应当对本单位的全体职员进行必要的礼仪教育。对于本单位出席庆典的人员，需声明有关的注意事项，并要求大家在临场时务必严格予以遵守。在这一问题上，单位的负责人，尤其是出面迎送来宾和就座于主席台上的人士更不允许有任何例外。因为在庆典仪式上，真正受人关注的还是东道主方面的出席人员。假如这些人在庆典中精神风貌不佳、穿着打扮散漫、举止行为失当，很容易给本单位形象造成不良影响。按照仪式礼仪的规范，作为东道主的职员在出席庆典时，应当严格注意以下七个具体问题：

1. 仪容整洁

所有出席本单位庆典的人员，事先都要洗澡、理发，男士还应剃净胡须。无论有什么原因，届时都不允许本单位的人员蓬头垢面、胡子拉碴、浑身汗臭，否则会给本单位的形象“抹黑”。

2. 服饰规范

拥有统一式样制服的单位，应要求以制服作为本单位人士的庆典着装。无制服的单位，则应规定出席庆典的本单位职员必须穿着礼仪性服装。男士应穿深色的中山装套装或深色西装套装，配白衬衫、素色领带、黑皮鞋；女士则应穿深色西装套裙，配长筒肉色丝袜、黑色高跟皮鞋，或是穿深色的套裤，或是穿花色素雅的连衣裙。绝不允许在服饰方面任其自然、自由放任。倘若有可能，将本单位出席者的服饰统一起来，是最好的一种选择。

3. 遵守时间

遵守时间，是基本的职场礼仪之一。对出席本单位庆典的人而言，更不得小看这一问题。上到本单位的最高负责人，下至级别最低的职员，都不允许迟到、无故缺席或中途退场。如果庆典的起止时间已有规定，则应当准时开始、准时结束。

4. 表情庄重

在庆典举行期间，不允许嬉皮笑脸、嘻嘻哈哈，或是愁眉苦脸、一脸晦气、唉声叹气，否则会使来宾产生很不好的印象。在举行庆典的整个过程中，都要表情庄重、全神贯注、聚精会神。在庆典的升国旗、奏唱国歌、唱本单位标志性歌曲的环节，一定要依礼行事：起立、脱帽、立正，面向国旗或主席台行注目礼，并且认认真真、表情庄严肃穆地和大家一起唱国歌、唱本单位标志性歌曲。此刻，绝对不允许不起立、不脱帽、东张西望、不唱或乱唱国歌与本单位标志性歌曲。在起立或坐下时，把座椅搞得乱响，或是在此期间随意走动、与人交头接耳，都应被视为严重危害本单位形象的表现。

5. 态度友善

所谓态度友善，在这里所指的，是对来宾要友好相待。遇到来宾，要主动热情地问好；对来宾提出的问题，要立即予以友善的答复。不要围观来宾，指点来宾，或是对来宾持有敌意。当来宾在庆典上发表贺词，或是随后进行参观时，要主动鼓掌表示欢迎或感谢。在鼓掌时，不要对来宾“挑三拣四”，不要“欺生”或是“杀熟”。即使个别来宾在庆典中表现得对主人不甚友善，也不应当场“仗势欺人”，或是非要跟对方“讨一个说法”不成。不论来宾在台上台下说了什么话，主方人员都应保持克制，不要吹口哨、“鼓倒掌”、敲打桌椅、胡乱起哄。不允许打断来宾的讲话，不宜向来宾提出挑衅性质疑或与其进行辩论，甚至对其进行人身攻击。

6. 行为自律

既然参加了本单位的庆典，主方人员就有义务以自己的实际行动来确保庆典的顺利与成功，要避免因为自己的举止失当而使来宾对庆典做出不好的评价。在出席庆典时，主方人员在举止行为方面应当注意的问题有：不要“想来就来，想走就走”，或是在庆典举行期间到处乱走、乱转；不要与周围的人说“悄悄话”、开玩笑，或是朝自己的“邻居”甚至主席台上的人挤眉弄眼；不要有意无意地做出对庆典毫无兴趣的姿态，例如，看报纸、读期刊、听音乐、打扑克、做游戏、打瞌睡等；不要让人觉得自己心不在焉，例如，移动电话打来打去，微信发个不停，探头探脑、东张西望，一再看手表，或向别人打听时间。当本单位的会务人员对自己提出批评和要求时，要虚心接受。不要产生逆反心理，或是为了显得自己玩世不恭、一时冲动，做出有损于本单位形象的事来。

7. 发言简练

倘若职员有幸在本单位的庆典中发言，则务必谨记以下四个重要之点：

一是沉着冷静。走向讲坛时，应不慌不忙，不要急奔过去，或是慢慢吞吞。在开口讲话前，应平心静气，不要气喘吁吁、面红耳赤、满脸是汗，急得讲不出话来。

二是讲究礼貌。在发言开始，勿忘道上一句“大家好”或“各位好”。在提及感谢对象时，应目视对方。在表示感谢时，应郑重地欠身施礼。对于大家的鼓掌，则应以自己的掌声来回礼。讲话结束时，应当说一声“谢谢大家”。

三是遵守时间。发言一定要在规定的时间内结束，而且宁短勿长，不要随意发挥、信口开河。

四是少做手势。此时此刻，手势以少为佳。尤其是含义不明的手势，在发言时应坚决不用。

外单位的人员参加庆典时，应“既来之，则安之”，以自己最佳的临场表现，来表达对主人的敬意与对庆典的重视。倘若在此时表现欠佳，则是对主方的一大伤害。所以宁肯不去参加典礼，也绝不可去而失礼。

外单位的人员参加庆典时，若是以单位代表的身份而来，而不仅仅是代表自己个人的话，则更是特别要注意自己的临场表现，不可对自己的所作所为有丝毫的自由放任。

第七节　交　谈

人际交往，多半始自交谈。所谓交谈，通常是指两个或两个以上的人所进行的对话。它是人们彼此之间交流思想情感、传递信息、进行交际、开展工作、建立友谊、增进了解的最为重要的一种形式。没有交谈，人与人之间几乎不可能进行真正意义上的沟通。

从总体上讲，交谈是人的知识、阅历、才智、教养和应变能力的综合体现。在中国古代，人们就讲究在人际交往中要对交往对象“听其言，观其行”。这是因为言为心声，只有通过交谈，交往对象彼此之间才能够了解对方，并且被对方所了解。交谈在人际交往中的重要位置，是其他任何交际形式都难以替代的。

在交谈的语言、主题和方式三个具体方面，有着一系列的具体礼仪规范需要遵守。

一、交谈的语言

在语言方面，交谈的总体要求是：文明、礼貌、准确。语言是交谈的载体，交谈者对它理当高度重视、精心斟酌。

1. 语言文明

作为有文化、有知识、有教养的现代人，在交谈中一定要使用文明优雅的语言。下述语言，绝对不宜在交谈之中采用。

一是粗话。有人为了显示自己为人粗犷，出言必粗。例如，把爹妈叫“老头儿”“老太婆”“老家伙”“老东西”。讲此种粗话，是很失身份的。

二是脏话。讲脏话，即口带脏字，讲起话来骂骂咧咧，出口成“脏”。讲脏话的人，不但不文明，而且属于自我贬低，十分低级无聊。

三是黑话。黑话，通常特指民间社会特别是秘密社会出自其内部的交往需要，而创制的某些以遁辞隐意为特征的隐语或暗语。讲黑话的人，往往自以为见过世面，可以此唬人，实际上却显得匪气十足，令人反感厌恶，难以与他人进行真正意义上的沟通和交流。

四是荤话。荤话，即说话者把绯闻、色情、黄色段子、男女关系之事挂在口头，说话“带色”，动辄“贩黄”。爱说荤话者，只不过证明自己品位不高，而且也对交谈对象缺乏应有的尊重。

五是怪话。有些人说起话来怪里怪气，或讥讽嘲弄，或滥发牢骚，或怨天尤人，或黑白颠倒，或耸人听闻，存心以自己谈吐之“怪”而令人刮目相看，“一鸣惊人”。这就是所谓说怪话。爱说怪话的人，往往难以令人产生好感。

六是气话。气话，即说话时闹意气、泄私愤、图报复、指桑骂槐、谴责他人，或动辄“怼人”“喷人”。在交谈中常说气话，不仅无助于沟通，而且还容易伤害人、得罪人。

2. 语言礼貌

在交谈中多使用礼貌用语，是博得他人好感与体谅的最为简单易行的做法。所谓礼貌用语，简称礼貌语，是指约定俗成的表示谦虚恭敬的专门用语。

例如，初次见面，要说“久仰”；许久不见，要说“久违”；客人到来，要说“光临”；等待客人，要说“恭候”；探望别人，要说“拜访”；起身作别，要说“告辞”；中途先走，要说“失陪”；请人勿送，要说“留步”；请人批评，要说“指教”；请人指点，要说“赐教”；请人帮助，要说“劳驾”；托人办事，要说“拜托”；麻烦别人，要说“打扰”；求人谅解，要说“包涵”；等等。

在交际场合中，尤其有必要对下述礼貌用语经常加以运用，并且多多益善。

一是问候语“您好”。“您好”，是表示问候的礼貌语。遇到相识者与不相识者，不论深入交谈，还是打个招呼，都应主动先问一声“您好”。若对方先问候了自己，也要以此来回应。在有些地方，人们惯以“你吃了饭没有”“最近在忙什么”“身体怎么样”“一向可好”等来打招呼或问候他人，但它们都没有“您好”简洁通行。

二是请托语“请”。“请”，是表示请托的礼貌语。在要求他人做某件事情时，居高临下、颐指气使不合适，低声下气、百般乞求也没有必要。在此情况下，多用上一个“请”字，往往就可以逢山开路、遇水架桥，赢得主动，并得到对方的照应。

三是感谢语“谢谢”。“谢谢”，是表示致谢的礼貌语。每逢获得理解、得到帮助、承蒙关照、接受服务、受到礼遇之时，都应当立即向对方道一声“谢谢”。这样做，既是真诚地感激对方，又是对于对方的一种积极肯定。

四是道歉语“对不起”。“对不起”，是表示道歉的礼貌语。当打扰、妨碍、影响了别人，或是在人际交往中给他人造成不便，甚至给对方造成某种程度的损失、伤害时，务必及时向对方说一声“对不起”。有时，它也可直接代之以“抱歉”。这样做，有助于大事化小、小事化了，并且有助于修复双方的关系。

五是道别语“再见”。“再见”，是表示道别的礼貌语。在交谈结束、与人作别之际，道上一声“再见”，可以表达惜别之意与恭敬之心。

3. 语言准确

在交谈中，语言必须准确，否则不利于彼此之间的沟通。这方面理当注意的问题主要有：

一是发音标准。在交谈中要求发音标准，其含义有三：其一，发音正确。不能读错音、念错字，让人见笑或误会。其二，发音清晰。要令人听得一清二楚，而不是口齿不清、含含糊糊。其三，音量适中。音量过大震耳欲聋，音量过小则让人听来费劲，二者显然都不合适。

二是语速适度。语速，即讲话的速度。在讲话时，对语速应加以控制，使之保持匀速，快慢适中。交谈中语速过快、过慢或忽快忽慢，都会影响效果。

三是口气谦和。口气，此处特指说话时所流露出来的感情色彩、气势。它亦称语气。在交谈中，讲话的口气一定要平等、亲切、随和、温和、谦和。不要端架子、摆派头；不要以上压下、以大欺小；不要倚老卖老、盛气凌人，或者随便教训、指责别人。

四是内容简明。在交谈时，应力求言简意赅、简单明白，并节省时间、不讲废话。不要没话找话、短话长说、啰里啰唆、废话连篇、节外生枝、任意发挥、不着边际，让人听起来不明不白。烦言无要、要言不烦，这是交谈中不应被忘记的重要一点。

五是少用方言。交谈对象若非家人、乡亲，则最好在交谈之中不要采用对方有可能听不懂的方言、土语。非要这么做，则意味着对对方不尊重。在多方交谈中，即便只有一个人听不懂，也不要采用方言、土语交谈，以免使其产生被排挤、冷落之感。

六是慎用外语。在普通性质的交谈中，应当讲中文、讲普通话。若无外宾在场，则最好慎用外语。与国人交谈时使用外语，往往并不能证明自己水平高，反而有刻意卖弄之嫌。

二、交谈的主题

交谈的主题，又称交谈的话题，指的是交谈的中心内容。一般而论，交谈主题的多少可以不做具体规定，但通常在某一特定时刻则宜少不宜多，并且最好只有一个。唯有话题少而集中，才有助于交谈的顺利进行。话题过多、过散，将会使交谈者无所适从。

1. 宜选的主题

交谈中所选择的话题，宜言之有物、言之有据、言之有理、言之有情、言之有节，并能传播正能量。具体而言，以下五类具体的话题都是适宜选择的：

一是既定的主题。既定的主题，即交谈双方业已约定，或者其中某一方先期准备好的主题。例如，求人帮助、征求意见、传递信息、讨论问题、研讨工作一类的交谈等。选择这类主题最好双方商定，至少也要得到对方的认可。它适用于工作之中的正式交谈。

二是高雅的主题。高雅的主题，即内容文明、优雅，格调高尚、脱俗的话题。例如，文学、艺术、哲学、历史、考古、地理、摄影、建筑等。它适用于各种交谈，但要求面对知音，忌讳不懂装懂，或班门弄斧。

三是轻松的主题。轻松的主题，即谈论起来令人轻松愉快、身心放松、饶有情趣、不觉劳累或厌烦的话题。例如，文艺演出、流行时装、美容美发、体育比赛、电影电视、热播网剧、休闲娱乐、旅游观光、名胜古迹、风土人情、名人轶事、烹饪小吃、天气状况等。它适用于非正式交谈，往往允许人们各抒己见，对其任意进行发挥。

四是时尚的主题。时尚的主题，即以此时、此刻、此地正在流行的事物作为谈论的中心。它适用于各种交谈，但其变化较快，在具体的把握上具有一定难度。

五是擅长的主题。擅长的主题，即交谈双方，尤其是交谈对象有研究、有兴趣、有可谈之处的主题。须知：话题选择之道，在于应以交谈对象为中心。例如：与医生交谈，宜谈健身祛病；与学者交谈，宜谈治学之道；与作家交谈，宜谈文学创作；与前辈交谈，宜谈其人生经验；等等。它适用于各种交谈，但忌讳以己之长对人之短，否则会“话不投机半句多”。因为交谈意在交流，故不可只有一家之言，以致难以形成真正的交流。

2. 忌谈的主题

在各种交谈之中，有下列几类具体的主题理应忌谈：

一是个人隐私。个人隐私，即个人不希望他人了解之事。在交谈中，若双方是初交，则有关对方年龄、收入、婚恋、家庭、健康、学历、经历等一类涉及个人隐私的主题，切勿加以谈论。

二是捉弄对方。在交谈中，切不可对交谈对象尖酸刻薄，油腔滑调，乱开玩笑，口出无忌，要么挖苦对方所短，要么调侃取笑对方，成心要让对方出丑，或是下不了台。俗话说：伤人之言，重于刀枪剑戟。以此类捉弄人的主题为中心展开交谈，定将损害双方关系。

三是非议旁人。有人喜欢在交谈之中传播闲言碎语，制造是非，无中生有，造谣生事，非议其他不在场的人士。所谓“来说是非者，便是是非人”。非议旁人，并不说明自己待人诚恳，反倒证明自己少调失教，属于搬弄是非之人。

四是倾向错误。在谈话中倾向错误的主题，例如，违背伦理、有碍公德、生活堕落、格调低下、政治错误、违法乱纪之类的主题，亦应避免。

五是令人反感。有时，在交谈中因为不慎，会无意谈及一些令交谈对象伤感、不快的话题，以及对方不感兴趣的话题，这就是所谓令人反感的主题。若此种情况不幸出现，则应立即转移话题，必要时要向对方道歉，千万不要没有眼色，将错就错，一意孤行。此类话题，常见的有凶杀、惨案、灾祸、疾病、死亡、挫折、失败等。

三、交谈的方式

进行交谈，还有必要注意其具体的操作方式，届时往往有一些技巧可以被运用。

1. 双向互动

交谈，究其实质乃是一种合作。因此在交谈中，切不可一味宣泄个人的情感，而不去考虑交谈对象的反应。

根据礼仪规范，在交谈中应遵循“双向互动法则”。这一法则，具有以下双重含义：

一是双向。双向，此处指相互的、共同参与的。它要求：人们在交谈中，注意双向交流，并且在可能的前提下，尽量使交谈围绕交谈对象进行，无论如何都不要妄自尊大，不要忽略对方的存在。

二是互动。互动，在此则指相互合作、彼此之间有来有往。它要求：在交谈中谈论的中心内容，应该是交谈双方相互之间都愿意参与的、都乐于配合的，并且是双方共同感兴趣的。遵守这项规则，是使交谈取得成功的关键。

2. 神态专注

在交谈中，各方都希望自己的见解为对方所接受，所以从某种意义上讲，“说”的一方并不难，往往难就难在“听”的一方。古人曾就此有感而发：“愚者善说，智者善听。”

“听”的一方在交谈中若能够表现得心无旁骛，就是对“说”的一方的最大尊重。要做到这一点，一般应重视以下三点：

一是神情专一。在倾听时，要目视对方、全神贯注、聚精会神，不要用心不专，出现明显走神的情况。

二是动作配合。当对方观点高人一筹，为自己所接受，或与自己不谋而合时，应以微笑、点头等动作表示支持、肯定，或者表示自己与之“心有灵犀”。

三是口头认同。在对方“说”的过程中，不妨以“嗯”声或“是”字，表示自己在认真倾听。在对方需要理解、支持时，应以“对”“没错”“真是这么一回事”“我有同感”等加以呼应。必要时，还应在自己讲话时，适当引述对方刚刚所发表的见解，或者直接向对方请教高见。这些具体做法，都是口头上对对方的认同。

3. 措辞委婉

在交谈中，不应直接陈述令对方不快、反感之事，更不能因此伤害其自尊心。必要时，可在具体的表达上力求含蓄、婉转、动听，并留有余地，善解人意，这就是所谓措辞委婉。

例如，在用餐时要去洗手间，不宜直接说“我去方便一下”，而应说“我需要出去一下”“出去有点事”，或者“出去打个电话”。若来访者停留时间过长，从而影响了本人的其他安排，需要请其离开，不宜直接说“你该走了”“你待得太久了”，而应当说“我不再占用你的宝贵时间了”等。这些均属委婉语的具体运用。

在交谈中，运用委婉语可采用以下几种具体方式：其一，旁敲侧击；其二，比喻暗示；其三，间接提示；其四，先肯定，再否定；其五，多用设问句，不随便使用祈使句；其六，表达上留有余地。

4. 礼让对方

在交谈中，务必争取以对方为中心，处处礼让对方、尊重对方，尤其是要做到以下几点：

一是不始终独白。既然交谈讲究双向沟通，那么在交谈中就要目中有人，礼让他人，要多给对方发言的机会，让大家相互都有交流。不要一人独白，侃侃而谈，“独霸天下”，只管自己尽兴，而始终不给他人张嘴的机会。

二是不导致冷场。不允许在交谈中走向另一个反面，即从头到尾保持沉默，从而使交谈变相冷场，破坏现场的气氛。不论交谈的主题与自己是否有关、自己是否对其感兴趣，都应热情投入、积极合作。万一交谈中因他人之故冷场“暂停”，切勿“闭嘴”不理，而应努力“救场”，可转移旧话题，引出新话题，使交谈“畅行无阻”。

三是不随意插嘴。出于对他人的尊重，在他人讲话时，尽量不要在中途予以打断，不要突如其来、不经允许去插上一嘴。那些做法不仅干扰了对方的思绪，破坏了交谈的效果，而且会给人以自以为是、喧宾夺主之感。确需发表个人意见或进行补充时，应待对方把话讲完，或是在对方首肯后再讲。不过，插话次数不宜多、时间不宜长，与陌生人的交谈则绝对不允许被打断或插话。

四是不与人“抬杠”。“抬杠”在此特指喜爱与人争执、固执己见、争强好胜、强词夺理。在一般性的交谈中，应允许各抒己见、言论自由、不做结论，重在集思广益、活跃气氛、取长补短。若以“杠头”“杠精”自诩，自以为一贯正确，无理辩三分，得理不让人，非要争个面红耳赤、你死我活，不仅会大伤和气，而且有悖交谈的主旨。

五是不否定他人。在交谈中，要善于聆听他人的意见，若对方所述无伤大雅、无关大是大非，一般不宜当面否定。礼仪上有一项重要的法则，叫作“不滥纠正”。它的含义是：对交往对象的所作所为，应当求大同、存小异，若其无关宏旨，不触犯法律，不违反道德，不辱没国格、人格，不违背公序良俗，不涉及生命安全，一般没有必要判断其是非曲直，更没有必要当面对其加以否定。在交谈中不去任意否定对方的见解，就是该法则的具体运用。

5. 适可而止

与其他形式的社交活动一样，交谈也必定受制于时间。虽然说亲朋好友之间的交谈往往是“酒逢知己千杯少”，但是实际上它仍需要见好就收，适可而止。这样做不仅可使下次交谈有话可说，而且还会使每次交谈都令人回味。

普通场合的小规模交谈，以半小时以内结束为宜，最长不宜超过一小时。交谈的时间一久，交谈所包含的信息与情趣难免就会被“稀释”。

在交谈中，一个人的发言每次最好不要长于 3 分钟，至多也不要长于 5 分钟。

交谈的适可而止，主要有下面四点好处：第一，可以为大家节省时间，省得耽误各自的正事。第二，可以使每一名参加者都有机会发言，以示平等。第三，可以使大家在发言中提炼精华，少讲废话。第四，可以使大家对交谈意犹未尽，对其保持美好的印象。

凡此种种，都充分说明交谈适可而止不仅必要，而且必须付诸行动。

第八节　电　话

目前，电话是职员同外界进行联络与沟通的基本工具之一。在工作中使用电话时，职员既要传递信息，维护本单位的利益，同时还应当恰到好处地运用自己的聪明才智，表现出自己的职业素养与做人的美德。

就礼仪规范而言，打电话时职员需要对通话的内容、态度及其表现形式三个要点加以注意。这三个要点又称“打电话三要素”。打电话时所涉及的具体问题，均与此三要素直接相关。

公务往来中的电话交流，可分为拨打电话、接听电话、代接电话与使用手机四个方面的问题。在礼仪规范上，这四个具体方面往往又有各自的一些规定。

一、拨打电话

拨打电话，一般是指在打电话时职员处于主动的一方。也就是说，它是由自己首先把电话打给别人的行为。此时，拨打电话的一方叫作发话人，而接听电话的一方则称为受话人。当一名职员作为发话人拨打电话给别人时，下述十个方面通常都是需要注意的。

1. 慎选时间

倘若并非紧急事务必须立刻通报，那么打电话最好选择一下具体的时间：一是要主动回避对方精力或许松懈的时间，例如，周五下午、周一上午、上班后的头半小时、下班前的最后几分钟。二是努力避开影响对方生活或休息的时间，例如，假期、节日、周末、午休、凌晨、深夜或就餐时间。三是打国际长途时，应事先考虑通话双方两地之间的时差。

2. 做好准备

打电话给别人时，职员应争取给对方以干脆利索、惜时如金之感。因此，打电话之前，尤其是拨打重要的公务电话之前，一定要有所准备，以免仓促上阵，切勿打电话时现想现说、东拉西扯、反复絮叨。一般来讲，拨打电话前，最好在专用的便笺上一一列出诸如通话号码、备用号码、通话要点、强调之处、疑点难点等诸多问题，以便通话时有所参考。应强调的是，拨打办公电话时，不宜假公济私、大谈私事。

3. 礼貌待人

打电话给外单位或外人时，一定要在通话之初便以礼相待。为此，既要首先问候对方，又要随即自报家门。通常，问候语“您好”应作为通话时的开始语，少了这句话就算失礼。接下来，为了让受话人明了自己的身份，即应自报家门。其具体方式有以下七种：一是报出姓名；二是报出单位；三是报出部门；四是报出单位与部门；五是报出单位与姓名；六是报出部门与姓名；七是报出单位、部门与姓名。最后一种方式，通常最为正式。

4. 条理清晰

在打电话时，不论通报一般性事务，还是进行重要的公务洽谈，均应不慌不忙、条理清晰。在电话上进行具体陈述时，要注意有主有次、有点有面、有先有后、有因有果。凡事均应一一道来，循序而行，讲究逻辑。唯有如此，才能令受话人完整、准确、及时地理解发话人所要表达的意思。

5. 确认要点

一般而言，打任何一次电话都有一定的要点。为了保证通话效果，务必注意在电话里对要点加以确认。常用的有效做法有三种：一是通话内容上的要点宜少不宜多，每打一次电话最好只有一个要点。二是通话之时应明确地对要点加以强调。三是通话结束前需再次对要点进行复述，以强化受话人对此的印象。

6. 适时而止

在通话时，作为发话人，一名训练有素的职员既要长话短说，废话不说，更要切忌没话找话。应尽量精简通话内容，缩短通话时间。在正常情况下，最好有意识地将每一次普通通话的时间限定在三分钟以内。此项要求，在电话礼仪中被称为“通话三分钟法则”，平时打电话时应对其予以自觉遵守。万一情况特殊，通话时间可能较长，则必须向受话人提前说明，并征得对方同意。

7. 善始善终

需要结束通话时，发话人应当在下述几个方面表现出应有的礼貌：一是先要询问受话人是否还有其他的事宜需要相告；二是要以“再见”等道别语作为通话的结束语；三是当自己挂断电话时，应双手轻轻放下话筒或轻轻按下通话终止键，切勿突如其来地挂断或用力摔掉，令受话人产生误解。

8. 有错必纠

有时在通话的过程中，往往会出现一些意想不到的差错。不论是否与己相关，发话人均应有错必纠。一是拨错电话号码时，要即刻向对方道歉。届时切记不要一言不发，挂断了事。二是线路发生故障，出现噪声、串线、掉线时，发话人应先挂断电话，然后再主动拨打一次。电话再次接通后，发话人还应就此向受话人做出必要的解释。

9. 善待他人

在电话打通后的第一时间，发话人有可能并未遇到自己要找的对象，而是遇到其他人士充当受话人。他们可能是电话接线员、办公室工作人员或者受话人的同事、家人等。当确认对方不是自己要找的人之后，应请求帮助，同时问候对方并表示感谢。

10. 及时反馈

在打电话的整个过程中，通话双方的相互配合十分重要。打电话时，发话人一定要善于观察受话人的反应，并及时予以反馈。例如，在电话接通后，不妨首先询问一下受话人“现在打电话是否方便”；发现受话人正在接待他人，则不妨改时再打。

二、接听电话

接听电话，通常指的是自己在打电话中处于被动的一方接听别人所打来的电话的行为。作为受话人，尽管在通话时未必可以任意操控电话，但却依然需要以礼待人。

根据电话礼仪规范，在接听电话时，受话人务必对以下十个要点加以重视：

1. 来话必接

在上班时，不论工作再忙再累，都不允许拒绝接听外界打进来的电话。当有他人在场时，此点尤须注意，不然便可能令别人产生不好的联想。即使当时不宜通话，亦应先接电话，并随之说明原因，然后再告诉对方，请其指定一个时间，由自己到时候负责把电话打过去。

2. 接听及时

电话礼仪规范不但要求凡有电话必接，而且还要求及时接听。按照常规，接听打进来的电话，应在电话铃声响起三声左右时进行。过早接听，可能使发话人措手不及；接听过迟，则又有可能怠慢发话人。此种规定，在电话礼仪中称作“铃响不超三声法则”。遵守这一法则，被视为受话人通话时最基本的教养。

3. 认真确认

接听电话之初，受话人应进行规范化的确认：一是以问候对方来确认有人正在接听电话；二是以自报单位、部门确认对方没有找错地方；三是以自报姓名确认对方没有找错对象。进行确认的具体方式，可以比照发话人“自报家门”的做法进行。务必记住，接听电话时进行确认这一程序，任何时候都不可以被省略。

4. 善待错拨

出于种种原因，平时接到别人拨错的电话属于司空见惯之事。遇到此种情况时，不仅不能气恼，而且还应善待对方。通常，应态度和蔼地告知对方打错了电话，然后再帮助对方核对具体错在何处。必要时，还可帮助对方查找其所要拨打的电话的正确号码。

5. 专心致志

接听任何电话，均应聚精会神，不允许在接听电话时心不在焉。例如，在接听电话时，不应同时与第三者交谈，不宜手头仍在从事别的活动，诸如看书报、查微信、吸烟、喝水等，否则便难以确保自己对对方所言之事听得清、记得准。

6. 少用免提

按照惯例，在办公室里接听电话时，通常不允许使用免提功能。因为那样做就等于将发话人所传递的信息公布于众，此种做法其实是极不尊重对方的。即便当无人在场时使用此项功能，亦应提前向发话人通报，并在取得对方认可后再使用。若只顾自己省事而去使用电话免提功能，也不考虑发话人的感受，是一种很无礼的做法。

7. 有所兼顾

有时当别人打来电话时，受话人可能还在伏案工作、接待客户或者正在接听另外一个电话。此刻，能否进行兼顾，是很能考验一个人水平的。忙于工作时，通常不能对外面打进来的电话予以拒绝。正在接待客户或接听另外一个电话时，亦应立刻接听新打进来的电话，但此刻不能厚此薄彼，而应尽快告诉对方自己正在忙于何事，在寒暄之后约定自己过后打电话给对方的时间，然后将其挂断，回过头来再继续处理刚才所做的事情。

8. 反复核实

接听公务电话时，一定要及时对电话里的关键点予以核实。没有听清楚的地方，一定要问清楚；没有记清楚的地方，亦应请求发话人进行复述。即使不存在类似问题，在通话结束前，最好还是扼要地向发话人复述一遍刚才通话的要点。这样做，既可以避免差错，又可以显示自己的态度认真。

9. 挂断有方

终止通话时，具体由哪一方首先挂断电话，在礼仪上很有讲究。按照规范，当通话双方具体地位相仿时，通常应由被求的一方挂断电话，有求于人的一方则不宜如此。当通话双方具体地位存在较大差异时，则应由其中地位较高的一方先挂断电话。例如，与上司通话时，应由上司先挂断电话；与客户通话时，则应由客户先挂断电话。

10. 及时回复

有时，外面打来电话之际，对方所找之人并不在现场。当时的电话由别人代为接听，或是发话人以录音的方式向自己所找之人留言。遇上这类情况，被找之人应尽快回复对方的电话。必要时，还应具体说明自己当时未能在场的原因。

三、代接电话

在工作时，职员经常会代接别人的电话。在代接别人的电话时，除了要遵守接听电话的基本礼仪外，还有下述七项规则必须予以遵守。

1. 表明身份

代替他人接听电话时，首先应当向发话人具体说明本人的身份，以免对方产生误会。在向发话人表明身份时，关键点是要告知对方本人的具体职务以及与对方所找之人的关系，以便对方斟酌是否可请自己代劳或由自己代为转达。

2. 区别情况

发话人所找之人不能接听的具体情况，可区分为以下三种：一是正在忙于他事，不能立即接听电话。二是不在现场，但一会儿之后有可能回来。三是因事外出，一段时间之内不可能返回。代接电话时，接听者应详尽地向发话人说明其所找之人不能接听电话的具体原因，以便对方了解情况。此刻，仅仅说一句“你找的人不在”，不仅过于生硬，有时难免还会引起误会。

3. 主动帮助

在发话人同意的前提下，代接电话者可在力所能及的范围之内为发话人或其所找之人代劳。具体的做法是，在告知发话人其所找之人不能亲自接听电话的原因，并表明本人的身份后，可诚恳地告知对方："需要的话，我可以帮助你"，或者"方便的话，我可以代为转达"。假如对方对此予以拒绝，则不必勉强。

4. 认真记录

为保证不耽误工作，代替他人接听电话时，接听者务必要做好笔录。笔录的基本内容，按惯例应为"五 W"与"一 H"。所谓"五 W"，是指何人（who）、何事（what）、何因（why）、何时（when）、何地（where）；所谓"一 H"，则是指如何做（how to do）。进行笔录时，应一丝不苟，对上述要点要一一记录清楚，不应遗漏。对一些关键性的内容，诸如数据、金额、人数、姓名、地址、邮箱、网址、时间等，则应认真地与对方反复进行核实。

5. 不使久候

倘若发话人所找之人不在现场，但可能就在附近时，征得对方同意后，代接电话者可立刻替对方去找人。不过如果把握不大，或者可能要走较远时，最好先请发话人挂断电话，过一会儿再打过来，或由受话方稍后打过去。千万不要让对方拿着话筒一等再等。在任何情况下，都不应该让对方所等的时间超过两分钟。当对方打长途电话或使用手机时，尤须谨记此点。

6. 及时办理

代接电话之后，接听电话者应尽早处理自己向发话人承诺的各项事务。需要自己处理的事情，要马上处理；需要自己转达的事情，要及早转达；需要自己代劳的事情，亦应认真办理。一旦在通话时答应了发话人，就不应当言而无信。无故拖延时间，也属于大忌。

7. 保守秘密

自己代接的电话，不论涉及公务还是私事，代接者均有义务保守秘密。除发话人指定的传达对象之外，不应擅自向其他人直接或间接地扩散与此相关的任何信息。不仅不能随意向外人透露通话的具体内容，而且对于对方的姓名、单位、电话号码等，也不宜四处宣扬、广而告之。

四、使用手机

当前，俗称手机的移动电话在国内已非常普及。职场上，职员人人持有手机，并且在其工作中广泛使用。使用手机时，既要遵守普通的电话礼仪规范，又要遵守下述几项特殊的礼仪规范。

1. 注意场合

在工作中，使用手机的场合多有讲究。一般而言，在写字间工作时，应尽量少使用手机，而要多利用座机。在接待客户、向领导汇报工作时，也不宜使用手机。为了防止商业秘密的泄露，在参加重要的会晤、谈判或会议时，不但不宜使用手机，而且最好不要随身携带手机。

2. 防止噪声

使用手机，固然可以为职员提供诸多方便，但在方便自己的同时切莫忘记方便他人。必须牢记，在任何公共场合，尤其是在美术馆、音乐厅、影剧院、咖啡屋、图书馆、俱乐部、候机楼等人员较多却又相对要求安静的地方，都应保持手机静音，并且不宜当众接听、拨打手机，否则就可能使自己成为惹人讨厌的噪声制造者。

3. 安全第一

使用手机时，应充分考虑自己与他人的安全问题。按照有关规定，驾驶汽车、乘坐飞机或者置身油库时，均禁止接打手机，否则有可能发生重大事故。除此之外，在军事要地、博物馆内以及新产品发布会、新技术研讨会上，出于安全或保密等方面的考虑，手机通常也禁用。为了个人信息的安全，私人手机号码通常都是不宜公布于众的。

4. 通报变更

目前，移动通信技术发展迅速。职员在使用手机时，往往在机型、制式、卡号等方面可有多种选择。在现实生活中，人们更换手机号码之事时有发生。为了不使工作受到影响，保持自己对外联络的通畅，一旦自己更改了手机号码，应立即向重要的交往对象通报。如果自己拥有两个以上的手机号码，还应向交往对象确认对方联络自己时应以哪个号码为主。但是，在正常情况下使用于职场的本人手机号码应当保持相对固定，并且最好将因公与因私所使用的手机号码加以区别。此外，还应当注意：别人出于信任所告知自己的手机号码，则是不宜随便对外公开的。

5. 巧用信息

在手机的多种功能里，有不少人对短信、微信等信息服务情有独钟。在公务交往中，往往可以使用短信、微信与他人进行联络、沟通。但在使用短信或微信时，有下述七项禁忌：一是忌滥，不应以之骚扰别人。二是忌骗，不应利用它四处欺诈。三是忌假，不应使他人的手机充斥着自己编造的弄虚作假的消息。四是忌黄，不应利用它宣扬低级趣味。五是忌黑，不应扩散反动、封建、违法、犯罪的信息。六是忌虚，不应在发送信息时不署本人姓名，令对方不知自己是“何方神圣”。七是忌懒，尽量不要群发信息。

6. 遵守法律

在任何地方、任何国家使用手机，都应自觉地遵守相关的法律。凡明文规定禁止使用手机或规定禁用手机某些功能的地方，职员都绝对不能贸然犯禁。平时亦应注意：未经正式允许，不应使用手机偷偷通过录音、拍照、摄像、上网或其他方式向外界传递本单位内部信息。不要在公共场所随便使用手机录音、拍照或摄像。利用手机窃取个人隐私或商业情报，则属违法行为。

7. 不宜借用

手机纯属私人用品。它不仅本身价格高昂，而且通话费用也相对较高，所以在一般情况下，绝对不应当向别人借用手机。至于向陌生人借用手机，则更属不当。万不得已借用了他人的手机，一定要少用早还，并且应当事后诚恳地感谢对方。

8. 置放到位

在较为正式的场合，手机不宜乱拿、乱放。不论将其直接握在手里，还是将其或吊或挂在手腕上、胸前、腰间，看起来都不甚美观。方便的话，还是把手机放入公文包或手袋内为宜。有时，如不有碍服装外观，亦可把它放在上衣或裙、裤的口袋之内。在会见、会谈、开会或赴宴时，切勿把手机放在桌面之上。

第九节 演 讲

在公务交往中，绝大多数职员都经常需要对客户、对同事、对公众阐述见解，发表意见。因此，良好的口才是职员所应该具备的基本工作能力。

演讲，又叫作演说、讲演，是指当众所进行的一种正式而庄重的讲话，旨在就某一问题阐述个人见解，或论证某一观点、介绍某项业务、说明某种情况。简而言之，演讲就是当众所进行的正式发言。

正所谓“术业有专攻”，与政治家的演讲偏重于宣传鼓动、科学家的演讲侧重于科学论证所不同的是，职员通常所进行的演讲则大多数属于礼仪、说明性质。例如，欢迎词、欢送词、祝贺词、答谢词、解说词、介绍词等。它们往往具有常规性、广泛性、应酬性、临时性等特点，故此又称为即席演讲。

进行即席演讲，一般仅仅需要片刻时间，但它却是对演讲者个人综合素质的一种最有效的测试。以下，将从演讲的要求与演讲的类型这两个方面来分别介绍相关的礼仪规范。

一、演讲的要求

同样都是运用语言进行交流，演讲却与交谈大有不同。交谈的主要特征是：谈话双方需要双向沟通，双向交流。演讲的主要特征是：演讲者在演讲时完全可以单向思维、单独表达，而不受外界的任何影响。但是，这并不意味着演讲可以不讲规则、随意表述。实际生活中，健谈者多矣，成功的演说家却并不常见。

从礼仪规范上来讲，演讲的基本要求是：精心准备、善始善终、循规蹈矩、即席发挥。

1. 精心准备

尽管许多演讲都是即席而为，但要令其“出彩”，就不能不在平时注意进行一些必要的准备。有道是：“冰冻三尺，非一日之寒。”唯有平日的认真积累，才有演讲的成功。准备演讲，大致应注意下列几点：

一是积累素材。在日常工作与生活中，要多看、多想、多问、多记，为演讲积累必要的素材。

二是撰写提纲。并非每一次演讲皆应成文，但一次出色的演讲却往往要事先认真撰写提纲。一份要点明确、层次清晰的提纲，是演讲必不可少的提要与骨架。

三是进行演练。如果条件允许，应在准备演讲的过程中进行几次必要的预演。进行预演时，可以请人到场观摩，也可以自我演练。演练的最大好处，是可以提前发现漏洞。

四是精力充沛。进行重要演讲前，应进行充分的休息，以保证自己在演讲时精神焕发、神采奕奕。

五是仪表整洁。演讲前，一定要精心修饰仪表，细心选择服饰。一位服饰得体、仪表整洁的演讲者，到处都会受到欢迎。

2. 善始善终

此处的善始善终，就是指在平时锻炼自己的演讲能力时，职员一定要重视演讲的开场白与结局。在正式演讲之中，它们被称为“至关重要的上下场”。要做好这一点，应当注意：

一是精心安排好开场白。“万事开头难”，一次演讲如果不能拥有出色的开场白，就可能意味着失败。因此，演讲时一定要安排好开场白，以求先声夺人。具体要做到下面几点：

其一，设法抓住听众。演讲的开端，最忌陈词滥调、平淡无奇，所以在其开始时，即应引起听众的好奇与注意。

其二，尽快进入状态。开始演讲时，应尽快阐明要点，并直奔主题。切勿东拉西扯、不着边际。

其三，促使听众参与。高明的演讲者，一定要让自己的开场白引发听众的共鸣，从而使听众与自己积极配合、主动呼应。

二是认真设计好结局。一场优秀的演讲，不仅要有良好的开端，而且还忌讳虎头蛇尾的结局。要防止留下一个失败的结局，关键应注意三点：

其一，适可而止。任何演讲，都忌讳耗时过长。一般的演讲，应控制在一刻钟之内，最长也不宜超过一小时。适时结束演讲，是对演讲的基本要求。

其二，留下空间。结束演讲时，不但时间上要有所限制，而且内容上也忌讳反复铺陈、说来道去。高明的演讲者在演讲结束时往往都要留下一定空间，使听众意犹未尽、回味无穷。

其三，概括要点。为了完成演讲的基本任务，在演讲结束之际，应对演讲要点进行必要的小结，以便强化听众的印象。

3. 循规蹈矩

在进行任何性质的演讲时，都有一些基本规矩需要演讲者自觉地加以遵守。

一是讲政治。不论在内部演讲还是公开演讲，都要注意其政治导向。绝对不允许演讲内容有悖宪法与法律，不允许其违反公序良俗，不允许其非议国家、非议某些民族、非议党和政府。

二是有思想。有道是“思想决定境界”。任何演讲，都应当力求具有新思想、新观点、新视野，并要善于为其打造令人耳目一新的“金句”。一场没有思想、没有“金句”、无的放矢甚至无病呻吟的演讲，只会给听众留下空洞无物的不好印象。

三是选内容。成功的演讲，讲究“以理服人”与“以例服人”。前者指的是演讲要有思想，后者则是要求演讲必须内容充实、材料丰富、旁征博引、案例生动，并言之有物。换言之，就是要匠心独运、会讲故事。

四是重语言。演讲的语言，应当生动、形象、风趣、幽默。为此，可以多举案例、多打比方，以例服人，但不应庸俗无聊、格调低下。与此同时，演讲者还应控制自己演讲的节奏与声调，力求使之悦耳动听、抑扬顿挫。

五是会表现。进行演讲时，高明的演讲者往往都善于声情并茂，以适当的表情、神态、语调、动作与演讲的内容相互配合。应当注意的是，演讲时表情、神态、动作过度夸张，与面无表情、神态漠然、动作呆板一样，都是不适当的。

六是守时限。前面已经说过，在时间上对演讲提出的要求是短而又短，适可而止。即席演讲，尤其需要时间越短越好。进行限时演讲时，千万不要超过规定时间，否则被别人“叫停”，会令自己颜面无光。

4. 即席发挥

某些时候，职员往往会遇到应邀发表即席演讲的情况。与常规演讲所不同，即席演讲通常没有准备，有时难免令人措手不及。

一般而言，尽管即席演讲讲究的是即兴发挥，但又绝对不允许演讲者无所顾忌、不讲分寸。下列几点，均应引起即席演讲者的充分注意。

一是泰然自若。应邀进行即席演讲时，应当神态自如、大大方方、高高兴兴。这样一来，就会使自己在听众之中赢得出场的高分。届时如果出现推辞、勉强等积极性不高的情况，甚至手足无措，则颇为不妥。

二是即兴有度。即兴，是即席演讲的主要特征。所谓即兴，一般是指对眼前的景物有所感触，临时产生兴致而抒发感慨。要令自己的即兴感触与听众产生共鸣，就一定要使演讲内容与现实的场景、气氛彼此协调，深浅适度，庄谐结合。无条件、无限度地即兴发挥，是即席演讲之大忌。

三是生动形象。为避免演讲枯燥乏味，演讲者一定要做到使演讲深入浅出，善于采用现实生活中的生动事例，尤其是刚刚发生过的时效性较强的案例对深奥的理论进行形象的诠释。简言之，就是要善于“讲故事”。要是动辄名词术语、条条框框，或陈词滥调，纵使有满腹经纶，也难以使自己的演讲获得听众。

四是联系周边。即席发表演讲，往往要求演讲者善于将演讲的主题与听众身边的人与事相联系，要善于打造金句，即恰到好处地引经据典。必要时，还可以巧用身边的实物、图表、视频，或是对众所周知的成语、典故加以应用。

二、演讲的类型

在公务往来中，职员所进行的演讲通常存在着许多具体的类型。依其功能而论，演讲可以分为欢迎性演讲、欢送性演讲、祝贺性演讲、答谢性演讲、解说性演讲、介绍性演讲、总结性演讲、汇报性演讲等。在礼仪规范上，它们各自都有一些与众不同的具体要求。

1. 欢迎性演讲

欢迎性演讲，又称致欢迎词。在职场上，每逢来宾光临或者新同事加入，通常都应当适时地致欢迎词。致欢迎词时，重点应放在“欢迎”二字上，并且应当始终热情洋溢。除此之外，还有以下几点注意事项：

一是看对象。具体对象不同时，欢迎词应在语气上有所区别：对前来本单位检查业务的上司，应当谦恭；对初来乍到的客户，应当诚恳；对新近加入的同事，则应当热情。

二是看内容。在内容方面，欢迎词均应包括自我介绍、欢迎之意的表达、对被欢迎者的祝福与希望等。其中尤其不可缺少致辞者对本人及其所在单位的自我介绍。

三是看态度。在态度上，致辞者在致辞时必须落落大方，充满自信；面带微笑，热情友善；朴实无华，平易近人。与此同时，还应注意与听众“等距离沟通”，以免厚此薄彼。

四是看场合。致欢迎词，通常宜选择较为正式的地点。经过布置的大礼堂、会议室、接待室以及宴会厅，都是最佳的选择。饭店的大堂、公司的大门口等处因人来人往，较为嘈杂，一般不宜在此处致欢迎词。

2. 欢送性演讲

欢送性演讲，又称致欢送词或送别词。每逢同事离职、朋友远去，或者同行、客户告别之际，为了表达惜别之意，一般都要致欢送词。

致欢送词，实际上就是郑重其事地施以临别赠言。在正式的欢送会上，一篇恰到好处的欢送词不仅可以表达致辞者的情意，而且也可以令被欢送者倍觉温馨。

撰写欢送词时，重点应当放在充分地表达致辞者的惜别之意以及对交往双方之间友谊的无比珍视上。具体来说，应兼顾以下五点：

一是适当地回忆既往与被欢送者共处的美好时光。

二是恰到好处地对被欢送者进行高度评价，或是回顾被欢送者在工作上所取得的成就。

三是真心实意地向对方表达自己的依依惜别之意。

四是向对方致以诚挚的敬意与美好的祝福。

五是富有文采，充满真情实意。

3. 祝贺性演讲

祝贺性演讲，又叫致祝贺词。每当适逢交往对象喜庆之事，或者出席庆祝会、纪念会、表彰会以及开业、剪彩、庆典之时，职员往往免不了要向对方致祝贺词。祝贺词亦称贺词，其基本要求是：恰如其分地表达祝贺之意。既要力求其具有新意，可以为受贺者锦上添花，又要使之避免例行公事式的官样文章或者词不达意。

具体来说，准备祝贺词时，需要兼顾以下四点事项：

一是以“恭喜”为全篇的中心。在一篇祝贺词的字里行间，自始至终都要充满热烈、喜悦、愉快、感人的气息。一切与此无关之事，此刻均不宜随便提及。

二是对受贺者进行客观评价。在祝贺词中，要着重肯定受贺者的成绩，赞美对方的优点，称颂对方所取得的进步。在为之大力“点赞”的同时，一般不宜揭其短。

三是祝福受贺者再接再厉。在一篇祝贺词里，最后应当充满对受贺者未来的良好祝愿。

四是力戒无限度地恭维受贺者。致祝贺词时，重在表达真情实感，并且应当充满激情，不过切勿无限度地对受贺者大唱颂歌。

4. 答谢性演讲

答谢性演讲，亦称致答谢词。在公务交往中许多获得荣誉、嘉奖的场合，或者在取得成功、受到祝贺之际，通常都应当适时地致答谢词。

准备答谢词时，必须将其重点置于“感谢”之上。与此同时，亦应对自己做出适当的评价。二者缺一不可，否则就会令一篇答谢词有失完整。

具体来说，一篇成功的答谢词应注意如下五点：

一是正视成绩。在答谢词中，不妨先客观而全面地回顾一下自己或本单位所取得的进步。这样做，答谢词中的有感而发才不会显得突兀，令人莫名其妙。

二是肯定自我。在回顾自己或本单位的发展、进步时，应当实事求是、大大方方地肯定既往所取得的成绩。如此一来，不但说明自己充满自信，而且也表明自己具备一定的实力。

三是发现不足。致答谢词，应坚持一分为二的观点。不但要肯定自身之所长，而且要莫忘自身之所短，这样才可能再接再厉、不断进步。

四是谦虚谨慎。在答谢他人时，切莫自吹自擂、得意忘形。英国诗人丁尼生说过：“真正的谦虚，是最崇高的美德。”这一美德，理应为职员所具备。

五是感谢各方。在致答谢词时，对于各界各方给予自己的支持，均应不厌其烦地一一致谢，对其必须面面俱到，不得丢三落四。

5. 解说性演讲

解说性演讲，亦称致解说词，指的是应他人的请求，或是为了满足他人的需要，而对某一事物所进行的专门说明或解释。在各种新产品、新技术、新服务或新项目的陈列会、推广会、展销会、发布会上，有关职员往往需要致解说词。

致解说词时，一般应当对以下四点加以注意：

一是熟悉业务。在准备解说词时，务必对与解说对象相关的业务拥有尽可能多的了解。这样做，将会使自己充满信心地解说相关对象的独特性能，避免出现被人问倒的尴尬局面。

二是强调特征。对某一事物进行解说时，一定要抓住其功能、设计、外观、价位等方面的特征，这样做便会牢牢抓住听众。

三是实事求是。解说某一事物时，固然应当扬长避短，但同时坚持实事求是则是永恒的原则。借致辞之机向听众扩散虚假信息，甚至公然“坑、蒙、诈、骗”，则是绝对要不得的。

四是有备而至。准备解说词时，应考虑听众届时可能产生的反应以及可能提出的问题，包括极个别人的吹毛求疵，并且为此提前做好准备。只有这样做，才能临阵不慌。

6. 介绍性演讲

介绍性演讲，亦称致介绍词。当来宾参观、宾主见面、新人加入时，往往需要由专人致介绍词，对本单位有关人员及本单位有关情况进行简短的介绍。

就具体内容而言，介绍词与解说词既有共同之处，又有一定差异。二者的共性在于：它们都侧重于进行情况说明。二者的差别则是：解说词以新产品、新技术、新服务、新项目等“物”为对象，介绍词则以个人或单位等“人”为对象。

平时，介绍性演讲既可以单独进行，又可以作为一个部分与欢迎性演讲、祝贺性演讲等合并进行。当致介绍词单独进行时，下述三点应予注意：

一是详尽具体。不论介绍个人还是介绍单位，均应尽可能地全面、充实、详尽、具体。总之，介绍得越详细，给听众留下的印象就越深刻。

二是突出重点。在撰写介绍词时，应力求突出被介绍者的优点、专长、业绩以及其他与众不同的突出优势和特点。若是平淡无奇，没有特色，它便难以抓住听众。

三是诚实自信。进行介绍时，应坚持诚实的原则。在任何情况下，都不应当在介绍词之中弄虚作假、自欺欺人。此外，还应当充满自信。若是自惭形秽、底气不足，往往会直接有损于介绍的效果。

7. 总结性演讲

总结性演讲，又叫致总结词。每逢各类会议或各种活动的结尾，都少不了要由负责人致总结词。它的具体内容，既可以是对会议、活动的总结，也可以是对个人或本单位工作的总结。

所谓总结，一般指的是将某一阶段内的工作、学习以及思想上的各种情况进行分析研究，由此归纳出经验与教训，并做出具有指导作用的结论。由此可见，致总结词时，有以下三点事项应着重予以注意：

一是全面回顾。进行总结时，有必要认真、全面、系统地对个人或本单位的基本情况进行回顾。回顾过去，是为了未来有所发展、有所进步。进行具体回顾时，既要看到成绩，又要承认不足。

二是总结经验。“前事不忘，后事之师。”必须清醒地认识到，进行总结的目的，就是为了获得宝贵的经验。

三是吸取教训。在总结经验的同时，亦应及时地从个人或本单位过去的某些失误中吸取教训，防止未来犯同样的错误。

8. 汇报性演讲

汇报性演讲，又叫致汇报词，简称汇报。它通常是指综合材料，向上级或群众报告。每当上级检查、进行述职、考核评估、督查审计或反映情况时，职员向他人进行汇报往往属于例行公事。进行汇报时，主要应注意以下四点：

一是目的明确。进行汇报，必须有其明确而具体的目的。为准备汇报而收集材料时，亦应有的放矢。

二是有主有次。在汇报中，各类情况与材料均应主次分明，条理清晰，逻辑性强。

三是真实无欺。进行汇报时，应坚持实事求是、一分为二。不能“报喜不报忧”或“报忧不报喜”，不能弄虚作假、欺上瞒下。

四是准备全面。准备汇报时，应尽量收集各种资讯，以便完善汇报内容，积极应对他人对汇报的质疑以及其他问题。

第十节 信 函

信函，又称书信，它是人类最古老又最常用的一种沟通手段。时至今日，在公务交往中，信函依旧是职员所常用的有效而又实用的交流方式之一。

一般情况下，单位及其职员在正式的公务交往中所使用的信函亦称公务信函。相对于普通书信，由于公务信函使用于正式场合，在礼仪方面通常有着更为标准而规范的要求。

总体而言，职员在使用其公务信函时，应注意言辞礼貌、表达清晰、内容完整、格式正确、行文简洁五大要点。因为在英文里，礼貌（courteous）、清晰（clear）、完整（complete）、正确（correct）、简洁（concise）五个单词皆以字母“C”打头，故此这五大要点亦称公务信函写作的“五C法则”。

具体来讲，使用公务信函时，主要应当在写作信函、应用信函等方面全面地运用礼仪规范。此外，写作电子信函也要遵守必要的礼仪规范。

一、写作信函

写作公务信函时，一定要对信函的内容与格式斟酌再三。以下五个具体问题，尤须认真对待。

1. 抬头

一般的公务信函均由抬头、正文、结尾三部分构成。作为一封公务信函的开端，抬头绝非可有可无，而应认真推敲。

抬头的基本内容包括称谓语与提称语，二者均应根据具体对象具体对待，力求恰如其分。

一是称谓语准确。在写作信函抬头时，应以称谓语称呼收信者。在称呼收信者时，下列四点必须注意：

其一，姓名与头衔必须正确无误。在任何公务信函中，写错收信者的姓名与头衔都是绝不允许的。称呼收信者，有时可以只称其姓，略去其名，但不宜直呼其名或者无姓无名。

其二，允许以直接致信的有关单位或部门作为抬头中的称谓语。在许多时候，以有关单位或部门直接作为收信者在职场礼仪上是许可的。

其三，可以使用中性名词称呼收信者。当不清楚收信者的性别时，以“董事长”“经理”“处长”“主任”“首席代表”等无须辨别性别的中性名词去称呼对方是比较稳妥的。

其四，切忌滥用称呼。初次致信他人时，千万不要滥用称呼。诸如“先生”“小姐”一类的称呼，在并不清楚收信者性别时就不宜采用。一般不能图省事，直接以“先生”“小姐”去称呼收信者。不要乱用“领导”“阁下”“老板”“有关人士”这一类专用性称呼。

二是提称语到位。在称谓语之前，有时需要使用提称语。所谓提称语，意即提高称谓的词语。在公务信函里使用提称语，关键是要到位。

在一般情况下，公务信函里最标准的提称语是“尊敬的”。普通的公务信函，不使用提称语亦可。

在社交场合所使用的“尊鉴”“台鉴”“钧鉴”等古典式提称语，在涉外场合所使用的“亲爱的”“我的”等西洋式提称语，在公务信函中一般均不宜采用。

2. 正文

在公务信函里，正文是其中的核心内容。写作正文时，一定要力求主题明确，合乎逻辑，层次清晰，语句通畅，文字正确，言简意赅。以下几处要点，在写作公务信函的正文时尤须注意。

一是斟酌人称使用。在公务信函里，写作者所使用的人称颇为讲究。若为了表示亲切、自然，宜采用第一人称。若意在表示公事公办、严肃正规，则可采用第三人称。

二是主要内容前置。一封标准公务信函的内容，应当像一座倒置的金字塔，越是重要的内容越应当置于前面。因此，在正文的开端，即应直言自己认为最应当告诉收信者的信息，或者是收信者最希望了解的信息。

三是篇幅删繁就简。在任何情况下，一封拖沓冗长的公务信函都会使人感到无比乏味，所以在写作公务信函时，一定要注意控制篇幅，力求简明扼要。一般而言，篇幅短、段落短、句子短、引证短等“四短”，是写作公务信函时所必须恪守的铁律。

四是一信只议一事。为了确保公务信函发挥功效，并且尽量缩短其篇幅，最好一信只议一事。这样一来，不但可以突出主题，而且可以限制其篇幅。

五是语言平易近人。尽管公务信函使用的是书面语言，写作者亦应尽量使之生动、活泼、亲切、自然，既不应令其过于粗俗无聊，也不应使之曲高和寡。

六是信息正确无误。公务信函所传递的信息，应确保正确无误。为此应做到：避免写错字、用错标点符号；防止滥用与错用成语、典故、外语；过于生僻的词语或易于产生歧义的举例，也不宜采用。

七是书面干净整洁。一般来说，正式的公务信函最好打印，而不是手写，这样做可确保书面的干净整洁。即使需要手写时，亦应避免随意涂抹、填补。此外，不要在行、格之外写字，不要掉字，不要以汉语拼音代替生字，不要滥用网络用语或缩写。

八是防止泄露机密。普通的公务信函，不应在其字里行间直接或间接地涉及国家秘密或商业秘密。若打算将其邮寄或快递，尤其要注意此点。

3. 结尾

在公务信函里，作为最后一部分的结尾，写作上的基本要求是：全面而具体。大体上说，公务信函的结尾又由下述六个具体部分所构成：

一是祝颂语。它是写信者对收信者所进行的例行祝福，其内容大都约定俗成，可酌情使用，但不宜空缺。

二是附问语。它是指写信者附带问候收信者周围人士，或代替自己周围人士问候收信者。平时，附问语可用可不用。

三是补述语。它是正文写完后，尚需补充的内容，故又称附言。一般的公务信函，最好不用补述语。如需使用补述语时应注意三点：单字不成行，单行不成页，字数不宜多。

四是署名。在公务信函里，署名宜为写信者的完整姓名。必要时，亦可同时署上其行政职务与职称、学衔。若为打印的信函，最好由署名者本人在信上亲笔签名。有时，此项内容亦可代之以单位或部门的全称。

五是日期。在署名之后，应注明写信的具体日期。为郑重其事，所署日期越具体越好。至少要写明“某年某月某日”，必要时还应注明“某年某月某日某时”。

六是附件。在一些公务信函里，往往附有其他有关文件。附件通常应置于公务信函之后，但其具体件数、页数、名称均应在信中一一注明，以便收信者核对查阅。

4. 封文

邮寄的公务信函，均应书写封文。在写作封文时，不仅应当认真，而且必须遵守其基本规范。对以下五点尤应重视。

一是地址详尽。在写作封文时，为了保证收信者及时收到信函，或者信函退回时不致丢失，一定要将收信者与寄信者双方的具体地址仔细写明。不仅要写上省、市、区、街道、门牌号码，而且还应写上单位、部门。

二是姓名正确。在封文上，收信者与寄信者的姓名均应书写正确。以单位、部门作为收寄者时，亦应注明其正确的全称。

三是慎用雅语。正式信函的封文上，往往要使用一些雅语。但雅语的使用皆有一定之规，不可滥用。它具体包括：其一，邮递员对收信者的称呼。它们写在收信者姓名之后，如“局长”“先生”“老师”等。它并非写信者对收信者的称呼，故此不宜使用“大人”“前辈”“贤侄”之类。其二，启封词。它是敬请收信者拆启信封的礼貌语，如“启”“钧启”“收启”等，通常写在收信者姓名与邮递员对其称呼之后。其三，缄封词。它表示寄信者封闭信函时的恭敬之意，如“缄”“谨缄”等，缄封词均应写在寄信者姓名之后。凡不封口的信函，没有必要多此一举。

四是邮编勿缺。正式邮寄的公务信函，一定要正确注明收信地址与寄信地址的邮政编码。缺少邮编或邮编不正确的公务信函，很有可能晚到甚至丢失。

五是格式标准。封文写作，通常都有一定的格式可依。横式信封有横式信封的写法，竖式信封有竖式信封的写法；国内信函有国内信函的封文格式，国际信函则有国际信函的封文格式。写作公务信函的封文时，必须认真地依此标准。

5. 工具

写作公务信函，尤其是手写信函时，必须借助于一些必要的工具。使用这些工具时，应符合基本的礼仪规范。下面，着重介绍一些手写信函对其所用工具的基本要求。

一是信笺。信笺又叫信纸。公务信函所使用的信笺，应当规格统一、纸质上乘、美观大方，并统一印制。通常不宜使用外单位信笺写公务信函，也不要使用本单位信笺写私信。

二是信封。公务信函所使用的信封，可以是市场上出售的标准信封，也可以是本单位统一印制的专用信封。不宜自制信封寄发公务信函，或是利用其他单位用过的信封寄发本单位的公务信函。公务信函信封的大小，宜与其容量相称。它的纸质、色彩，最好与信笺相匹配。

三是笔具。手写公务信函时，通常应使用钢笔或毛笔。如果以铅笔、圆珠笔来写，往往会令人感觉不够正式。

四是墨水。用毛笔写信，宜用黑色墨汁；用钢笔写信，则宜用黑色或蓝黑色墨水。纯蓝色的墨水因其字迹难以持久保存，故不应使用。使用其他彩色墨水，则有哗众取宠之嫌，亦不可取。

二、应用信函

在职场交往中，公务信函应根据实际需要和具体情况来使用。因其具体用途不同，职员所常用的联络函、通知函、确认函、感谢函、推荐函、拒绝函等，在写作上往往又有一些各自不同的要求。

应用不同类型的公务信函时，既要遵守共同要求，又要兼顾其具体特征。

1. 联络函

联络函，又称保持接触函。它是平时在职场往来中用以培养客户关系、与客户保持联络的一种专用信函。使用联络函的目的，不仅意在证明自己的存在，而且也是为了与客户保持接触，并借此培养对方对自己的好感，加深对方对自己的印象。一般而言，应当定期向客户寄发联络函。

写作联络函，通常有以下五个要点应当注意：

一是寻找适当的去信借口。这样一来，就不会让对方觉得不可思议。祝贺节日、生日，寄送简报，往往都是其不错的借口。

二是扼要介绍自己的状况。向对方通报自己以及所在单位的发展变化，可以使对方对自己及所在单位加深了解。

三是要表达对对方的关注。在介绍自己的状况之前，可以先向对方表达自己诚挚的关心。例如，可告知自己对对方最近所取得的成就的了解，或为此祝贺对方等。

四是相机表示合作的意图。在联络函中，不妨大致介绍一下自己欲与对方进行进一步交往、合作的意图。

五是灵活掌握友善的分寸。联络函并非直奔主题的业务函，因此篇幅宜简短，语气宜友善，主题宜以联络为主。

2. 通知函

通知函，又称告知函。它主要用以向外界通报某项事务处理的具体情况，或是某项业务的具体进展。从某种意义上讲，通知函往往可以在一定程度上发挥联络函的作用。

写作通知函时，应注意下列五个要点：

一是重在介绍客观情况。通知函的主要作用，是向有关方面通报具体事态的发展、变化，而并非就此展开讨论或进行争论。

二是保持介绍的连续性。在介绍当前状况时，通知函要注意与此前函件的呼应，以便使自己的情况介绍有头有尾、连贯一致。

三是通报己方今后计划。在介绍客观事态的同时，亦应告知收信者己方的对策以及已经采取或即将采取的行动。

四是促进彼此合作。通知函的目的之一，就是要推动收信方与寄信方的合作。

五是表达委婉含蓄。不论介绍己方举措，还是敦促对方参与，在表达上都要委婉含蓄。要力戒语气生硬、强人所难，或者唠唠叨叨。

3. 确认函

确认函，在此是指专为确认某事而向交往对象所寄送的信函。在公务交往中，确认函是最为常用的信函之一。因为确认函意在对某种事实、某种意向进行确定，所以它在写作上具有更高的规范性要求。

写作确认函，应对下列五点多加注意：

一是明确应予确认的相关事项。此项内容是确认函关键内容所在，故应反复核对，确保不发生任何差错。

二是逐一列出相应的附加条件。凡对所确认的事项附加各项具体条件的，在确认函里应向收信者予以明确。

三是陈述己方对此的基本立场。在确认函之中，确认方应再次承诺自己遵守约定，绝不随意反复，或是临场变卦。

四是要求收信方对此予以确认。一般情况下，确认方均会在确认函中要求收信方对此进行确认。具体的方式，可以是另行致函，也可以是在此信上签署意见。

五是在信函末尾进行正式署名。正规的确认函，均需有关人员或相关单位的负责人在其末尾亲笔签署自己的姓名。有时，往往需要联合署名，或由单位法人代表亲自署名。必要时，还需加盖本单位公章。

4. 感谢函

在公务交往中，感谢函是指专为感谢某人或某单位而写作的信函。一般而言，收到礼品、出席宴会、得到关照或举办大型活动之后，均应寄出专门的感谢函。一封恰如其分的感谢函，往往可以显示写作者的教养。

写作感谢函，通常应注意以下四点：

一是内容简练。一封感谢函，大可不必长篇宏论、喋喋不休。只要在信中将自己的感谢之意表达清楚了，即使只写三五句话亦可。

二是面面俱到。很多时候，在感谢函中应当致谢的对象不止一人或一个部门，那么一定要向所有应予感谢者一一致谢，千万不要有所遗漏。

三是尽量手写。为了表示自己的真心实意，感谢函时尽量亲自动笔撰写，而不要打印。在任何时候，一封当事人的亲笔信，都会使人产生亲切感。

四是尽早寄达。一般情况下，感谢函时效性很强。最好是在有关事件发生后 24 小时之内寄出，并应尽量使之早日寄达。

5. 推荐函

推荐函，在此是指专门向其他单位推荐某位人士而使用的信函。在求职应聘时，一封有力度的推荐函，往往有助于被推荐者脱颖而出。

写作推荐函，主要需要兼顾下述四个方面：

一是介绍自身情况。在推荐函的开始部分，写作者应简述一下自己目前的情况，并对自己与被推荐者之间的关系略加说明。

二是评价被推荐者。这部分是推荐函的主要内容，在此应当全面而客观地介绍被推荐者的基本情况，尤其是其能力、阅历、特长与业绩。与此同时，还应对被推荐者做出自己中肯的评价。

三是感谢收信者。在推荐函中，不应忽略对收信者的问候与感谢。这一部分，绝对不可缺少。

四是附有背景材料。为了便于用人单位及其负责人对被推荐者有进一步的深入了解，在推荐函之后一般还应附有被推荐者的简历、证书等个人背景材料。

6. 拒绝函

拒绝函，在此是指为拒绝外人或外单位的某项请求而使用的信函。在所有的公务信函里，拒绝函大概算是最难写作的一种。它的难以把握之处在于，既要正式拒绝对方，又要保证不会因此而损害双方关系。

写作拒绝函，大致有下列四点注意事项：

一是当机立断。使用拒绝函，一般非常讲究其时效性。若无特殊原因，应当当机立断，尽早拒绝对方。一拖再拖，往往会令对方产生其他想法。

二是具体说明。在拒绝函里，应当对拒绝的具体事项予以明确。不要一概而论、含糊不清、模棱两可，那样的话往往就会耽误事情。

三是阐明原因。对于拒绝对方的具体原因，最好在拒绝函里认真地进行说明，以便使对方心服口服，不至于为此而影响双方的关系。

四是表达歉意。必要的话，在拒绝函里应向被拒绝者表达己方的歉意。此外，还应恳请对方今后继续与自己保持联络。

三、电子信函

随着现代科学技术的发展，公务信函中逐渐出现了一系列利用电子媒介的新的形式，例如，电报、电传、传真、电子邮件等，它们均可被称为电子信函。除了遵守一般信函的礼仪规范之外，电子信函还有自己的一些独特要求。

下面，主要对当今在公务交往中普遍应用的传真与电子邮件的相关礼仪略加介绍。

1. 传真

传真，通常是指利用光电效应，通过专用的装置将信函、文件、图片等的真迹传递给远方联络对象的一种通信方式。用以传真的专用装置，一般叫作传真机。传真的优点，主要是操作简便，传送迅速，可以直接输送真迹，因此颇受上班族的青睐。

在公务交往中使用传真时，下列几个方面的礼仪规范务必遵守：

一是内容简单明了。与普通信函相比，传真所需要的费用较高，因此在撰写传真稿时，既要使之全面、具体，言之有物，又要使其简明扼要。正式发送传真之前，应将可有可无的词句统统删去。

二是字迹清晰易辨。出于技术上的原因，传真在传送过程中容易变得模糊不清，所以在准备传真稿时，一定要尽量使稿件的字体、行距、数据、图表等清晰易辨，避免人为原因而导致其“失真”。

三是形式规范得体。发送传真前，务必使之形式规范得体。未经允许，不要发送过长或内容应予保密的传真。若是正式传真，应首先标有名称，并在上面写明接收者所在单位、部门的名称，接收者姓名、职务、电话号码等。发送传真所用的纸张，应为带有本单位名称的正式公文纸。在传真时，一般均应附有一页封面，并注明页码。若传送急件，应于封面之上注明。在传真最后，应注上发送的具体日期与时间。此外，还可以附上备注，例如，“切盼 3 月 1 日 17 时之前答复”。

四是附有联络方式。为便于交往双方及时进行联络，在发送传真时，应在上面注明发送者的有效联络方式，例如，发送者单位、部门的名称，发送者的姓名、职务、传真与电话号码，传送传真过程中出现问题时可以使用的联系电话等。提供己方的传真号码时，应注明传真是否自动接收。

五是提前进行通报。发送传真前，应先向接收者进行通报，并征得对方的同意。如果对方有着开启传真机的规定时间，一般应予遵守。如果对方正在等候其他重要传真，或者对方传真与电话使用同一线路且正在忙碌，尽量不要给对方忙中添乱。如果对方传真机无人值守，不预先通报而传送过去的传真就有可能不会被接收者及时收到。

六是谨防骚扰他人。发送传真，大都属于需要急办之事。若非紧急的文件、信函，或者应邀而为，最好不要使用传真。个人私事，亦不宜使用单位传真机对外传送。利用传真开展宣传、促销活动时，一定要把握好量与度。假使接收者对此不感任何兴趣，则有关的传真大可少发或不发。不要忘记，泛滥的“垃圾传真”是绝对不受欢迎的。

七是及时进行处理。接收到外来的传真之后，应及时进行处理。首先，应告知发送者，传真已收到；其次，应对传真所涉及的有关事项进行办理，或交由有关部门、有关人员办理；最后，鉴于传真件不宜久存，应对其中重要的内容进行复制。

2. 电子邮件

电子邮件，又称电子函件，它是指利用互联网所传递的邮件。随着互联网的发展，电子邮件迅速普及，并且在公务交往中得到了越来越广泛的运用。

使用电子邮件时，下列三个方面的具体礼仪规范应当认真加以遵守：

一是认真准备。使用电子邮件，职员必须认真做好各项必要的准备。其一，主题明确。与重要的普通信函一样，电子邮件亦应每一封只有一个主题，并且在其开始处标有令人一目了然的名称。其二，篇幅短小。由于电子邮件需要利用互联网传送和接收，为防止收发出现问题，电子邮件的内容应短小精悍。其三，语言直白。因公所使用的电子邮件所用语言应通俗易懂。要避免使用生词、怪字、繁体字或自造的网络用语。凡引用的数据、资料，均应注明出处。

二是切勿滥用。众所周知，互联网是一个虚拟世界。在网上发送电子邮件时，职员应保持清醒的头脑。要注意以下两个问题：其一，电子邮件并非万能。必须意识到，在绝大多数情况下，使用电子邮件进行沟通，并不一定比直接会面或使用电话进行沟通的效果更好。其二，不宜滥发“电子垃圾”。使用电子邮件时，职员必须注意，不宜利用工作之便，利用单位的网络向外界滥发电子邮件。泛滥的电子邮件俗称“电子垃圾”，十分令人反感。

三是安全第一。在公务交往中使用电子邮件时，既要确保信息传送渠道畅通无阻，又要自觉维护网络安全。以下五点，职员需要谨记：其一，不要充当黑客。利用单位网络充当黑客，必定会影响单位的业务与形象。其二，不要滥交网友。互联网上鱼龙混杂，滥发电子邮件、滥交网友，往往于己不利。其三，不要弄虚作假。使用电子邮件，一定要讲究社会公德与网络道德。切勿借此传播虚假信息，或是散布流言蜚语。其四，不要胡乱删除。对自己信箱之内的电子邮件应及时进行处理。该回复的回复，该删除的删除，但对重要单位或个人的相关邮件及其电子邮箱地址一定要妥善保存。其五，不要涉及机密。利用电子邮件传递秘密资讯，其安全性往往难以保证。

第十一节 求 职

当前，随着我国社会主义市场经济的迅速发展，人才的流动已经越来越频繁。自主择业，双向选择，已成为更多人的选择。

诚然，人最宝贵的东西是生命，每个人都只有一次生命。在有限的生命之中，每个人都有权利使自己的生命走向辉煌，尽可能地发出更多的光和热。因此，在处理自己的事业与发展的问题时，每个人都必须重视自己、善待自己、把握自己。要努力从自己的实际条件出发，尽心竭力地争取发出更多的光和热，以便用己之长、应人之需，更好地献身事业、服务社会、报效国家。

不论初入职场，还是更换单位，在选择职业时，既要满足国家的需要、实现个人的理想，又要量力而行、审慎考虑。现代社会对每个人都提出了种种挑战，与此同时，也提供了各种百年难逢的机遇。选择职业、求职应聘时，要想力挫群雄、一举成功，在具有良好的专业素养的前提下，掌握必要的惯例与技巧也不容忽视。后者在某些情况下，甚至会发挥举足轻重的作用。

求职的惯例与技巧涉及面甚广，下面着重介绍其中的两个主要问题：求职的准备和面试的技巧。

一、求职的准备

选择职业、求职应聘的第一步，是要进行必要的准备工作。只有把求职的准备工作真正做好了，才能为自己求职成功奠定坚实的基础。

进行求职的准备工作，需要关注的具体环节有不少。搜集信息、自我定位、写求职信、预备材料，便是其中不能缺少的四个重要步骤。

1. 搜集信息

求职应聘，毫无疑问离不开有关信息的搜集。从某种意义上讲，求职之前搜集信息，就是在为求职做调查研究。如果不就此进行认真的调查研究，显然对此就没有令自己心悦诚服的“发言权”。

为求职而搜集信息，最重要的是要想方设法获取真实而有效的信息。

一是真实的信息。为求职而搜集的信息，第一位的要求是真实、准确、无误。假若做不到这一点，那么即便自己的信息十分丰富，也不会有太大的用处。要搜集到于己有利的真实信息，有两个问题务必注意。

其一，要自己动手，尽量取得第一手信息。如果自己所得的信息是道听途说，或是互联网、“朋友圈”里的第二手、第三手等“中转”过多的信息，往往并无多少用处可言。

其二，要对信息进行必要的分析整理，以便去粗取精，去伪存真，由此及彼，由表及里。自己获得的信息再多，假如来者不拒，无所不信，而不加以分析鉴别，也是不正确的。

二是有效的信息。为求职而搜集的信息，还必须于己有效，否则即便真实无误，用处也不大。因此，务必将有效的信息作为自己搜集的重点。一般而论，于己有效的信息大致包括三个方面。

其一，有关用人单位的信息。它主要包括单位的性质、单位的规模、单位的主业、单位的经营状况、单位的产品、单位的效益、单位的口碑、单位的问题等。了解了上述情况，不但不会“误入歧途”，而且在考试时也容易心中有数，临阵不慌。

其二，有关用人条件的信息。它包括对招聘人员的性别、年龄、学历、阅历、专业、技术、岗位、外语以及职场经历等各方面的具体要求和限制。对此缺乏了解，则将劳而无功。

其三，有关用人待遇的信息。它具体是指单位按规定将给予应聘合格者的福利、待遇，诸如工资、奖金、补贴、培训、进修、假期，以及社会保险、住房公积金，等等。搞清楚了这些问题，将来求职成功后就很少会后悔。

2. 自我定位

在决定是否求职应聘时，首先需要进行自我定位。所谓自我定位，实际上是指在客观把握自身条件的前提下，依据一定的标准，确定最适合本人的职业和职位。没有准确的自我定位，求职时便会盲目乱撞，于人、于己都没有什么好处。干什么都成的“万金油”，走到哪里都不受欢迎。

通常认为，求职前的自我定位，必须客观、科学、准确。在一段时间里，它往往相对不变。进行自我定位时，需要注意的主要有两大问题：

一是评价客观。在进行自我定位时，首先要对自身的条件进行客观的评价。评价自我：其一要实事求是；其二要不卑不亢；其三要长话短说。

在自我评价时要实事求是，就是要客观、全面地了解自己的条件，并且对其加以正视。倘若自我评价过于主观，在求职时难免就要吃亏。

在自我评价时要不卑不亢，就是既要敢于发现自己的所长，又要善于发现自己的不足。不能够妄自尊大、自以为是，也不应当妄自菲薄、自轻自贱。

在自我评价时要长话短说，该说的内容不要陈述再三、啰啰唆唆，不该说的或可说可不说的内容则应坚决不说。

二是服从现实。进行自我定位，主要是为了服从现实的需要。进而言之，主要是为了在求职应聘时取得成功。所以进行自我定位时，一定要使之服从于现实、服从于需要，绝不能为定位而定位。

进行自我定位时，要避免出现定位过高或定位过低两种错误倾向。二者均为脱离现实所致，并且对求职极其有害。

3. 写求职信

目前，用人单位在招聘人员时，大都要求应征者先行寄上求职信，以供其进行筛选。对于直接登门拜访的应征者，用人单位通常是不欢迎的。

由此可见，写求职信，实际已经变成了应聘时例行的头一道手续。通过了这一道关卡，一般才能够拿到应聘的“门票”。

求职信，亦称应聘函或自荐信。它是求职者在应聘新职时所写的一种特殊信件。对用人单位来讲，它直接涉及求职者留给对方的印象的好坏，并且决定着求职者能否通过用人单位的“初选”关。

撰写求职信时，最重要的是要书写规范、谦恭有礼、情真意切、言简意赅。

一是书写规范。写求职信时，第一要旨就是书写规范。书写规范：其一要求字迹清晰；其二要求内容正确；其三要求格式标准；其四要求通篇整洁。

如果有条件的话，求职信最好进行电脑打印。非要亲笔书写时，则务必采用带格的正式稿纸，并使用蓝黑色或黑色墨水的钢笔。有必要时，还可附上一篇内容相同的英语译文。

二是谦恭有礼。写求职信时，按规矩要采用书面语言。字里行间，勿忘自谦与敬人。该用敬语、尊称的地方，千万不要忽略。必要的礼貌用语，亦不可或缺。

要求写求职信时谦恭有礼，重在要体现出一种彬彬有礼的态度和个人的良好教养。仅靠过多地堆砌礼貌用语，并不一定能够做到这一点。

三是情真意切。不可否认，求职信是实用性极强的一种应用文。要写好求职信，就必须使之情真意切。所谓情真，就是在求职信里介绍个人情况时，绝对不可言过其实。只有客观地、实事求是地进行自我推荐，才容易取信于人。

所谓意切，则是要在求职信里正面地、坦诚地、充分地向对方表明自己希望应聘新职的迫切心情，切勿令其给人以漫不经心、可有可无之感。

四是言简意赅。准确地讲，求职信其实是一种自我介绍信。因此，写求职信一定要把其重点放在自我介绍、自我推荐之上。与此无关的话题，写得越少越好。

为了便于用人单位的阅读，在一般情况下，一封求职信在字数上应以 500 字为限，并且最好将其写在或打印在一页整洁的纸张之上。此外要注意：句子要短一些，并且要多分段，以便于阅读。

4. 预备材料

不论写求职信，还是日后参加面试，为了有备无患，应聘者往往需要事先准备好各种能够反映个人情况的材料。为求职而预备的材料应当完备充实、扬长避短。

一是完备充实。预备供求职之用的个人材料，应当多多益善，越是周详完备越好。当然，这并不意味着任其杂乱无章。也就是说，在争取多备必要的材料的基础上，还应适当地突出重点。在一般情况下，可供求职之用的重要的个人材料大体上有下列三类：

其一，可供说明自身条件的材料。它主要是指本人免冠正面半身照片、身份证或户籍卡、求职证或待业证、毕业证或学历证、体检证明，以及个人履历表，等等。

其二，可供说明自身水平的材料。它们包括：学位证书，职称证书，专业技术证书，获奖证书，专利证书，发明证书，本人的著作、论文、作品，以及相关的媒体报道，等等。

其三，可供说明自身见解的材料。这类材料，主要供应聘较高职位者面试时使用。

它通常涉及：供在新职位上所使用的建议、计划、方案，本人对于自己应征职位的理解、评价，以及国内外有关某一专业岗位或技术的现状，等等。

二是扬长避短。预备与求职相关的材料时，不但要实事求是，而且在此前提下，特别要注意扬长避短。能不能注意这一问题，往往对求职的成功与否影响甚大。

其一，扬长。它要求在准备求职材料时，要客观地、全面地争取向用人单位尽可能多地反映自己的优点与长处。敢于扬长，善于扬长，适度扬长，既是一种自信与实力的体现，也是对自己和用人单位负责任的表现。或者说，它是一种主动的沟通。不敢扬长，自恃“好酒不怕巷子深”；或者视扬长为自吹自擂，认定“壮夫不为也”，在目前人才激烈竞争的条件下，就难于脱颖而出，就容易吃败仗。

其二，避短。它则是指在准备求职材料时，对于用人单位未做明确要求，应聘者稍有不足，或是容易令用人单位产生不必要的误会的情况，可以避实就虚，或是索性避而不论。举例而言，假若自己个子较矮，写求职信时就没有必要提及此点。若本人体重过重或过轻，也没有必要主动向用人单位就此进行介绍。

二、面试的技巧

对于中意的人选，用人单位在做出最终决定之前通常还要对其进行一次面试。所谓面试，即对于应聘者所进行的当面考查与测试。一般认为，面试是求职具有决定性的一关。只要通过了面试，求职才可谓成功在望。

参加面试要精心准备、认真对待。在临场发挥中，亦有一些有助于人的技巧可言。

1. 仪表

进行面试时，应聘者的仪表必须经过认真的修饰。不论仪容、妆饰，还是服饰、配饰，都必须规范、得体。具体来讲，求职者在为其面试而修饰仪表时，尤其要注意下列三点：

一是整洁。求职者的仪表，必须修饰得干净齐整，绝对不允许不修边幅。男士要切记理发、剃须，女士则要注意整理好发型。面试时所穿的衣物要无污迹、无破损、无褶皱。衬衫的领口与袖口，尤其要确保洁净整齐。

二是庄重。修饰仪表，必须围绕面试这一中心进行。求职者的身份，要求其仪表修饰必须以庄重为宜。化妆的时候，不应当过分浓、烈。选择发型与服饰时，亦应切忌过分“前卫”、摩登，或是刻意地追求怪异、新奇、性感。女士尤其忌穿着露肩、露胸、露背、露腰、露大腿的“肢体五露”的服装与露趾、露跟的“脚部两露”的鞋子。

三是正规。应聘较高职位，或是去公司、外企求职时，修饰仪表还须注意其正规与否。例如，去大公司、知名外企求职，宜按其常规，穿着套装、套裙与制式皮鞋，化妆宜淡，发型宜雅，不宜染彩发，服装的色彩越少越好，首饰佩戴以少为佳。反其道而行之，就可能自讨苦吃。

2. 举止

在面试时，求职者的举止往往令人注目。它不但反映了求职者的心理活动，而且也是其修养、品位、阅历的客观写照。在举止方面，求职者主要应当注意以下四点：

一是自然。在面试时，求职者一定要沉得住气，要努力表现得临阵不慌、见过世面。此刻，求职者的举止动作以自然而然为好。千万不要矫揉造作、举止呆板，更不要慌乱不堪、手足无措。

二是大方。在面试时，求职者的举止动作要大大方方、有条不紊。届时千万不要瞻前顾后、东张西望、好像拿不定主意；也不要缩手缩脚、胆战心惊、在动作上放不开。一定要记住：举止大方，是能够给用人单位留下充满自信的良好印象的。

三是文明。求职者在面试的时候，务必克服不文明的习惯，尤其要避免在面试的时候站没站相、坐没坐样。一定要记住：走动、就座、开门、关门时，不要出声。回答问题时，不要指手画脚、手舞足蹈、摇头晃脑。进出房门的时候，勿忘始终面对考官。

四是优雅。在摒弃不文明的举止动作的同时，求职者在面试的过程中还应当使自己的举止动作优雅动人、赏心悦目。优雅的举止，不但有助于塑造出求职者的高雅形象，而且还很容易使面试人员由此而对自己产生好感与认同。

3. 谈吐

求职者在进行面试的过程中，必须对自己的谈吐加以认真的把握。对于求职者的语言、语音、语气、语调，都要倍加重视。根据相关的礼仪规范，至少要特别注意以下四个方面的问题：

一是礼貌。在面试之际，求职者务必使自己的谈吐表现得文明礼貌，而绝对不应当粗俗、无礼。不论自我介绍，还是答复询问，均须使用必要的谦辞、敬语。在称呼考官时不应直呼其名，而应称其职务，或以“您”和其他尊称相称。在面试之前，应当先向考官问好。在回答完对方的提问之后，一定要加上一声“谢谢”。对此类细枝末节，一点都不能够掉以轻心。

二是标准。求职者在回答考官的提问以及进行自我介绍时，还有一个标准与否的问题。要求面试时谈吐标准，首先是回答问题要完整准确、条理清晰、主次分明，绝对不允许东拉西扯、张冠李戴。除此之外，还要求求职者语言标准、口音标准。语言标准，就是要多用术语。口音标准，则是要求其面试时要讲普通话。

三是连贯。求职者在面试时，谈吐的连贯至关重要。求职者谈吐的连贯，在这里具有双重含义。它的第一层含义，是要求“前”“后”连贯，即面试时的谈吐应与求职者自己向用人单位提供的其他资料完全相符。它的第二层含义，则是要求谈吐自身应当一气呵成，并以吞吞吐吐为忌、首尾不能相顾为错。

四是简洁。在进行自我介绍或回答提问时，求职者的谈吐应当化繁为简、简明扼要。能不说的话，就不要说；能少说的话，就不要多说；不该重复的话，就一定不要重复。倘若考官限定了自我介绍或回答问题的时间，务必要予以严格遵守。宁肯用不了，也不要超时。在用人单位看来，谈吐简洁，是求职者的重要能力之一。

4. 模拟

为了确保面试的成功，一个行之有效的办法，是进行试前的模拟。在面试之前进行模拟的最大好处，是可以通过它来总结经验，找出不足，并且增强自信心。因此，在有条件的情况下，可以预先进行模拟面试。

求职者在为面试而进行模拟时，应当注意的有预演和探路等问题。

一是预演。求职者在面试的准备工作大体完成后，即可进行几次“实战演习”。必要时，可请亲朋好友参加，并担任“评委”。

为面试而进行的预演，应当有两个侧重点：

其一，自己的形象能否过关。对于自己选择的服装、发型乃至妆饰，既要自己认可，同时也要得到“评委”的首肯。没有穿过的衣服，没有用过的饰品、化妆品，最好在此刻一试，免得到时候不合适、出麻烦。

其二，自己的口才是否合格。进行预演时，最好请有经验的人当场提出几个针对性较强的问题，例如，“如何评价本人的优点与缺点”“为什么要选择这一职位”“为什么要‘跳槽’”“自己要求多少薪金”等等，以检验求职者的临场反应能力，并对其进行指点。

二是探路。在有可能的情况下，最好于面试之前专程前往面试现场进行一次实地考察。之所以要这样做：其一是为了熟悉一下环境；其二是为了弄清其具体方位；其三是为了掌握交通线路与所需要的时间。这样一来，在参加面试时，就会胸中有数、不慌不忙。

一般来说，最好在面试时提前 15 分钟抵达现场，以便给自己留出足够的“提前量”。这样做，可使自己稍事休息，或者略做准备。

本章思考题

1. 什么是销售的“三T法则”?
2. 举行会议时主席团的座席应如何安排?
3. 正式谈判的座次应如何排列?
4. 庆典的现场布置有哪些讲究?
5. 交谈时宜选哪些话题?
6. 接电话时应注意哪些要点?
7. 演讲的基本要求有哪些?
8. 职场面试有哪些技巧?

第二章 礼宾礼仪规范

《礼记》曰："礼尚往来，往而不来，非礼也；来而不往，亦非礼也。"

在职员的日常工作中，接待来宾通常居于十分重要的位置。在任何情况下，来宾的接待工作都要求礼仪当先、以礼待客。所谓礼宾，通常即礼待来宾的简称。对任何一个单位来讲，它的日常工作之一，就是在本单位正式接待来自社会各界的客人，尤其是那些远道而来的宾客或者是身份重要的宾客。

老子说过："天下大事，必作于细。"一般而言，礼宾工作具体涉及：客人来了吃什么，陪着客人聊什么，客人业余做什么，客人走时送什么，等等。要想做好本单位的礼宾工作，应当注意如下三点：

其一，高度重视。礼宾工作，要求全单位从上而下，人人对其予以高度重视。唯有上上下下都高度重视礼宾工作，才有可能把它真正做好。

其二，以礼待客。礼宾工作的宗旨是：以礼待客。以礼待客的具体要求有三：尊重来宾，照顾来宾，标准划一。

其三，主随客便。礼宾工作从来都讲究一定之规，但对其具体进行运作时，务必优先考虑来宾的个人要求，始终不忘主随客便这一原则。换言之，必须明确的是：接待来宾时，重要的不是要给对方什么，而是要优先了解对方需要什么、对方关注什么、对方在乎什么、对方忌讳什么。

第一节 迎 送

对每一次具体的礼宾活动而言，善始善终都非常重要。善始，往往会使来宾对接待方留下良好的第一印象。善终，则有助于每次礼宾工作“功德圆满”，令来宾始终保持对接待方的美好印象。

对礼宾接待工作的具体参与者来说，一次礼宾活动要真正做到善始善终，迎送工作进行得好至关重要。迎，是指对来宾的迎接；送，则是指对来宾的送别。二者好比一部音乐作品的“前奏曲”与“结束曲”，显然不可或缺。

从事具体的迎送工作时，礼仪上的主要要求有了解来宾、制订计划、陪同引导三项。

一、了解来宾

不论迎接还是送别来宾，都要求有关人员首先对对方的具体情况有尽可能多的了解。所谓“知彼知己，百战不殆”。一般来看，来宾的来访意图、具体要求、基本概况、行动方案等，都是对做好迎送工作非常有参考价值的重要资讯。对此一无所知、知之甚少或者一知半解，都有可能直接或间接地妨碍迎送工作的顺利开展。

1. 来访意图

凡正式的来访，来宾必定是有备而来，抱有一定的主观意图。对自己的来访意图，有的来宾会告知接待方，有的则会半遮半掩，甚至含而不露、声东击西。

对于来宾的来访意图，接待方应多多了解，掌握得越早越好，了解得越全面、越具体越好。唯有如此，接待方才有可能在迎送对方时采取正确的方案，表现得恰到好处、不卑不亢。

2. 具体要求

来宾与接待方进行有关来访的沟通时，可能会明确其来访意图，但来访的具体要求却未必提及。在准备迎送活动时，若有必要，一般应主动征求对方的意见。对于对方率先提出的具体要求，通常应当尽量考虑并努力给予满足。

有些时候，在迎送活动结束后，来宾还有可能对其个别环节持有异议或提出这样那样的意见、建议。此刻，接待方应本着“有则改之，无则加勉”的原则，对对方虚心相向、诚恳相待，并及时总结经验，修正错误，改进不足。

3. 基本概况

不论接待来宾还是具体负责来宾的迎送活动，均应对对方的基本概况了如指掌。做到了这一点，就会使己方的准备工作较好地适应对方，并且尽可能地满足对方的需要。

了解对方的基本概况，大致包括以下两个方面：

一是对方的总体状况。它包括：被迎送者的具体人数、性别构成、年龄分布、来访性质、抵离时间，以及宾主双方之间的关系如何等内容。

二是对方的主宾简况。在了解来宾总体状况的同时，必须对对方主宾的主要情况进行尽可能多的了解。它指的是：主宾的姓名、性别、年龄、籍贯、民族、家庭、单位、职务、职称、学历、学位，以及性格特点、工作能力、政治信仰、文化程度、业余爱好、风俗习惯、社会评价等。

4. 行动方案

在迎送来宾时，往往有必要就迎送的行动方案与对方进行沟通。一般情况下，迎送活动应由东道主一方负责组织，来宾可以对是否搞、怎样搞等具体环节性问题提出建议，但决定权通常由东道主所掌握。除此之外，东道主在组织迎送活动时，对来访者的自身行动也要予以重点考虑。

实际上，来宾来去的具体时间、乘用的交通工具、前后的工作安排、特殊的习惯要求等，均属于行动方案的关键点，迎送者不可不察。

二、制订计划

一次具体的迎送活动，若想按部就班、循序渐进、一帆风顺地进行，则制订一份详尽而完备的计划通常必不可少。在礼宾实践中，该计划将发挥十分重要的作用。

为迎送活动而制订专门的计划，主要用于十分正式的接待。这种接待活动规格一般较高，其对象十分重要，宾主双方的关系非常密切。为重要的迎送活动而专门制订的计划，主要包含以下两个方面。

1. 总体要求

制订一份正式的迎送活动计划时，必须有一系列原则性的总体要求。这些总体要求，是迎送计划制订过程中的指导方针，应当在具体的迎送活动中得以贯彻执行。

制订迎送活动计划的总体要求，应当注意下列六个要点：

一是区别对待。迎送来宾，自然应以来宾为中心。但是，接待方应酌情考虑所有来宾的基本情况，对来宾切切不可不加任何区别地一概而论。对来宾尤其是主宾的特点，必须一清二楚，并且有意识地区别对待。

二是细致周详。迎送活动尽管时间短暂，但却引人注目。因此，对活动的每一处细节，都要认真讨论、反复推敲、慎之又慎，真正做到细致入微。

三是规模适度。在接待来宾时，应始终坚持节俭务实，反对任何形式的铺张浪费。对于可搞可不搞的迎送活动，最好取消；非搞不可的迎送活动，则应当尽量控制规模，适度节约开支。

四是有张有弛。迎送计划的制订，应在总体上留有一定的调整余地。既要易于操作，又要便于随机应变，可以应付临时发生的变故。在其具体的细节安排上，亦应疏密有致、环环相扣，不要给人以疲于奔命或无所事事之感。

五是宾客至尊。举行迎送活动，始终应当以来宾为中心，处处体现出接待方对来宾的尊重、热情、友善与诚意。

六是切实可行。迎送计划作为迎送活动的具体行动方案，要具有一定的可操作性，并坚持量力而行，与具体情况相适应。

2. 具体内容

一般来看，每一份正式制订的迎送计划，都应当包括一些不可缺少的具体内容。它们实际上涉及迎送活动的每一项具体程序，并且决定着一次迎送活动的规模与成效。

迎送计划中必须包括的具体内容，大致涉及人员、人数、场地、时间、设备、安保、报道等几项。

一是人员。制订迎送计划时，接待方到达现场的具体人员应当首先确定。要确保接待方到场者分工明确，责任具体，并各司其职。

在安排接待方到达现场的具体人员时，对下列人员尤需在计划中予以明确：其一，主人。此处的主人，是指迎送活动的主持者。通常他也是接待方到场人员中的身份最高者。其二，翻译。迎送外宾或少数民族人士时，翻译人员自然不可缺少。其三，陪同。接待重要来宾或外地来宾时，往往应为之安排陪同人员。

二是人数。在迎送活动中，出场人数的多少通常比较敏感。在具体制订计划时，接待方对此须认真考虑决定。

一般而言，具体决定迎送人数多少的因素有三：其一是宾主的双边关系；其二是接待方对迎送活动的重视程度；其三是迎送活动现场具体容纳人数的能力。

在此还有两点必须予以强调：其一，若无必要，迎送活动中接待方到场的人数并非多多益善。其二，接待方参加迎送活动的人数确定后，必须予以保证。

三是场地。在正常情况下，一个单位用以迎送来宾的正式场地，大体上可以有以下三种选择：其一，办公地点。在本单位所在地的主楼前、广场上、大门口或会客室迎送来宾，往往最为多见。其二，住宿之处。有时，迎送活动可安排在来宾住宿地点进行。其三，交通枢纽。迎送远道而来的客人时，多在其抵达或离去的车站、码头或机场举行活动。

安排迎送的具体场地时，通常需要注意：场地的环境应当优美、幽静、整洁，场地的空间大小应与到场的具体人数相协调，场地的安全条件应符合要求，场地的温湿度和通风条件应与常规要求相适应。

四是时间。从某种意义上讲，迎送活动的成功，往往与具体的时间安排直接相关。在制订迎送计划时，具体的时间安排涉及以下两点：其一，活动拟于何时举行。其二，活动拟持续多久。对这两点，均应加以明确。

在具体进行操作时，对下述三点应予注意：其一，应当宾主两便。因此，双方应提前进行必要的协商，以求两相情愿。其二，应当精确具体。在具体计划中，迎送活动的每一项具体程序均应精确到以分为基本计时单位，并应标明具体的年、月、日、时、分。其三，应当认真遵守。具体操作迎送活动时，有关的时间安排要认真遵守，必要时还应请来宾确认。

五是设备。具体准备迎送活动时，对一些重要的、必需的设备，一定要考虑在内。诸如车辆、通信、摄影、摄像、视听以及照明等必备的设备，尤其不可或缺。

准备用于迎送活动的具体设备时，以下三点必须注意：其一，要有备无患。不可现场东拼西凑。其二，要提前调试。此举意在保证其正常使用。其三，要专人负责。这是为了做到责任明确。

六是安保。安保，是安全保卫工作的简称。准备迎送活动，一定要对安全保卫问题高度重视，尤其是筹备规模较大的迎送活动时，安全保卫工作必须列入正式的计划之中。

就重大的迎送活动而言，安全保卫工作的重点有下列四点：其一，要提前向当地公安机关报告。其二，要做好现场的秩序维护。其三，要预防各种突发性事件的发生。其四，要对重点人员进行随身警卫。

七是报道。必要时，重大的迎送活动可通过媒体对外进行报道，以扩大其影响。

安排媒体进行采访报道时，下述四项工作必须认真做好：其一，要对外统一口径。最好备有正式的新闻稿供媒体参考。其二，要指定专人负责。不论先期联络、回答提问还是现场接待，都最好由专人出面。其三，要真诚对待媒体。向媒体提供的任何信息，均应诚实无欺。其四，要积极配合媒体。对媒体的采访报道，一定要认真给予合作。

三、陪同引导

一般而言，机关或企事业单位对来宾的迎送不仅要隆重、热烈，更要展示本单位的良好形象。为此，从事具体迎送活动的每一名职员，在直接与来宾接触尤其是在陪同或引导来宾时，都要以自己的言行举止体现本单位的良好形象和自身的良好教养。

就一般情况而言，在迎送来宾的整个过程中，引导或陪同人员务必重视下列三点：

1. 待客三声

在迎来送往之时，东道主一方的全体人员，尤其是每一名直接接触来宾的陪同或引导人员，绝对不宜始终默默无语。在面对来宾时，有三句基本的礼貌用语，必须由大家认真地、不厌其烦地向每一位来宾直接道来，此所谓“待客三声”。

一是来有迎声。当来宾抵达之时，迎接者必须主动迎上前去，向对方致以热情问候。陪同或引导人员尤须注意的是：应首先确认一下对方的身份，免得张冠李戴。

二是问有答声。在引导或陪同来宾的具体过程中，除需要相机向来宾介绍有关情况外，不提倡与对方主动攀谈，但对于来宾的提问，必须“有问必答”，不宜说“不”。当时难以作答的问题，则应当以随后的某一时间限时回答。“限时”一到，还应确保按时予以答复。

三是去有送声。当来宾离去时，不论是否远送，均应向其正式道别。因故不能到场者，亦应打电话或委托他人向来宾道别，以示自己在礼待来宾上“有始有终”。

2. 热情三到

在迎送的实际操作中，向来宾道“待客三声”往往较为容易。但要想使对方真正感受到接待方的热情之意，下述“三到”则必不可少。

一是眼到。在直接接触来宾，尤其是在为对方服务或与对方交谈时，一定要以专注、友善、谦恭的目光同对方进行交流。不注视对方，目光游走不定，斜视、盯视或者俯视对方，均为失礼之举。

二是口到。陪同、引导人员为来宾服务时，在具体的语言交流方面应注意两点：其一，要消除沟通障碍。通常应讲普通话，或对方所熟悉的语言。其二，要坚持因人而异。与来宾交流时，具体内容应根据对方的情况区别对待。

三是意到。陪同、引导人员的表情与神态，应当充分地体现出对来宾的热情、友好、关怀之意，此即所谓“意到”。具体而言，在迎送来宾时，有关的陪同、引导人员必须神态自然，表情大方，并要善于互动。

目前，职场待客还有所谓“三 S”一说，即“站起身来”（stand）、“目视对方”（see）、“面含微笑”（smile）。显而易见，它也是迎送来宾时不可或缺的基本礼仪规范。

3. 讲究位次

具体进行接待操作时，宾主双方的前后、左右等位次排列均有所讲究。作为专司其职者，陪同、引导人员对于下列基本规则尤其应予重视。

一是并排行进。在宾主并排行进时，位次排列的主要规则有两项：其一，中央高于两侧。当三人或三人以上并排行进时，通常应使来宾居中而行，因为中央的位置高于两侧的位置。其二，内侧高于外侧。当宾主二人并行时，一般应请来宾在内侧行进，因为内侧较少受到过往之人的影响。

二是单行行进。当宾主成单行状态行进时，位次排列的主要规则也有两项：其一，常规做法。按照常规，人们在单行行进时，前方高于后方，故此通常应当由来宾行进在前，即把“选择前进方向”的权利交给对方。其二，特例做法。在某些特殊情况下，如来宾不认路或路况不好、天气状况较差、照明条件欠佳时，一般应由主人率先行进，以便为来宾充当“开路先锋”。主方为来宾带路，即为引导。通常，引导者在行进之中的标准位置是：行进队列的左前方，而来宾则应居于其右后方。

第二节　称　呼

人与人打交道时，相互之间免不了都要使用一定的称呼。不使用必要的称呼，或者使用的称呼不当，均属一种严重的失礼行为。所谓称呼，通常是指在日常交往应酬中，人们彼此之间所使用的称谓语。职员需要注意的是：选择正确、适当的称呼，不仅反映着自身的教养和对被称呼者尊重的程度，而且在一定程度上还体现着彼此之间关系的亲疏。从某种意义上讲，当一个人称呼另外一个人时，实际上意味着自己主动地对彼此之间的关系进行定位。

在人际交往中，一名职员要想对他人采用正确、适当的称呼，通常必须兼顾下述四项规则：一是符合常规；二是区分场合；三是考虑双方关系；四是坚持入乡随俗。

与此同时，对于工作中的称呼、生活中的称呼、涉外交往中的称呼以及正式场合的忌称，均应有所区别。

一、工作中的称呼

在工作中，职员所采用的称呼理应正式、庄重而规范。它们大体上可分为下述四类。

1. 职务性称呼

在工作中，以交往对象的行政职务相称，以示身份有别并表达敬意，是职场交往中最为常见的做法。在实践中，具体又可分为以下三种情况：

一是仅称行政职务，例如，“董事长”“总经理”“局长”“主任”，等等。它多用于熟人之间。

二是在行政职务前加上姓氏，例如，“谭董事”“汪经理”“卫处长”“李秘书”等等。它适用于一般场合。

三是在行政职务前加上姓名，例如，“王刚董事长”“应强经理”“包俊书记”“林荫主任”等等。它多见于极为正式的场合。

2. 职称性称呼

对于拥有中高级技术职称者，可在工作中直接以此相称。如果在有必要强调对方的技术水准的场合，尤其需要这么做。通常，它亦可分为以下三种情况：

一是仅称技术职称，例如，“总工程师”“会计师”等等。它适用于熟人之间。

二是在技术职称前加上姓氏，例如，“谢教授”“严律师”等等。它多用于一般场合。

三是在技术职称前加上姓名，例如，“柳民伟研究员”“何娟工程师”等等。它常见于十分正式的场合。

3. 学衔性称呼

在一些有必要强调科技或知识含量的场合，可以学衔作为称呼，以示对对方学术水平的认可和对知识水准的强调。它大体上有下面四种情况：

一是仅称学衔，例如，“博士”。它多见于熟人之间。

二是在学衔前加上姓氏，例如，“侯博士”。它常用于一般性交往。

三是在学衔前加上姓名，例如，“侯钊博士”。它仅用于较为正式的场合。

四是在具体化的学衔之后加上姓名，即明确其学衔所属学科，例如，“经济学博士赫然”“工商管理硕士马月红”等等。此种称呼显得最为郑重。

4. 行业性称呼

在工作中，若不了解交往对象的具体职务、职称、学衔，有时不妨直接以其所在行业的职业性称呼或约定俗成的称呼相称。它多分为下述两种情况：

一是以其职业性称呼相称。一般情况下，常以交往对象的职业称呼对方。例如，可以称教员为“老师”，称医生为“大夫”，称警察为“警官”，等等。此类称呼前，一般均可加上姓氏或姓名。

二是以其约定俗成的称呼相称。例如，对公司、服务行业的从业人员，人们一般习惯于按其性别不同，分别称为“小姐”或“先生”；对自己的顶头上司，则可称其为“领导”。在这类称呼前，有时亦可冠以姓氏或姓名。

二、生活中的称呼

在日常生活中所使用的称呼应当亲切、自然、合理，一方面不可肆意而为，另一方面也不能煞有介事，不然会弄巧成拙。职员在生活中所常用的称呼，大致上有以下三类。

1. 对亲属的称呼

对亲属的称呼，早已约定俗成。其关键是要使用准确，切忌乱用。有时为表示亲切，它不一定完全符合标准。例如：儿子对岳父、岳母，儿媳对公公、婆婆，均可称为“爸爸”“妈妈”，以示自己与对方“毫不见外”。

2. 对朋友、熟人的称呼

称呼朋友、熟人时，既要亲切、友善，又要不失敬意。大体上应区分下列三种情况：

一是敬称。对于有地位、有身份的朋友、熟人或长辈，通常应当采用必要的敬称。

对长辈或有地位、有身份者，大都可以称为“前辈”“恩师”“先生”。其前，有时亦可加上姓氏。例如，“吴先生”。

对科技界、教育界、文艺界人士，以及其他在某一领域有一定成就者，往往皆可称为“老师”。同样，在其前面也可以加上姓氏。例如，“郗老师”。

对同行中的前辈或社会上的德高望重者，通常可称为“公”或“老”。具体做法是：在其称呼前加上对方的姓氏。例如，“杨公”“夏老”。

二是近亲性称呼。对邻里、至交，有时亦可采用“大爷”“大妈”“叔叔”“阿姨”等类似的称呼。这往往会给人以亲切、信任之感。此类称呼前，还可以加上姓氏。例如，“许叔叔”“马大姐”“于阿姨”等。

三是姓名性称呼。在平辈人之间或长辈称呼晚辈时，朋友、熟人可以直接称呼对方姓名。例如，“任宏杰”“唐芳”“刘微”，但晚辈却不宜如此称呼长辈。

有时，朋友、熟人还可只呼其姓而不称其名，仅在前冠以“老”“大”“小”。具体做法是：对年长于己者或平辈称“老”、称“大”，对年幼于己者或晚辈称“小”。例如，“老高”“大赵”“小陈”。

对关系较为密切的同性或晚辈，朋友、熟人之间还可以直呼其名而不称其姓，例如，“怡悦”“志强”“翠萍”等等。但对异性却一般不宜如此称呼。

3. 普通称呼

在日常交往中，对仅有一面之交、关系普通的交往对象，可酌情使用下述几种称呼：

一是以其职务、职称或学衔相称。

二是以其行业性称呼相称。

三是以约定俗成的“泛尊称”相称。例如，“同志”“小姐”“夫人”“女士”“先生”等等。

四是以当时所在地流行的称呼相称。例如，在重庆，服务业习惯于称顾客为“老师”。在广东，父亲通常被称为“老豆”。而在胶东半岛，人们则往往称已婚者的配偶为其“对象”。

三、涉外交往中的称呼

由于国情、文化、习俗与宗教等方面的差异，在对外交往中所宜采用的称呼，往往与国内交往中常用的称呼有所不同。对此，每一位有可能参与涉外交往的职员均应引起重视。

在一般性的涉外交往中，根据交往对象的职业或其他属性的不同，对对方的称呼应有所区别。

1. 商界人士

需要称呼商界人士时，通常均应称呼对方为“小姐”“女士”或“先生”。有时，可以同时加上对方的姓氏或姓名。例如，“玛丽小姐”“比尔·盖茨先生”等等。在许多国家，人们并不习惯于仅仅称呼交往对象的行政职务。

2. 政界人士

与政界人士打交道时，一般亦可以“小姐”“女士”或“先生”相称。此外，还有以下两种方式可行：

一是称呼行政职务。有时，还可同时加上“小姐”“女士”或“先生”等称呼。例如，“市长先生”。

二是称呼职务较高者为“阁下”。在多数情况下，“阁下”这一称呼，可与职务及“小姐”“女士”“先生”等称呼同时使用。例如，“总理先生阁下”“大使阁下”等。但在美国、德国、墨西哥等国家，却并无“阁下”之称。

3. 军界人士

在国外，人们称呼军界人士时，大都习惯于只称呼其军衔，而不称呼其职务。其基本方式有四种：

一是只称呼军衔。例如，“上将”“中校”“少尉”等等。

二是在军衔之后加上“先生”“女士”。例如，“少校先生”“上尉先生”等等。

三是在军衔之前加上姓氏。例如，“朱可夫元帅”“史密斯上将”等等。

四是军衔与姓氏、“先生”“女士”一起相称。例如，“布莱德雷上将先生”，此种全称最为正规。

4. 宗教界人士

对宗教界人士，一般只宜称呼其神职。具体方式大致上有三种：

一是仅称其神职。例如，“方丈”“阿訇”“牧师”“大主教”等等。

二是神职加上姓氏。例如，“谢尔盖神父”。

三是神职加上“先生”。例如，“传教士先生”。

5. 教育界、科技界、卫生界、司法界人士

在称呼此类人士时，一般应以其职称、学衔为主要内容。其惯用方式主要有四种：

一是直接称呼其职称或学衔。例如，“教授”“工程师”“研究员”“院士”“医生”“法官”“律师”等等。

二是在其职称或学衔前加上姓氏。例如，“蒙代尔教授”“米罗大律师”等等。

三是在其职称或学衔后加上“先生”“小姐”之类的称呼。例如，“法官先生”“博士小姐”等等。

四是在其职称或学衔前后同时加上姓氏及“先生”或“小姐”。例如，“约翰逊博士先生”。

6. 服务业人士

称呼服务业的从业人员时，一般有下述两种常用方式：

一是称呼对方为“小姐”或“先生”。倘若了解对方的姓氏，有时亦可一并相称。

二是称呼对方为“服务生”。此种称呼，在饭店、餐馆、酒吧、商店、超市大都可以使用。

7. 社交界人士

在一切社交场合，“小姐”“女士”“先生”等称呼均最适用。在一些国家，称呼妇女时必须谨慎：已婚者应称为“夫人”，未婚者应称为“小姐”，而“女士”则多在不知其婚否时使用。在大多数情况下，“小姐”“夫人”“女士”“先生”均可与姓氏或姓

名一并称呼。具体而论，与姓氏合称，适用于一般场所。与姓名合称，则显得非常正式。

8. 王公贵族

称呼来自君主制国家的王公贵族时，必须采用其规范性称呼。

对国王、王后，一般应称为“陛下”。

对王子、公主以及国王的兄妹，通常应称为“殿下”。

对拥有爵位、封号者，则必须直接以其爵位、封号相称。例如，“大公”“勋爵”“爵士”“剑桥公爵”等等。

对国君之母，应称为“王太后”或“太后”。

有时，可在王公贵族的头衔之前加上其姓氏或姓名相称。在某些国家，拥有爵位的贵族亦可被称为“阁下”或“先生”“女士”。

9. 社会主义国家或兄弟党人士

对此类人士，一般可以称为“同志”。“同志”这一称呼，大都可与姓氏或姓名构成合称。例如，“卡斯特罗同志”“金正恩同志”等。需要注意的是，“同志”这一称呼在涉外交往中不宜滥用。

四、正式场合的忌称

在公务交往中，有一些称呼是忌讳为职员所使用的。它们的共同之处是：失敬于被称呼者。这类忌称主要有下述五种。

1. 错误性的称呼

此类称呼，均为称呼者粗心大意、用心不专所致。常见的有下列两种情况：

一是误读。其原因在于不认识被称呼者的姓名，或者念错了对方的姓名。我国人名中的一些姓氏，例如，“翟”“盖”“郝”“江”“郇”“眭”等，要么多音，要么生僻，往往就很容易被人误读。

二是误会。在此，它是指对被称呼者的职务、职称、学衔、辈分、婚否做出了错误的判断。例如，将一名未婚妇女称作“夫人”，显然就属于重大的失误。

2. 不适当的称呼

有一些称呼如果在正式场合使用，均为不适当的称呼。此类称呼主要有以下几种：

一是替代性的称呼。在正式场合，若以“下一个”“12 号”“118 房间”等替代性称呼去称呼他人，均为不适当的做法。

二是跨行业的称呼。学生喜欢互称“同学”，军人往往互称“战友”，工人可以互称“师傅”，专业造诣高者可称为“大师”。但此种行业性极强的称呼一旦被用来称呼“界外”之人，通常则会给人以不伦不类之感。

三是不恰当的简称。某些同事之间使用的非正式的简称，例如，把“范局长”简称为“范局”，把“沙司长”简称为“沙司”，把“周董事”简称为“周董”，等等，均不可使用于正式场合。

还应强调的是：与他人打交道时，不使用任何称呼，也是极不礼貌的表现。

3. 不通行的称呼

有一些称呼，仅仅适用于某一地区，或者仅仅适用于国内。一旦超出一定范围，它就有可能产生歧义。此类非通行称呼主要有如下两种：

一是仅仅适用于某一地区。不可否认，某些称呼仅可使用于特定的地区。例如，北京人称别人为“师傅”，山东人则习惯于称别人为“伙计”，这类地区称呼在其他地区往往难以“畅行无阻”。

二是仅仅适用于国内。一些中国人常用的称呼，例如，“同志”等，绝对不宜用于称呼一般的外国人。

除此之外，某些流行于一时的网络用语，诸如“大神”“怪咖”“女票”“男票”“迷妹”“迷弟”“集美”“后浪”“宝子”“神兽”，等等，亦非放之四海而皆准。

4. 庸俗性的称呼

在职场交往中，一些庸俗而档次不高的称呼，绝对不宜使用。动辄对他人以“家人”“朋友”“兄弟”“死党”“哥们儿”“姐们儿”相称，往往只会贬低自己的身份。

应当指出的是，在正式场合，不论对外人还是自己人，最好都不要称兄道弟。要是张口闭口“张哥”“李姐”“王叔”，不仅不会使人感到亲切，反而会让别人觉得称呼者的格调不高，甚至另有所图。

5. 绰号性的称呼

一般情况下，一名有教养的职员绝对不可擅自以绰号性的称呼去称呼别人。不论自己为别人起的绰号，还是道听途说而来的绰号，都不宜使用。某些对他人具有侮辱性质的绰号，则更应被禁止使用。

第三节　介　绍

在公务往来中，每一名职员都需要同他人进行良好的沟通。一名职员的沟通能力强弱，往往直接关系到其个人形象与单位形象。而在职员所应具备的基本沟通能力中，“介绍”绝对不宜被忽略。

所谓介绍，通常指在人们初次相见时，经过自己主动沟通，或者借助第三者的帮助，从而使原本不相识者彼此之间有所了解、相互结识。由此可见，人际沟通大都始于介绍。职员如能正确地利用介绍，既可以使自己多交朋友、广结善缘、扩大交际圈，又可以适当地展示自我，促进自己与交往对象之间的相互沟通。

根据介绍者具体身份的不同，介绍可分为介绍自己、介绍他人、介绍集体三种类型，它们的具体操作方式各有不同。

一、介绍自己

介绍自己，亦称自我介绍，顾名思义，就是当自己与他人初次相见时，由自己充当介绍者，自己把自己介绍给别人，以便使对方认识自己，或者借此认识对方。在人际交往中，介绍自己是职员所用最多的一种介绍方式。

对职员而言，在介绍自己时，在礼仪规范方面主要应当处理好下述三个方面的问题。

1. 介绍自己的时机

在公务交往中，何时有必要向他人介绍自己呢？掌握自我介绍的时机，是一个颇为复杂的问题，它具体涉及时间、地点、气氛、当事人、旁观者及相互之间的互动等种种因素。就一般状况而言，每一名职员在下述时机都有必要向他人介绍自己：

一是希望他人结识自己。让他人了解自己的最佳方式，就是主动地把自己介绍给对方。此种自我介绍，称作主动型自我介绍。

二是他人希望结识自己。当别人表现出想了解自己的意图时，通常有必要进行自我介绍。此种自我介绍，叫作被动型自我介绍。

三是希望自己结识别人。将欲取之，必先予之。想要结识别人的一大妙法，就是首先向对方介绍自己，以取得对方的呼应。此种自我介绍，称作交互型自我介绍。

四是确认他人熟悉自己。有时，担心他人健忘或不完全掌握自己的情况，则不妨再次向对方扼要介绍一下本人的简况。此种自我介绍，叫作确认型自我介绍。

2. 介绍自己的内容

介绍自己时，其具体内容往往多有不同。一般情况下，自我介绍的内容应当兼顾实际需要、双边关系、所处场合，并应具有一定的针对性。若以基本内容进行区分，自我介绍可分为下述四种类型。

一是应酬式。有时，面对泛泛之交、不愿深交者，或有必要再次向他人确认自己时，可使用应酬式自我介绍。其内容最为简洁，通常只有姓名一项即可。

例如："你好！我的姓名是席菁。"

又如："我叫王大勇。"

二是问答式。在一般性的人际交往中，对于他人需要了解的本人情况，必须有问必答。此即所谓问答式自我介绍。它的要求是：被问什么，则答复什么。

例如，甲问："先生，你好！你如何称呼？"乙答："你好！我叫杨舟。"

再如，甲问："小姐，你在哪里高就？"乙答："我在大海集团人力资源部供职，我叫邓文娜，我是那里的经理。"

三是交流式。在社交场合，需要与他人进行进一步交流时，不妨就交往对象有可能感兴趣的问题，向对方择要介绍。其主要内容有籍贯、学历、兴趣等。有时，它也被称为交际式自我介绍。

例如："我叫钱飞飞，上海人。我刚才注意到你在听评弹，我想你也是上海人吧？"

"我名叫冯亦非，毕业于中国人民大学。听说我们是校友，是吗？"

四是工作式。在工作场合，自我介绍亦应"公事公办"。其主要内容通常应包括单位、部门、职务、姓名四项。它被称作工作式自我介绍，亦称公务式自我介绍。

例如："你好！我是飞马公司销售部副经理常青。"

或者："我叫傅元凯，力群股份有限公司总经理。"

3. 介绍自己的方式

进行自我介绍时，对下述几点必须认真注意，如此方能使自己表现出众，并不失分寸。

一是见机行事。自我介绍一定要见机行事，当交往对象有此兴趣、情绪良好，或外界影响较少时，都是进行自我介绍的良机。

二是实事求是。自我介绍必须实事求是。介绍自己时，既不宜过分谦虚、贬低自己，也没有必要自吹自擂、夸大其词。必要时，不妨在进行自我介绍前先向交往对象递上一张自己的名片，以供对方参考。

三是态度大方。介绍自己时，介绍者一定要保持大方而自然的态度，以求给人以见多识广、训练有素之感。为此，在自我介绍时，语气要平和，语音要清晰，语速要正常。切勿显得敷衍了事、生硬冷漠，或矫揉造作、虚张声势，或畏首畏尾、小里小气。

四是控制长度。介绍自己时，必须有意识地控制其具体内容。若无特殊要求，自我介绍的内容一定要力求简明扼要，努力做到长话短说、废话不说。大体上讲，一般的自我介绍时间应限定在一分钟之内。

二、介绍他人

在公务交往中，除了介绍自己之外，往往还有必要介绍他人。介绍他人，又称第三者介绍，它指的是由第三者替彼此不认识的双方所进行的介绍。在介绍他人时，替他人进行介绍的第三者为介绍者，而被介绍的双方则为被介绍者。

在绝大多数情况下，介绍者应对被介绍者双方一一进行具体的介绍。在个别时候，亦可只将被介绍者中的一方介绍给另外一方，但那样做的前提是：前者认识后者，而后者却并不认识前者。

在人际交往中，介绍他人大都应当对以下四个方面的具体问题予以重视。

1. 谁充当介绍者

需要介绍他人时，由谁来充当介绍者是颇有讲究的。一般情况下，公务交往中的介绍者应由下述人员担任。

一是专司其职者。在绝大多数时候，介绍者应由本单位专门负责此项事宜的有关人员担任，例如，秘书、办公室主任、外联人员、公关礼宾人员或专职接待人员等。

二是业务对口者。有时，当外单位人员来访，而对方又与我方其他人员互不认识的情况下，则与对方有着业务联系的本单位职员，有担当介绍者的义务。

三是身为主人者。当来自不同单位的客人互不认识时，则主方人员一般应主动充当介绍者。

四是身份最高者。假定来访的客人身份较高，本着“身份对等”的惯例，一般应由东道主一方在场人士中的身份最高者来担任介绍者，以示对被介绍者的重视。

2. 被介绍者意愿

替他人进行介绍之前，介绍者有时需要事先征得被介绍者双方的首肯，以防止被介绍者双方早已认识，不需要再介绍，或者被介绍者之中的一方并不希望结识另外一方等情况出现。

有的时候，被介绍者之中的一方可能会主动要求介绍者把自己介绍给另外一方。此刻，介绍者一定要想方设法地玉成此事。

在正常情况下，征求被介绍者双方有关“是否乐于被介绍给某人”的意见时，通常应当首先征求身份较高者的意见，然后征求身份较低者的意见，并且应当优先考虑前者的个人意愿。

3. 介绍时的顺序

替他人做介绍时，被介绍双方的前后顺序最为讲究。根据礼仪规范，处理这一问题时，应遵循“尊者拥有优先知情权”原则，即在介绍他人时，应首先介绍身份较低者，然后再介绍身份较高者，以便使后者优先了解前者的具体情况。

根据以上原则，替他人进行介绍时的具体顺序大致分为以下几种：

一是公务场合。在公务场合，需要介绍职务较高者与职务较低者时，应先介绍职务较低者，然后再介绍职务较高者；需要介绍上级与下级时，则应先介绍下级，然后再介绍上级。

二是社交场合。在社交场合，需要介绍女士与男士时，应先介绍男士，然后再介绍女士；需要介绍长辈与晚辈时，应先介绍晚辈，然后再介绍长辈；需要介绍已婚者与未婚者时，应先介绍未婚者，然后再介绍已婚者。

三是接待来访者。在接待来访者时，倘若需要为宾主双方之中的互不相识者进行介绍，一般均应先介绍主方人士，然后再介绍客方人士，而不必兼顾其他因素。

4. 介绍时的内容

为他人进行介绍时，不仅应注意前后顺序，而且还应当斟酌介绍的具体内容。通常，替他人进行介绍的具体内容有以下几种基本模式：

一是标准式。它主要适用于各种正规场合，其基本内容，应包括被介绍双方的单位、部门、职务与姓名。

例如：“我来介绍一下，这位是五洲集团总经理金光夏先生，这位是新为公司董事长朱珠女士。”

二是简介式。它适用于一般性的交际场合，其内容，往往只包括被介绍者双方的姓名，有时甚至只提到双方的姓氏。

例如：“我想替两位做做介绍。这一位是老贺，这一位是小郭。请二位认识一下吧。”

三是引见式。它多用于普通的社交场合。介绍者在介绍时只需要将被介绍者双方引导到一块儿，而往往不需要涉及任何具体的实质性内容。

例如：“两位想必还不认识！大家其实都是同行，只不过以前不曾相识。现在请你们两位自报家门吧！”

四是强调式。它多见于一些交际应酬之中，其内容除被介绍者双方的姓名外，通常还会刻意强调其中一方或双方的某些特殊点。

例如："这位是日本大德株式会社驻京代表处的徐力健先生，这位是《星岛日报》的驻京记者黄丹丹小姐。顺便提一下，黄丹丹小姐是我的外甥女。"

三、介绍集体

介绍集体，又叫作集体介绍，实际上是介绍他人的一种特殊情况。它指的是介绍者在具体介绍他人时，被介绍者之中的一方或双方不止一人。在实践中，集体介绍大致又可分为下述两种类型：其一，被介绍者双方均不止一人。其二，被介绍者一方不止一人。

介绍集体时，通常应重视下列两个方面的具体问题。

1. 介绍的顺序

介绍集体时，其先后顺序大都可以比照介绍他人时的规则进行。此外，还有下述几种具体方法可以参考：

一是单向式。单向式介绍，有时亦称"少数服从多数"。其含义是：当被介绍者双方一方为一人，另外一方则为多人时，往往应当前者礼让后者，即只将前者介绍给后者，而不必再向前者一一介绍后者。

二是概括式。当被介绍者双方均人数较多，而又确无必要或可能逐一加以介绍时，不妨酌情扼要地介绍一下双方的概况。这就是概括式介绍。

例如："介绍一下：这些人都是我的家人，这几位是我生意上的伙伴。"

三是尊卑式。尊卑式多见于十分正规的公务交往中。它的具体要求是：在为双方均不止一人的被介绍者进行介绍时，不仅需要首先介绍位卑的一方，然后介绍位尊的一方，而且在介绍其中任何一方时，均应由尊而卑地逐一介绍其具体人员。

例如："各位来宾：这些都是我们上海荣民公司的负责人。这位是荣民公司的副总经理麦克先生，这位是荣民公司的总经理助理熊艳小姐，这位是荣民公司的财务总监姚齐仁先生…… 各位同人，这些都是来自厦门开源集团的客人。这位是开源集团的CEO 蓝天先生，这位是开源集团销售部经理李燕子小姐。"

2. 介绍的态度

进行集体介绍时，介绍者在态度上应注意下述两点：

一是平等待人。进行具体介绍时，对被介绍者双方一定要平等对待。不论介绍的态度、内容还是其他具体方面，均应有规可循，切忌厚此薄彼。

二是郑重其事。介绍集体时，一定要表现得庄重大方，给人以郑重其事之感。此刻不宜乱开玩笑，或显得过于随意。

第四节 握 手

在交际应酬中，相识者之间与不相识者之间往往都需要在适当的时候向交往对象行礼，以示自己对对方的尊重、友好、关心与敬意。此种规范，即所谓相见礼仪，也就是人们会面时约定俗成互行的礼仪。

在不同的历史时期、不同的文化背景之下，人们所采用的相见礼仪往往千差万别、互不相同。其中为人们所熟知的，就有点头礼、举手礼、脱帽礼、注目礼、拱手礼、鞠躬礼、合十礼、拥抱礼、亲吻礼、吻手礼等。但是，当今在中国乃至世界各国最为通行的相见礼节却是人们在日常生活中所经常采用的握手礼。

握手礼，通常简称握手。学习握手礼，应掌握的要点有握手的时机、握手的次序、握手的方式、握手的禁忌，等等。此外，对国内外目前常见的其他相见礼节，亦应略知一二。

一、握手的时机

何时宜行握手礼？这是一个十分复杂而微妙的问题，它通常取决于交往双方的关系、现场的气氛，以及当事人个人的心情等诸多因素，所以不能一概而论。一个人若要在人际交往中显得彬彬有礼，那么就应了解在什么时候应当握手，在什么时候不必握手，否则即为失礼。

1. 应当握手的场合

下列场合，一般应与别人握手：

遇到较长时间未曾谋面的熟人，应与其握手，以示因久别重逢而万分欣喜。

在比较正式的场合同相识之人道别，应与之握手，以示自己的惜别之意以及希望对方珍重之心。

在家中、办公室里以及其他一切以本人作为东道主的交际场合，迎接或送别来访者之时，应与对方握手，以示欢迎或欢送。

拜访他人之后，在辞行之时，应与对方握手，以示“再会”。

被介绍给不相识者时，应与之握手，以示自己乐于结识对方，并为此深感荣幸。

在社交性场合，偶然遇上同事、同学、朋友、邻居、长辈或上司时，应与之握手，以示高兴与问候。

他人给予自己一定的支持、鼓励或帮助时，应与之握手，以示衷心感激。

向他人表示恭喜、祝贺之时，例如，祝贺生日、结婚、生子、晋升、升学、乔迁、事业成功或获得荣誉、嘉奖时，均应与之握手，以示贺喜之诚意。

他人向自己表示贺喜、祝贺之时，应与之握手，以示谢意。

对他人表示理解、支持、肯定时，应与之握手，以示真心实意。

应邀参加社交活动，例如，宴会、舞会、音乐会之后，应与主人握手，以示谢意。

在重要的社交活动，例如，宴会、舞会、沙龙、生日晚会开始前与结束时，主人应与来宾握手，以示欢迎与道别。

得悉他人患病、失恋、失业、降职、遭受其他挫折或家人过世时，应与之握手，以示慰问。

他人向自己赠送礼品或颁发奖品时，应与之握手，以示感谢。

向他人赠送礼品或颁发奖品时，应与之握手，以示郑重其事。

2. 不宜握手的场合

在下述一些时刻或场合，不宜同交往对象行握手礼。此时，可采用对方理解的方式向其致意。

一是对方手部负伤。例如，涂了药水、贴了创可贴、扎了绷带，等等。

二是对方手里携带物品。例如，手提公文包，或手拎旅行箱，等等。

三是对方手中忙于他事。例如，打电话、用餐、喝饮料、主持会议或与他人交谈，等等。

四是对方与自己距离较远。例如，在另外的餐桌上或马路对面，等等。

五是对方所处环境或现场氛围不适合握手。例如，观剧、观展期间，等等。

二、握手的次序

在正式的场合，行握手礼时最重要的礼仪问题，是握手的双方应当由谁先伸出手来“发起”握手，即握手的先后次序问题。倘若对此一无所知，在与他人握手时，轻率地抢先伸出手去而得不到对方的回应，那种场景是令人非常尴尬的。

1. “尊者决定原则”

根据礼仪规范，握手时双方伸手的先后次序，应当在遵守“尊者决定原则”的前提下，具体情况具体对待。

“尊者决定原则”的含义是：当两人握手时，首先应确定握手双方彼此身份的尊卑，然后由此而决定伸手的先后。通常应由位尊者首先伸出手来，即尊者先行。位卑者只能在此后予以回应，而绝不可贸然抢先伸手，否则就是违反礼仪的举动。

在握手时，之所以要遵守“尊者决定原则”，既是为了恰到好处地体现对位尊者的尊重，也是为了维护在握手之后的寒暄应酬中位尊者的自尊。因为握手往往意味着进一步的交往的开始，如果位尊者不想与位卑者深交，便大可不必伸手与之相握。换言之，如果位尊者主动伸手与位卑者相握，则表明前者对后者印象不坏，而且有意与之深交。

2. 具体的情况

根据具体情形而言，握手时双方伸手的先后次序大体包括以下几种情况：

一是年长者与年幼者握手，应由年长者首先伸出手。

二是长辈与晚辈握手，应由长辈首先伸出手。

三是老师与学生握手，应由老师首先伸出手。

四是女士与男士握手，应由女士首先伸出手。

五是已婚者与未婚者握手，应由已婚者首先伸出手。

六是社交场合的先至者与后来者握手，应由先至者首先伸出手。

七是上级与下级握手，应由上级首先伸出手。

八是职位、身份较高者与职位、身份较低者握手，应由职位、身份较高者首先伸出手。

3. 特殊的情况

若一个人需要与多人握手，则握手时亦应讲究先后次序，由尊而卑地进行。即先年长者后年幼者，先长辈后晚辈，先老师后学生，先女士后男士，先已婚者后未婚者，先上级后下级，先职位、身份较高者后职位、身份较低者。

需要有所区别的是：在公务场合，握手时伸手的先后次序主要取决于双方的职位、身份，而在社交、休闲场合，它则主要取决于双方的年纪、性别、婚姻状况。

在接待来访者时，这一问题则较为特殊：当客人抵达时，一般应由主人首先伸出手来与客人相握。而在客人告辞时，则应由客人首先伸出手来与主人相握。前者意在表示“欢迎”，后者则主要表示“再见”。若这一次序颠倒，则极易让人产生误解。

应当强调的是：上述握手时的先后次序可以用来律己，却不必用来处处苛求于人。当自己处于尊者之位，而位卑者抢先伸手要求相握时，最得体的做法还是应与之配合。若此刻过分拘泥于礼仪规范，对其视若不见、置之不理，令对方进退两难、当场出丑，也是失礼于对方的表现。

三、握手的方式

握手的标准方式，是行礼时行至距握手对象约 1 米处，双腿立正，上身略向前倾，伸出右手，四指并拢，拇指张开与对方相握。握手时应用力适度，上下稍许晃动三四次，随后松开手来，恢复原状。

具体来说，握手时应加以注意的规范化要求有以下几点：

1. 神态自然

与人握手时，理当神态专注、热情、友好、自然。在正常情况下与人握手时，应面含笑意，目视对方双眼，并且口道问候。

在握手时，切勿显得自己三心二意、敷衍了事、傲慢冷淡。如果在此时迟迟不去握他人早已伸出的手，或是一边握手，一边东张西望，甚至忙于跟其他人打招呼，都是极不礼貌的。

2. 姿势正确

向他人行握手礼时，只要有可能，就应当起身站立。除非自己是长辈或女士，否则坐着与人握手是不合适的。

握手之时，双方彼此之间的最佳距离为 1 米左右，因此握手时双方均应主动向对方靠拢。若双方距离过大，显得像是一方有意讨好或冷落另外一方。若双方握手时距离过小，手臂难以伸直，也不甚雅观。

最好的做法，是双方将要相握的手各向其侧下方伸出，伸直相握后相互形成一个直角。

3. 手位恰当

在握手时，手的位置至关重要。常见的手位有以下两种：

一是单手相握。以右手单手与人相握，是最常用的握手方式。

用右手与人相握时，手掌垂直于地面最为适当。它称为“平等式握手”，表示自己不卑不亢的态度。

与人握手时掌心向上，表示自己谦恭、谨慎，这一方式叫作“友善式握手”。

与人握手时掌心向下，则表示自己感觉甚佳，自高自大，这一方式叫作“控制式握手”。通常不宜被采用。

二是双手相握。双手相握，即用右手握住对方右手后，再以左手握住对方右手的手背。这种方式，适用于亲朋故旧之间，以表达自己对对方的深厚情谊。一般而言，此种方式的握手并不适用于初识者与异性，因为它有可能被理解为讨好或失态。这一方式，有时亦称“手套式握手”。

双手相握时，左手除握住对方右手手背外，还有人以之握住对方右手手腕、握住对方右手手臂、按住或拥住对方右肩。除非至交之间的交往，此类做法最好都不要滥用。

4. 力度适中

握手时，为了向交往对象表示热情友好，应当稍许用力，大致握力以在两千克左右为宜。与亲朋故旧握手时，所用的力量可以稍大一些；与异性以及初次相识者握手时，则千万不可用力过猛。

总之，在与人握手时，不可以毫不用力，不然就会使对方感到缺乏热情与朝气。但也不宜矫枉过正。如果在握手时拼命用力，不将对方握得龇牙咧嘴不肯罢休，则难免有示威或挑衅之嫌。

5. 时间得体

在普通情况下，与他人握手的时间不宜过短或过长。大体来讲，握手的全部时间应控制在 3 秒钟以内。

握手时两手稍触即分，时间过短，好似在走过场，又像是对对方怀有戒意。而与他人握手时间过长，尤其是拉住异性或初次见面者的手长久不放，则会被人误解。

四、握手的禁忌

在人际交往中，握手虽然司空见惯，但是由于它可被用来传递多种信息，因此在行握手礼时应合乎规范，并且避免下述握手的各项具体禁忌。

第一，不要用左手与他人握手。尤其是在与阿拉伯人、印度人打交道时需要牢记此点，因为在他们看来左手是不洁的。

第二，不要在握手时争先恐后。在握手时，应当遵守秩序，依次而行。特别要记住，与基督教徒交往时，要避免两人握手时与另外两人相握的手形成交叉状。那种形状类似十字架，在基督教徒眼中是很不吉利的。

第三，不要在握手时戴着手套。只有女士在社交场合戴着薄纱手套与人握手，才是被允许的。

第四，不要在握手时戴着墨镜。只有患有眼疾或眼部有缺陷者，方可例外。

第五，不要在握手时将另外一只手插在衣袋里。此种做法，有敷衍对方之嫌。

第六，不要在握手时另外一只手依旧拿着东西而不肯放下。例如，仍然拿着香烟、报刊、公文包等。

第七，不要在握手时面无表情、不发一言，好像根本无视对方的存在，纯粹是为了应付。

第八，不要在握手时长篇大论、点头哈腰、热情过度。那样做会显得过于客套。过于客套，有时会使对方不自在、不舒服。

第九，不要在握手时仅仅握住对方的手指尖，好像有意与对方保持距离。正确的做法，是要握住整个手掌，即使对异性，也要这么做。

第十，不要在握手时只递给对方一截冷冷的手指，像是迫于无奈似的。此种握手方式在国外叫作“死鱼式握手”，被公认是失礼的做法。

第十一，不要在握手时把对方的手拉过来、推过去，或者上下左右抖个没完。

第十二，不要以肮脏、不洁或患有传染性疾病的手与他人相握。

第十三，不要在与人握手之后，立即擦拭自己的手掌，好像与对方握一下手就会使自己受到“污染”。

第十四，不要拒绝与他人握手。在任何情况下，都不能那么做。

五、常见的其他相见礼节

在国内外各种职场交往中，除握手之外，以下几种相见礼节也颇为常见。

1. 点头礼

点头礼，又叫颔首礼，它所适用的情况主要有：路遇熟人，在会场、剧院、歌厅、舞厅等不宜与人交谈之处，在同一场合碰上已多次见面者，遇上多人而又无法一一问候时。

行点头礼时，一般应不戴帽子。具体做法是：头部向下轻轻一点，同时面带微笑，不宜反复点头，点头的幅度也不必过大。

2. 举手礼

行举手礼的场合，与行点头礼的场合大致相似，它最适合向距离较远的熟人打招呼。

行举手礼的正确做法是：右臂向前方伸直，右手掌心向着对方，指尖朝上，其他四指并齐，拇指叉开，轻轻向左右摆动一两下。不要将手上下摆动，也不要在手部摆动时用手背朝向对方。

3. 脱帽礼

戴着帽子的人，在进入他人居所，路遇熟人，与人交谈、握手或行其他相见礼，进入娱乐场所，升挂国旗，演奏国歌等情况下，应自觉主动地摘下自己的帽子，并置于适当之处，这就是所谓脱帽礼。

参加社交活动时，女士在社交场合可以不脱帽子。

4. 注目礼

注目礼的具体做法是：起身立正，抬头挺胸，双手自然下垂或贴放于身体两侧，笑容庄重，双目正视行礼对象，或随之缓缓移动。

在升国旗、游行检阅、剪彩揭幕、开业挂牌等情况下，适用注目礼。

行注目礼时，不可歪戴帽子、衣衫不整、身体东斜西靠、嬉皮笑脸、大声喧哗、打打闹闹。

5. 拱手礼

拱手礼，是中国民间传统的相见礼。有时，它亦称作揖。目前它所适用的场合，主要包括过年时举行团拜活动，向长辈祝寿，向友人恭喜结婚、生子、晋升、乔迁，向亲朋好友表示无比感谢，以及与海外华人初次见面时表示久仰大名等时刻。

拱手礼的行礼方式是：起身站立，上身挺直，两臂前伸，双手在胸前高举抱拳，自上而下或者自内而外，有节奏地晃动两三下。行礼时，依照常规，男性应左手在外，女性则应右手在外。

6. 鞠躬礼

鞠躬礼，目前在国内主要适用于向他人表示感谢、领奖或演讲之后、演员谢幕、举行婚礼或参加追悼活动等场合。

行鞠躬礼时，应脱帽立正，双目凝视受礼者，然后上身弯曲前倾。男士双手应贴放于身体两侧裤线处，女士的双手则应下垂搭放在腹前。下弯的幅度越大，所表示的敬重程度就越大。鞠躬的次数，可视具体情况而定。

在日本、韩国、朝鲜，鞠躬礼应用十分广泛。

7. 合十礼

合十礼，亦称合掌礼，即双手十指相合为礼。其具体做法是：双掌十指在胸前相对合，手指并拢向上，掌尖与鼻尖基本持平，手掌向外侧倾斜，双腿直立站立，上身微欠低头。一般而论，行此礼时，合十的双手举得越高，越体现出对对方的尊重，但原则上不可高于自己的额头。

行合十礼时，可以口颂祝词或问候对方，亦可面含微笑，但不得手舞足蹈、反复点头。

在我国傣族聚居区，以及东南亚、南亚信奉佛教的地区，合十礼最为通用。

8. 拥抱礼

在一些国家，特别是在欧美国家，拥抱礼是十分常见的相见礼节与道别礼节。在人们表示慰问、祝贺、欣喜时，拥抱礼也经常使用。

正规的拥抱礼，讲究两人正面面对站立，各自举起右臂，将右手搭在对方左肩后面，左臂下垂，左手扶住对方右腰后侧。先各向对方左侧拥抱，后各向对方右侧拥抱，最后再一次各向对方左侧拥抱，通常一共拥抱三次。

在普通场合行此礼，不必如此讲究，次数也不必要求如此严格。

在中国，除某些少数民族外，拥抱礼不常被采用。

9. 亲吻礼

亲吻礼，也是一种国际社会常用的相见礼。有时，它会与拥抱礼同时采用，即双方相见时既拥抱又亲吻。

行亲吻礼时，通常忌讳发出声音，而且不应将唾液弄到对方脸上。

在行礼时，双方关系不同，亲吻的具体部位也会有所不同：长辈吻晚辈，应当吻额头；晚辈吻长辈，应当吻下颌或吻面颊；同辈之间，同性应当贴面颊，异性则应当吻面颊。接吻即吻嘴唇，通常仅限于夫妻或恋人之间，而不宜滥用，尤其不宜当众进行。

10. 吻手礼

吻手礼，主要流行于欧洲国家。它的具体做法是：男士行至已婚妇女面前，首先立正垂首致意，然后以右手或双手捧起女士的右手，俯首以自己微闭的嘴唇，象征性地轻吻一下其手背或是手指。行吻手礼的地点，宜在室内为佳。

吻手礼的受礼者，只能是妇女，而且应当是已婚妇女。手腕及其以上部位，则是行礼时的绝对禁区。

第五节　名　片

名片，是当代人际交往中一种最常用的纸质介绍性媒介。由于名片具有印制规范、文字简洁、使用方便、容易携带、易于保存等特点，而且不讲尊卑、不分职业，不论男女老幼均可使用，因此其用途广泛，颇受欢迎。

作为一种自我的“介绍信”和社交的“联谊卡”，名片在人际交往中可用以证明身份、广结善缘。鉴于名片的种种重要功能，故应将它提高到个人形象乃至单位形象的直接化身这一高度来加以充分重视。

在人际交往中，职员如欲正确使用名片，就应对名片的制作、名片的分类、名片的用途、名片的交换以及名片的存放五个方面的具体问题有所了解，并且尽可能地在这五个方面做到合乎礼仪规范。

一、名片的制作

目前，在国内印制名片，一般均可委托名片制作商承办，十分方便。但要使自己的名片规范实用，还是应当精心设计、仔细斟酌，以求使名片体现本人的风格。切不可对制作名片随意而为，听任名片制作商自行设计，致使自己的名片被粗制滥造。

1. 规格

目前，国内通用的名片规格为9.0厘米×5.5厘米，即长9厘米，宽5.5厘米。这是制作名片时应当首选的规格。

如无特殊需要，不应将名片规格随意扩大，或者有意做成折叠式，免得给人以标新立异、有意摆谱的感觉。

2. 质材

印制名片时，一定要注意纸张的选用，并以耐折、耐磨、美观、大方的白卡纸、再生纸、合成纸、布纹纸、麻点纸、香片纸为佳。至于高贵典雅、纸质挺括的刚古纸、皮纹纸，亦可量力而行，酌情选用。必要时，还可以为之覆膜。

一般情况下，没有必要选用布料、绸缎、塑料、皮革、钢材、木材、黄金、白银等其他质材印制名片，它们或价格昂贵，或不甚实用。

3. 色彩

印制名片的纸张，宜选庄重朴素的白色、米色、淡蓝色、淡黄色、淡灰色，并且一张名片以单一色彩为好。

最好不要印制杂色名片，它会令人看得眼花缭乱。也不要用黑色、红色、粉色、紫色、绿色印制名片，它们则会给人以缺乏庄重的感觉。

4. 图案

在名片上，允许出现的图案除纸张自身的纹路外，还有单位标志、规划蓝图、所处方位、主导产品等，但以少为佳。

一般来说，不提倡在名片上印人像、漫画、花卉、宠物。那些图案并无实用价值，而且还会给人以华而不实的印象。

5. 文字

在国内所使用的名片，宜采用简体汉字，不要故弄玄虚地使用繁体汉字。在国内少数民族聚居区、外资企业以及境外使用的名片，则可酌情使用少数民族文字或外文。

最佳的做法，是在一张名片的两面，分别以简体汉字和另外一种少数民族文字或外文印制相同的内容。切勿在一张名片上采用两种以上的文字，也不要将两种文字交错印在同一面。

6. 字体

不论使用何种文字印制名片，均应采用标准、清晰、易识的印刷体。

尽量不要采用行书、草书、篆书或花体字印制名片，更不要亲自手写。务必要记住：只有他人看懂了自己的名片，它才会发挥作用。

7. 印法

名片最好不要自制，也不要以复印、油印、影印的方法制作名片，以那些方法制作出来的名片均不够正规。

名片一般铅印即可。若是胶印，则显得档次更高一些，但其价格也会比铅印高出许多。

8. 版式

印制名片，通常有下列两种版式可以选择。

一是横式。它的行序由上而下，字序则由左而右（见图 2-1）。

图 2-1　横式名片

二是竖式。它的行序由右而左，字序则由上而下（见图 2-2）。

一般认为，中外名片均以采用横式为佳，因为它易辨识、易收藏。竖式名片虽然风格古朴，却不具备上述优点。若以两种文字印制同一张名片，则应避免一面横式、一面竖式。

二、名片的分类

因其具体内容、用途各有不同，日常生活与工作中所用的名片可分为应酬式名片、社交式名片、公务式名片、单位式名片四类。前三类又统称为个人名片。

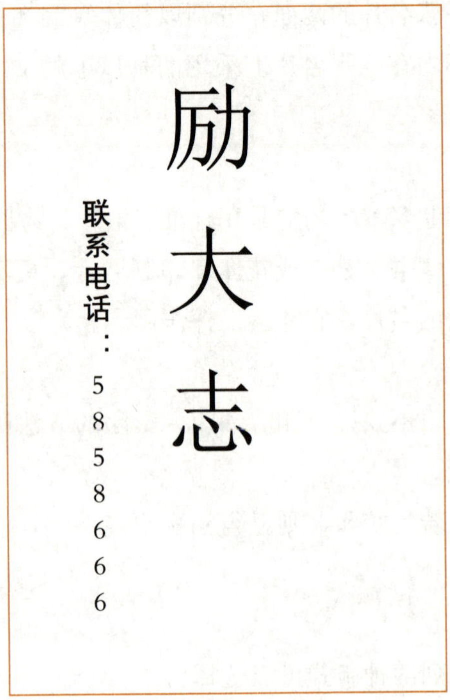

图 2-2　竖式名片

在正式的场合，讲究面对不同的交往对象时使用不同的名片。此外，如果希望给人以不同的印象，亦可使用不同的名片。因此，一个人同时制作并携带多种名片不足为怪，而不分对象、不讲目的滥用同一种名片则是失当的。

1. 应酬式名片

应酬式名片，又称本名式名片。顾名思义，它的内容通常只有本人的姓名一项（见图 2-3），至多还可以再加上本人的籍贯或字号（见图 2-4）。

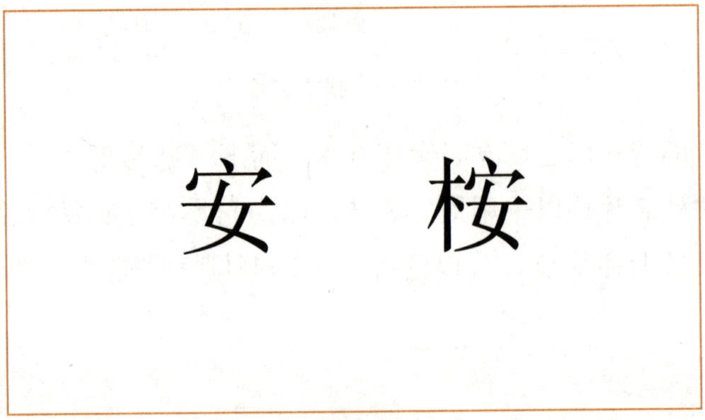

图 2-3　应酬式名片之一

陈水晶 字逸凡

图 2-4 应酬式名片之二

应酬式名片，主要适合在社交场合应付泛泛之交，拜会他人时说明身份，馈赠时替代礼单，以及用作便条或短信。

2. 社交式名片

社交式名片，在此特指主要适用于社交场合，做自我介绍与保持联络之用的个人名片。它的内容有两项：一是个人姓名，应以大号字体印于名片中央；二是联络方式，应以较小字体印于名片右下方（见图 2-5）。

贾 卉

家庭住址： 上京市北辰路 66 号
邮政编码： 1 0 0 0 0 9 1

图 2-5 社交式名片

社交式名片上的联络方式一项，主要包括家庭住址、邮政编码等内容，必要时还可加印住宅电话号码。但一般不会印有办公地址，以示“公私分明”。若不喜欢被人上门打扰，还可只印住宅电话号码，而不印家庭住址与邮政编码。

3. 公务式名片

公务式名片，此处指的是在政务、商务、服务、学术等正式的业务交往中所使用的个人名片。它是目前最为常见的一种个人名片。

一张标准的公务式名片，应由归属单位、本人称呼、联络方式三项具体内容构成（见图 2-6）。

NM 南马公司

甄广大 董事长

单位地址：东海市大连路1216号
办公电话：(8621) 3131331
邮政编码：2 0 0 0 0 1 0

图2-6 公务式名片

一是归属单位。此项内容，通常由企业标志、供职单位、所在部门等部分组成，并可酌情加减。但供职单位与所在部门均不宜多于两个，免得给人以用心不专的印象。必要时，可为此分别印制几种供职单位、所在部门有所不同的名片。此外，名片上的供职单位与所在部门均应采用全称。

二是本人称呼。本人称呼，由本人姓名、所任职务、学术头衔三个部分组成，后两项可有可无，但不宜过多。在本人姓名后加注“先生”“小姐”“夫人”等称呼，则是没有必要的。

三是联络方式。本项内容，通常由单位地址、办公电话、邮政编码三个部分组成。因其均不可或缺，故又称“联络方式三要素”。在此，不宜提供家庭住址与住宅电话。至于手机号码、传真号码、微信或其他社交媒体号码，以及电子信箱地址是否需要列出，则应根据自己的实际情况而定。

通常本人称呼应以大号字体印在名片正中央，归属单位与联络方式则应分别以小号字体印在名片的左上角与右下角。

如有必要，可在名片的另一面印上本单位的经营范围或所在方位（见图2-7），而不必非印外文不可。

本公司主要经营范围

摄 像 机　　扫 描 仪
打 印 机　　投 影 仪

图2-7 公务式名片的背面

4. 单位式名片

单位式名片，因其多为单位所用，故又称单位名片，它主要用于单位对外宣传、推广活动。它的内容分为两项：一是单位的全称及其标志；二是单位的联络方式。后者一般由单位地址、邮政编码、单位电话（包括总机号码或总裁办、公关部、销售部电话号码）所构成（见图2-8）。

BW

博闻实业公司

单位地址：天海市苏州道1018号
办公电话：(8622) 333666
邮政编码：110022

图2-8 单位式名片

三、名片的用途

对职员而言，名片绝非可有可无，而是一种非常重要的物有所值的实用型交际工具。在常规的人际交往中，名片的具体用途有如下几种：

1. 自我介绍

初次会见他人时，以名片做辅助性自我介绍，往往效果最好。它不但可以明确自己的具体身份，强化效果，使对方难以忘怀，而且还可以节省时间，避免啰唆、含混不清。

2. 结交朋友

主动把名片递给别人，通常便意味着对对方的友好、信任和希望深交之意。但没有必要每逢遇见陌生人，便上前递上自己的名片。也就是说，巧用名片，可以为结交朋友“铺路架桥”。

3. 维持联系

名片犹如“袖珍通信录”，利用它所提供的资料，即可与名片的提供者保持联系。正因为有了名片上所提供的各种联络方式，人们的来往才变得更加现实和方便。

4. 业务介绍

公务式名片上列有归属单位等具体内容，因此利用名片亦可为本人及其所在单位进行业务宣传，扩大交际面，争取潜在的合作伙伴。

5. 通知变更

利用名片，可以及时地向老朋友通报本人的最新情况，例如，晋升职务、乔迁新居、变换单位、电话改号等。以变更后的新名片向老朋友打招呼，还可以确保彼此的联系畅通无阻，使对方对自己的有关情况了解得更充分。

6. 拜会他人

初次前往他人居所或工作单位进行拜访时，可将本人名片交由对方的门卫、秘书、前台接待或家人，转交给或联络被拜访者，以便对方确认“来系何人”，并决定会见与否。此种做法比较正规，亦可避免冒昧的造访。

7. 简短留言

拜访他人不遇，或者需要请人转达某件事情时，可在本人的名片上写下几行字，然后将它留下或托人转交。这样做，会使对方“如闻其声，如见其人”，而不至于误事。

8. 代替信件

在名片的左下角，以铅笔写下几行字或短语，寄交或托人转交，在职场上通常如同一封长信一样正式。若其内容较多，也可写在名片背面。在国外，流行以法文缩略语写在名片左下角，以慰问、鼓励、感谢、祝贺他人（见图 2－9）。以下，仅列举常用的一些法文缩略语：

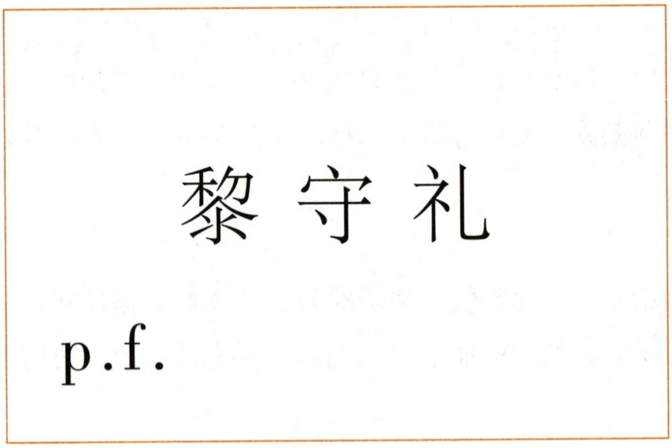

图 2－9　名片信件一则

n. b. ——提请注意；

p. f. ——祝贺；

p. r. ——感谢；

p. c. ——谨唁；

p. p. ——介绍；

p. p. c. ——辞行；

p. f. n. a.——贺年。

9. 用作礼单

向他人赠送礼品时，可将本人名片放入其中，或将之装入一个不封口的信封中，然后再将该信封固定于礼品外包装的上方，从而说明“此乃何人所赠”。

10. 替人介绍

介绍某人去见另外一个人时，可用回形针将本人名片（居上）与被介绍人名片（居下）固定在一起，必要时还可在本人名片左下角写上“介绍”或意即“介绍”的法文短语缩写“p. p.”，然后将其装入信封，再交与被介绍人。这是一封非常正规的介绍信，按惯例会受到他人的高度重视。

四、名片的交换

欲使名片在人际交往中正常地发挥作用，通常还需要在交换名片时做法得体。交换名片时，需要注意的问题具体涉及以下几个方面：

1. 交换的时机

在职场上，名片有时可与人交换，有时则不必与人交换。

一是应当交换的时机。遇到以下几种情况，应与他人交换名片：其一，希望认识对方。其二，表示自己重视对方。其三，被介绍给对方。其四，对方提议交换名片。其五，对方向自己索要名片。其六，初次登门拜访对方。其七，通知对方自己的变更情况。其八，打算获得对方的名片。

二是不必交换的时机。遇到以下几种情况，往往不必把自己的名片递给对方或与对方交换名片：其一，对方属于萍水相逢的陌生人。其二，不想认识对方。其三，不愿与对方深交。其四，对方对自己并无兴趣。其五，经常与对方见面。其六，双方之间地位、身份、年龄或者工作性质、处事风格差别很大。

2. 交换的方法

交换名片通常有着一定之规，其具体规范包括下列两点：

一是递交自己的名片。递名片给他人时，应郑重其事。最好是起身站立，走上前去，使用双手或者右手，将名片正面面对对方，然后再交与对方。切勿以左手递交名片，不要将名片背面面对对方或是颠倒着面对对方，不要将名片举得高于胸部，不要以手指夹着名片给别人，更不要坐着把名片递给别人。若对方是少数民族或外宾，则递交名片之际应将名片上印有对方所认得的文字的那一面面对对方。

将名片递给他人时，口头上应有所表示。可以说："请多指教""请多多关照""今后保持联系""我们认识一下吧"，或是首先做一下自我介绍。

与多人交换名片，应讲究先后次序，或由近而远，或由尊而卑。一定要依次进行，切勿挑三拣四，采用"跳跃式"方法。当然，也没有必要滥发自己的名片。双方交换名片时，最正规的做法是：位卑者应当首先把名片递给位尊者。不过一般也不必过分拘泥于这一规定。

二是接受他人的名片。当他人表示要递名片给自己或交换名片时，应立即停止手中所做的一切事情，起身站立，面含微笑，并目视对方。接受名片时，宜双手捧接，或以右手接过，切勿单用左手接过。

有道是"接过名片，首先要看"，此点至为重要。具体而言，就是在接过名片后，当即要利用一分钟左右的时间，从头至尾将其认真默读一遍。若有疑问，则可当场向对方请教。此举意在表示重视对方。若接过他人名片后看也不看，或手头把玩，或弃之桌上，或装入衣袋，或交与他人，都算典型失礼的行为。

接受他人名片时，应口头道谢，或重复对方刚刚递上名片时所使用的谦辞敬语，例如"请您多关照""请您多指教"，切不可一言不发。

倘若需要当时将自己的名片递过去，则最好在收好对方的名片后再做，不要一来一往同时进行。

3. 索要名片

如果没有必要，最好不要强索他人的名片。若有心索要他人名片，则应采用以下几种方法：

一是明示法。直接向对方提议交换名片，明言此事。

二是交易法。主动递上本人名片，此所谓"将欲取之，必先与之"。

三是谦恭法。恭恭敬敬地询问对方："今后如何向您请教？"此法适用于向尊长索要名片。

四是联络法。态度诚恳地询问对方："以后怎样与您联系？"此法适用于向平辈或晚辈索要名片。

4. 婉拒他人索要名片

当他人索要本人名片，而自己不想给对方时，通常不宜直截了当，而应以委婉的方法表达此意。可以说："对不起，我忘记带名片了。"或者说："抱歉，我的名片用完了。"但若手中正拿着自己的名片与别人交换，并且已被对方看见了，那样讲显然就不合适了。

若本人没有名片，而又不想明说时，亦可采用上述方法委婉地进行表述。

如果自己的名片真的没有带或是用完了，自然也可以这么说，不过不要忘记加上一句“改日一定补上”，并且一定要言出必行，尽快付诸行动。否则会被对方理解为自己没有名片，或故意不想给对方名片。

五、名片的存放

要使名片的交换合乎礼仪规范，并且充分发挥名片在人际交往中的作用，一般有必要注意如下三个问题。

1. 名片的放置

在参加交际应酬之前，要提前准备好名片，并对此进行必要的检查。

随身所带的名片，最好放在专用的名片包、名片夹里，此外也可以放在上衣口袋之内。但不要把它放在裤袋、裙兜、提包、钱夹里，那样做既不正式，又显得杂乱无章。在自己的公文包以及办公桌抽屉里，也应经常备有名片，以便随时使用。

在交际场合，如需要使用名片，则务必事先预备好，不要在使用时再临时翻找。

接过他人的名片看过之后，应将其精心放入自己的名片包、名片夹或上衣口袋里，切勿当面将其放在其他地方。

2. 名片的收藏

参加过交际应酬以后，应立即对已收到的他人名片加以整理收藏，以便今后使用方便。不要将它们或随意夹在书刊、材料里，或压在玻璃板下，或是扔在抽屉里面。

整理他人名片的方法大体上有如下四种，它们均可交叉使用，或者将此几种方法合并在一起使用。

一是按姓名的汉语拼音字母或外文字母的顺序分类。

二是按姓氏的简化汉字笔画的多少分类。

三是按行业或部门分类。

四是按地区或国别分类。

3. 名片的利用

随着人际交往的不断深入，还可以在自己所收藏的他人名片上随手记下可供本人参考的有用的资料，使其充当社交的记事簿或备忘录。在收藏的他人名片上，可记的有利于人际交往的资料有下述几类：

一是收到名片时的具体情况。例如，收到名片的地点、时间，以及是否与对方亲自交换，等等。在国外有一种做法，即把名片的右上角向下折，然后再使其恢复原状，以表示该名片是对方亲自与自己交换的。

二是交换名片者的个人资料。例如，性别、年龄、籍贯、学历、专长、偏好，等等。

三是交换名片者在交换名片后变化的情况。例如，单位、部门的变化，职业的变动、调任，职务、学衔的升降，工作地点、常住城市、联络方式的改变，等等。

在人际交往中互加微信等，往往亦可方便人们相互之间保持联系。但在职场上它并不能因此而取代名片。

有一位名人曾经说过：“在日常生活中，一个没有个人名片，或是不能够正确地使用其个人名片的人，往往就是一个缺乏现代意识的人。”他的这句话并非小题大做，而是很有道理的。可以说，此话充分说明了名片的重要性。

第六节　会　晤

所谓会晤，亦称会见或礼节性会面，它是指在职场往来中宾主双方的正式会面。在因公交往中，宾主双方的正式会面通常备受关注。一般情况下，一次普通性质的职场往来只会安排一次会晤。倘若某次职场往来十分重要，则亦可安排数次会晤。

既然会晤属于正式的会面，显而易见，它与普通的会面便多有不同。从礼宾接待的角度来看，会晤礼仪具体涉及会晤的时间、会晤的地点、会晤的内容、会晤的准备四个基本方面。

一、会晤的时间

在外人眼里，某一次会晤是否重要，会晤的时间往往是一个重要的尺度。会晤的时间，在此主要包括会晤的时机与会晤的时长两个方面的具体问题。

1. 会晤的时机

会晤的时机，在此指的是会晤应于何时举行。一般而言，选择会晤的时机，既要考虑双方关系，又要兼顾会晤安排的实际情况，并且还需要征得来宾一方的首肯。

会晤的具体时机，大体上来说可以有如下三种选择：

一是即刻会晤。即刻会晤，是指当来宾抵达后，随即安排宾主双方举行会晤。在一般性的正式接待中，即刻会晤最为多见。有时，为了表示对远道而来的贵宾的高度重视，亦可安排即刻会晤。

二是稍后会晤。所谓稍后会晤，通常多见于东道主一方与远道而来的客人之间的会晤。它指的是，当客人抵达后，首先应为之安排适当的休息、洗漱或更衣的时间，然后再举行会晤。

三是择期会晤。有些时候，由于宾主双方或其中一方不方便，或是出于其他原因，会晤需要推迟到双方均可接受的某一时间举行，此所谓择期会晤。

2. 会晤的时长

会晤的时长，一般是指某一次会晤自始至终所用时间的具体长度。任何符合礼仪规范的正式会晤，都不允许随意耗费时间，而必须有意识地控制其具体长度。

在正常情况下，一次会晤的具体时长大体上应当被控制在 15 分钟至半小时之内，最长也不宜超过一小时。一次会晤的时间过短，会给人以敷衍了事之感；而其时间若是过长，则又有可能令人厌倦。

在实际操作中，任何一次会晤都要力求使宾主双方相见甚欢，意犹未尽。因此，主方人员要有意识地掌握时间，并适可而止。一再拖延时间，令双方无话可谈；或者主人墨守成规，语言乏味；或者粗暴无礼地打断对方，甚至公然向来宾下逐客令，都是极不礼貌的。

二、会晤的地点

为了体现会晤的郑重其事，绝对有必要对其具体地点认真加以斟酌。

选择正式会晤的具体地点时，通常需要兼顾下列四项基本规则：其一，干净整洁。其二，优雅肃静。其三，不受干扰。其四，交通便利。根据惯例，会晤的具体地点大都由负责接待的东道主一方定夺，来宾对此一般均应“悉听尊便”。

按照礼仪规范，正式会晤的具体地点大致上有如下三种选择。

1. 主座会晤

在正常情况下，绝大多数的会晤都被安排在东道主一方的办公地点举行。这就是所谓主座会晤。主座会晤通常又有下列两种具体选择：

一是在贵宾室举行会晤。在专门的贵宾室或接待室举行会晤，既有助于宾主双方在会晤时免受干扰，专心致志，又可体现出接待方对此次会晤的重视程度。一般而言，凡是重要的会晤或会晤重要的客人，均应在本单位的贵宾室或接待室进行。

二是在办公室举行会晤。在平时会晤普通的客人或者常来常往的客人，亦可安排在接待方参与会晤的相关人员的办公室里举行。在自己的办公室里会晤客人，尽管有可能受到一定程度的干扰，但却往往可以体现出宾主双方关系的非同一般。

2. 客座会晤

有些时候，东道主一方为了体现出对自己所接待的来宾的重视，往往会将会晤地点选择在对方的临时性居所，这就是所谓客座会晤。客座会晤通常也存在两种基本选择：

一是共享的空间。东道主一方人士前往正式拜会来宾时，可将会晤安排在对方临时下榻的宾馆、饭店的会客室、会议室、会见厅，或者大堂吧、咖啡厅、茶室等其他公用共享的空间举行。此种选择，一般显得较为正式。

二是私用的空间。倘若宾主双方较为熟悉，有时亦可将客座会晤直接安排在来宾临时性居所的客房客厅之内举行。此种选择，往往令人感到亲切、自然，但应事先就此征得来宾本人的同意。

3. 异地会晤

异地会晤，又称第三地会晤，是指出于某些原因，会晤的具体地点既非东道主一方的办公地点，亦非来宾一方的办公地点或临时性居所，而是某一处宾主双方都能够接受的其他地点。

一般情况下，异地会晤的具体地点多为俱乐部、会所、餐馆、咖啡厅或茶室，有时也有可能选择宾主双方或其中某一方朋友的办公地点或私人居所。

应当说明的是，为了表现得郑重其事，一般正式的会晤均不应安排在东道主一方某位人士的私宅举行。换言之，私宅所举行的会晤只能称为私人会晤，它往往不及正式会晤正规。

三、会晤的内容

在一次正式的会晤中，会晤的具体内容十分重要。它的选择，往往在一定程度上直接关系到会晤的成效。

在考虑会晤的具体内容时，东道主一方主要需要关注参加人员与基本议题两个主要方面。

1. 参加人员

任何正式会晤，均应排斥无关人员的介入。因此，东道主一方有必要审慎地考虑己方参加会晤人员的具体名单。在正常情况下，会晤的主要参加人员应当包括下述几个方面的有关人士：

一是单位的负责人。一般情况下，正式会晤均应有本单位负责人参加。参加会晤的本单位负责人越多，其具体职务、地位越高，越能反映出本单位对此次会晤的重视程度。

二是业务相关人员。尽管礼仪性的会晤大都不会具体深入涉及实质性内容，但还是需要安排一些业务人员参加，以便双方早接触、多了解。

三是易沟通的人员。有时，可安排来宾一方的故旧好友、亲戚邻里、同乡同学，或者与其民族、习俗、宗教相似者参加会晤。此种安排有助于宾主双方的沟通。

四是辅助工作人员。陪同、翻译、服务人员作为会晤必不可少的辅助者，自然也要参与会晤。

凡正式会晤，宾主双方均应提前将各自一方拟参加者的名单告知对方，并征得对方同意。

有必要指出的是，正式的公务会晤应限制规模。以其具体规模大小而论，正式的公务会晤可以分为两类：其一，全体会晤。它是指宾主双方有关人员全体参加的会晤。其二，小范围会晤。它是指宾主双方核心人员所参加的会晤。前者礼节性较强，后者则大多具有实质性内容。

2. 基本议题

在普通的会晤中，宾主双方的议题应当轻松、愉快，属于一般性沟通，往往不会涉及实质性问题。处理实质性问题的谈判，则与纯属礼节性的会晤有着本质上的不同。

会晤的基本议题，既可以提前设定，也可以临场确定或自由发挥。但是其内容大体上不外乎下述几个方面：

一是情况介绍。介绍的具体内容，可以是双方有关人员的简况，也可以是双方各自单位的历史或现状。此类内容，通常被视为双方进一步沟通的基础。

二是日程安排。在会晤时，可由主方简介今后有关工作的具体日程安排，也可以由宾主双方共同就此问题进行协商讨论。

三是已定议题。所谓已定议题，即会晤各方事先已经确定的议题。显而易见，它是会晤的中心之所在。

四是相互结识。不少礼节性会晤的主要目的，意在使宾主双方的有关人员尤其是其中的主角相互结识，以便利于今后的来往与合作。

四、会晤的准备

欲使一次会晤获得成功，进行一定的准备工作通常是十分必要的。越是重要的会晤，就越需要做好必要的准备工作。为正式会晤进行准备工作时，对下述四个关键之处应当予以重视。

1. 会客室

会客室，即专门用以会客的处所。特别正式的会客室，亦称会客厅、会见厅。用以专门进行会晤的会客室，往往会给来宾留下深刻印象，因此必须在力所能及的前提下尽量使之规范化。会客室的礼仪规范，主要应当注意下述六点：

一是位置。若有可能，一定要使本单位的会客室处于相对安静之处。诸如临街的房间，临近大门口、电梯间、洗手间以及其他往来人员较多之处的房间，均不宜用作正式的会客室。若本单位拥有多间会客室，则宜使它们相对独立，各自绝对封闭。

二是光照。会客室不仅要光照充足，而且还应光线柔和。处于阳面的会客室，要安装窗帘或百叶窗；处于阴面的会客室，则应安装必要的照明设备。

三是温度。一般而言，会客室均应安装空调。具体而言，夏季的室温不宜低于26℃，冬季的室温则不宜高于20℃。

四是湿度。有条件的话，在会客室内应放置加湿器，令室内的相对湿度保持在50%左右。若其相对湿度高于70%或低于30%，则会使人感觉不舒适。

五是保洁。正规的会客室，一定要有专人负责保洁工作。具体的保洁内容有以下三个方面：其一，平面保洁。它指的是地面、墙面、桌面的清洁卫生。其二，用具保洁。它指的是会客室内专用器具的整理与卫生。其三，空气保洁。它指的是会客室的通风或换气。三者往往缺一不可。

六是装饰。装饰会客室的基本要求有两点：其一，简洁。在会客室内，用具忌多、忌满、忌杂、忌乱，少而精则最好。其二，雅致。在会客室内，一切装潢设计都要力求庄重大方，特别要防止色彩过多、图案过乱、装饰过繁、摆设杂乱不堪，一般来讲，一间会客室内的主色调应被限定在两种之内。

2. 座次

凡是正式的会晤，宾主双方都会对具体座次的安排极其重视。在正式会晤中，正式的座次排列主要有并列式、分列式、相对式、居中式、主席式、自由式六种。它们的具体操作方式存在着一定差异，其适用的场合亦有所不同。

一是并列式。并列式会晤，一般指的是会晤之时宾主双方并排就座。这种“平起平坐”，往往显示着双方关系密切，地位相近。它具体上又分为下述两种情形：

其一，宾主双方共同面对房间正门而坐。这一做法，符合“面门为上”的座次排列规则。双方共同面门而坐时，则讲究“以右为上”，即主人应请客人在自己的右侧就座（见图 2-10）。

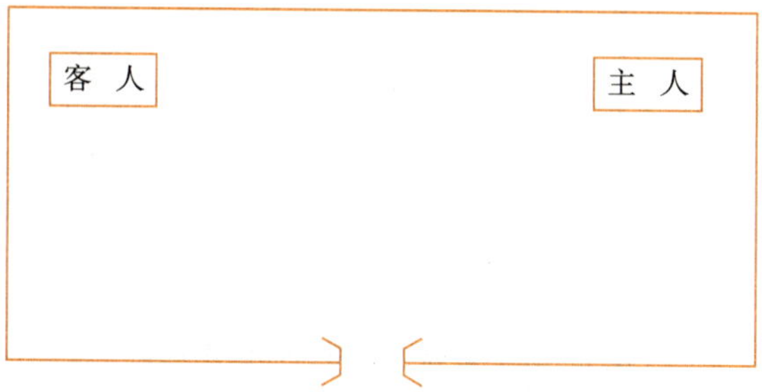

图 2-10　并列式会晤时的座次排列之一

其二，宾主双方一同在室内右侧或左侧就座。这时，应根据“以远为上”的规则，请客人就座于距房门较远处，而由主人在距房门较近之处落座（见图 2-11、图 2-12）。

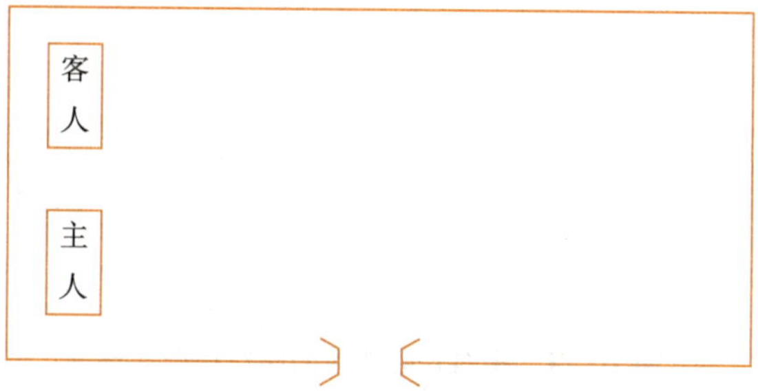

图 2-11　并列式会晤时的座次排列之二

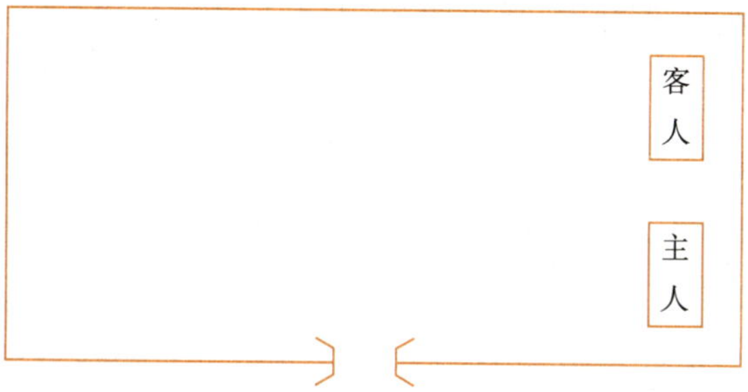

图 2-12　并列式会晤时的座次排列之三

二是分列式。分列式会晤，乃属并列式会晤的一种特例。它指的是：当主人居左、主宾居右面对会客室房间正门就座时，双方的其他随员按照一定的礼宾顺序，自高而低地分别在其各自的一侧面对面地就座（见图2-13）。

三是相对式。相对式会晤，一般是指宾主双方面对面地就座。这种“两军对垒”的阵容，显然有利于双方公事公办，彼此之间保持适当的距离。它具体分为下列两种情况：

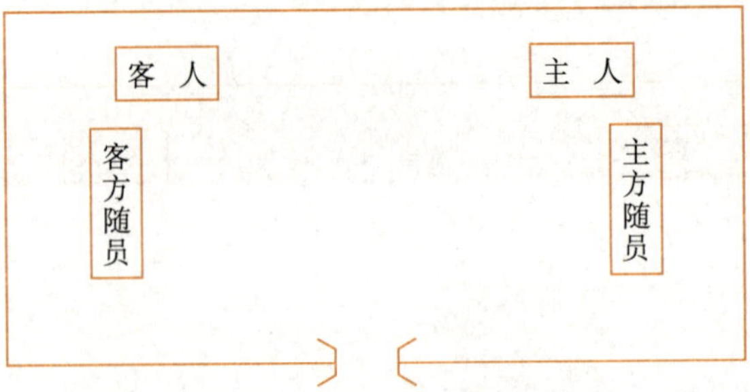

图 2-13　分列式会晤时的座次排列

其一，宾主双方一方面门而坐，另外一方则背门而坐。按照“面门为上”的规则，前者应为来宾，后者则应为主人（见图 2-14）。

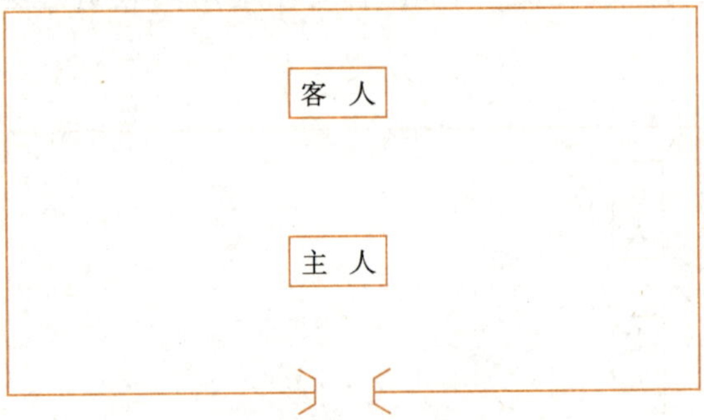

图 2-14　相对式会晤时的座次排列之一

其二，宾主双方在室内左右两侧分别就座。此刻，进门之后的右侧应请来宾就座，其左侧则应由主人就座（见图 2-15、图 2-16）。

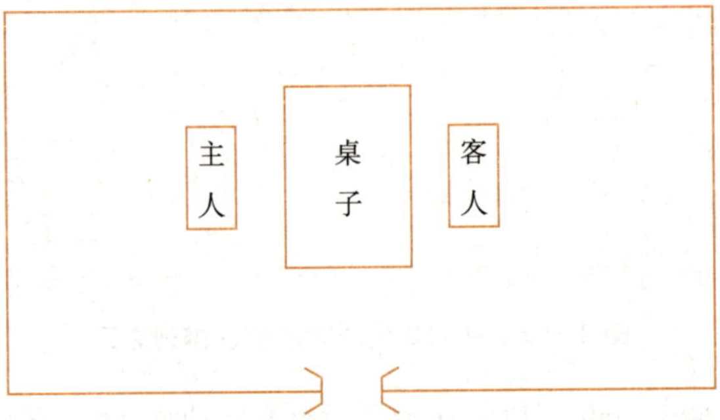

图 2-15　相对式会晤时的座次排列之二

四是居中式。居中式会晤，其实是并列式会晤的一种特殊情况。它指的是：当宾主双方多人一同并排就座时，通常应遵守“居中为上”的规则，请来宾居中而坐。其两侧的位置，则应由主方人员就座（见图 2-17、图 2-18、图 2-19）。

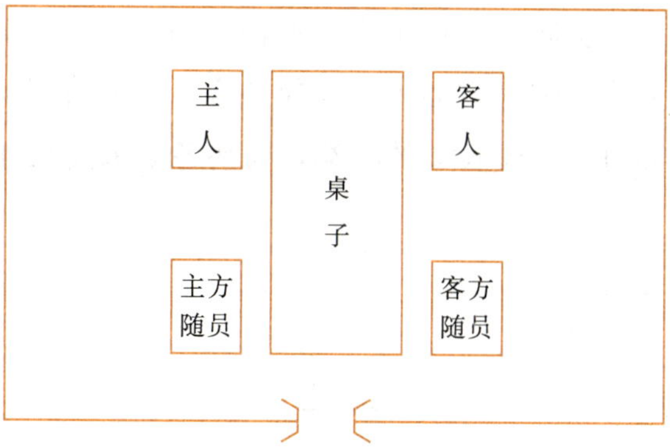

图 2-16 相对式会晤时的座次排列之三

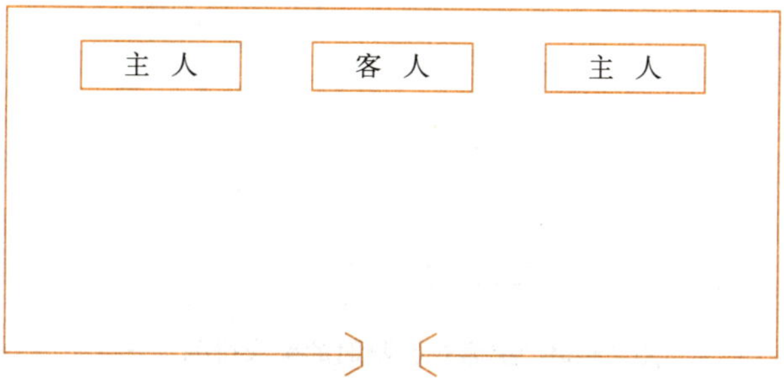

图 2-17 居中式会晤时的座次排列之一

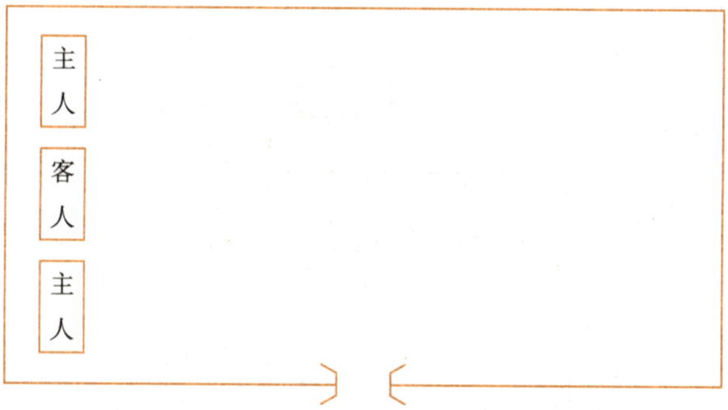

图 2-18 居中式会晤时的座次排列之二

图 2-19 居中式会晤时的座次排列之三

五是主席式。主席式会晤，多见于主方在同一时间、同一地点会晤两方或两方以上的来宾。此时，主人一般面门而坐，其他各方来宾则在其对面背门而坐（见图2-20）。有时，主人亦可就座于长桌的一端，而请各方来宾在其两侧就座（见图2-21）。

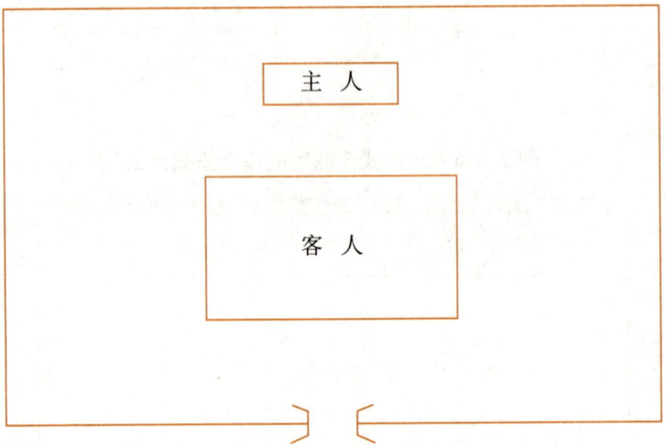

图 2-20 主席式会晤时的座次排列之一

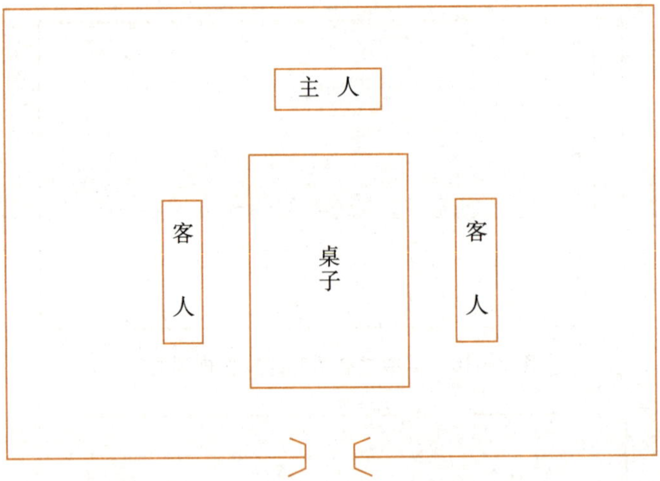

图 2-21 主席式会晤时的座次排列之二

六是自由式。自由式会晤，通常是指举行会晤时各方人员的座次不进行具体的排列，而请大家自由、随意地选择座位。它多用于正式的多边会晤，或非正式的双边会晤。

3. 名签

名签，又叫桌签或姓名签。它指的是举行会晤时放置于有关人员面前桌面之上、写有其姓名的特制卡片，它的作用是使他人对有关人员的姓名一目了然。

准备名签时，下列三点务必予以高度重视。

一是工整正确。书写名签时，不仅要使字迹清晰工整，而且还要确保正确无误，尤其是要防止写错姓名。

二是易于识别。名签所使用的字体，最好是较大并规范的楷书，并且应在两面同时书写。在进行涉外会晤时，面对外方人员的一面宜为印刷体外文，面对中方人员的一面则宜为印刷体中文。

三是认真核对。在进行会晤时，必须将每一名会晤的正式参加者与其名签一一予以核对，确保彼此对应，避免张冠李戴、摆错名签。

4. 衣着

在日常生活中，一个人完全可以认为“穿衣戴帽，各有所好”。而在职场交往中，尤其是当自己以主人的身份初次会晤重要来宾时，绝对不允许随意穿着。在职场上，人们的习惯性看法是：一个人会晤他人时的衣着，往往与自己对对方的态度相关。

参与正式会晤时，职员衣着的款式应当庄重、大方，衣着的外观应当干净、整洁，衣着的搭配则应当中规中矩。从整体上讲，参与者需要一丝不苟地对待会晤时的个人衣着问题。

第七节　饮　食

在正规的场合，不论就餐还是享用饮料，均有其适用的礼仪规范。在正式交往中款待来宾时，饮食虽非重中之重，但对此却绝对不能掉以轻心。

一般而言，接待来宾时的饮食安排应遵循下述四项基本规则：主随客便，量力而行，简单隆重，安全卫生。

具体来说，在接待来宾时，准备饮料与准备宴请又各有不同的礼仪规范。

一、饮料的准备

众所周知，接待公务客人时，并非每一次都要为其备餐。但是，在任何情况下，为其准备饮料却是必需的。倘若在接待来宾时缺少斟茶倒水这一环节，难免就会失礼于客人。

在为来宾准备饮料时，对下列四个方面的具体问题均需予以重视。

1. 饮料的品种

在一些中国人眼中，待客的饮料往往是与茶水画等号的。在职场交往中接待客人时，饮料的品种则最好能有多种选择。

准备饮料的基本考虑应当是：既能为客人补水解渴，又较为时尚、有利于健康，并且饮用方便。为此，应重视如下两点：

一是备齐常规品种。倘若本单位公务交往十分频繁，经常高朋满座，那么不妨尽量多备上几种饮料，以满足来宾的不同需要。

根据一般经验，用以招待公务客人的常规饮料应当包括：茶水、咖啡、汽水，以及矿泉水等。备齐上述各种饮料，通常就可以适应来宾的不同口味要求了。

在正常情况下，经常接待来宾的单位或部门，至少都要备有茶水、矿泉水这两种常规饮料，以保证来宾需要时可以有所选择。如果仅给来宾提供一种饮料，难免会出现不能够满足对方实际需求的情况。

二是照顾来宾需要。与用餐相似，在饮料需求方面，人与人之间也多有不同。具体而言，在对饮料的偏好上，人们既有共性又有个性。

就共性来讲，以地域来划分，北京人爱喝花茶，上海人爱喝绿茶，福建人爱喝乌龙茶，云南人爱喝普洱茶，新疆人与内蒙古人则爱喝奶茶。而除少数国家的人士接受红茶、奶茶或柠檬茶之外，绝大多数外国人实际上对中国人所嗜好的热茶是不敢恭维的。对他们来说，一杯咖啡、一听可乐或一瓶冰水，才真正适得其所。

就个性来讲，人与人之间在对饮料的偏好上千差万别。接待来宾时，若能对对方尤其是主宾在这方面的特殊要求予以满足，则必定会使对方有备受重视之感。

2. 饮具的卫生

在现代社会中，健康颇受人们的关注。在职场往来中为来宾准备饮料时，饮料的卫生特别是饮具的卫生问题，接待人员必须认真对待。

处理饮具的卫生问题，通常有如下四个要点应予重视。

一是使用专用的饮具。不同的饮料，往往对饮具有不同的要求。在选择饮具时，若能使其与饮料的具体品种相配套，无疑会提升档次。

二是使饮具完好无损。在为来宾选择饮具时，务必事先认真加以检查。凡是外观上存在明显缺损的饮具，一定要加以剔除。

三是对饮具严格消毒。凡为来宾所准备的饮具，必须依照规范的程序定期进行消毒保洁。一定要做到：不向来宾提供未曾消毒保洁的饮具或者消毒保洁不严格的饮具。

四是提供一次性饮具。在不影响饮料口味及其饮用的前提下，在招待来宾时应尽量选用一次性饮具。它们相对而言比较卫生，而且也不会使来宾担心自己重复使用别人已用过的饮具。

3. 饮用的方式

在正式接待来宾时，供来宾享用饮料的具体方式多有讲究。一般来说，常见的方式有下述三种。

一是提前备好。此种方式，指的是在来宾抵达前，将已准备的饮料摆放于现场。当来宾需要时，由其自行取用即可。它通常适用于来宾较多的场合，或是诸如谈判、会议等忌讳外界干扰的场合。

二是现场添加。所谓现场添加的方式，指的是在来宾到场落座后，再由专门的服务人员随时为之斟倒、添加饮料。这一方式多适用于一些比较轻松的场合，诸如礼节性会晤等。它的好处是可以随时满足来宾需要，不足之处则是有可能频频地打扰对方。现场为来宾添加饮料的具体做法：可以是始终为之提供某一种饮料，随喝随续；也可以是同时为对方提供多项选择，由其自行选择。添加饮料时，通常讲究“杯满七分”，切忌满杯使饮料溢出。

三是用者自助。有时，为了减少服务人员对宾主交谈的打扰，或是为了保证饮料的新鲜，可以在待客现场的某处放置多种饮料及其饮具，当来宾需要时可自行取用，此种方式称为用者自助。举行公务会议时，此方式往往是一种极好的选择。

4. 提供的顺序

在较为正式的场合，由主方人员负责向在场之人一一提供饮料时，其具体顺序有着一定之规。按照惯例，提供饮料的具体顺序应兼顾如下四项规则。

一是先宾后主。当宾主同时在场时，出于对来宾的尊重，通常在提供饮料时应当优先考虑来宾。其后，才应向主方人士提供。

二是先高后低。倘若宾主双方需要饮料者均不止一人时，不论为哪一方人员服务，均应以其具体地位的高低为序，自高而低地循序而行。

三是先近后远。若不了解服务对象的具体身份，向其提供饮料则可自距自己最近者开始，由近而远地依次进行。

四是先女后男。在涉外交往中讲究“女士优先”，因此在提供饮料时应以在场的女士为先。

在社交场合，往往讲究主人亲自为来宾尤其是贵宾斟茶续水。在公务交往中，此项工作则通常由专门的服务人员或秘书代劳。

二、宴请的准备

不论接待远道而来的客人，还是接待较为重要的客人，东道主一方均有必要为对方备餐。凡较为正式的、用以专门招待来宾的饭菜，均可称为宴请。在公务交往中宴请来宾时，东道主一方在礼仪方面应主要考虑气氛、形式、菜肴、席位四个方面的具体问题。

1. 气氛

一次宴请能否成功，现场气氛的好坏通常至关重要。凡是成功的宴请，其现场的气氛必定轻松而愉快、热烈而隆重。下列三点，通常都对宴请的气氛有很大的影响：

一是人员。在职场上，人们往往将“聚会”视为宴请的本质。所谓“酒逢知己千杯少，话不投机半句多”。要确保宴请的气氛良好，东道主一方在拟订出席者名单时必须三思而行。

在一次正式的宴请中，谁来主持、谁来作陪、有多少人到场等诸多问题，均直接关系到此次宴请的规格。在考虑此类问题时，应尽量邀请与来宾身份相近、志趣相投、较为熟悉、关系较好者到场。最重要的是，千万不要邀请与来宾尤其是与主宾存在某种矛盾纠葛者出席。必要时，应事先征求主宾对宴会出席者名单的具体意见。

二是环境。一般来说，公务宴请与私人家宴显然有所不同。如果说私人家宴是重在“内容”，那么可以说公务宴请中的环境这一“形式”则非常重要。在公务宴请中，现场环境既决定着此次宴请的档次，又直接影响到宴请现场的气氛，这一问题是东道主必须认真予以考虑的。

宴请现场的环境，在此主要是指宴请的地点及其周边地带的具体条件与状况。宴请宾客时，对现场环境的具体要求主要有下列三点：

其一，环境安全。本着“安全至上”的原则，宴请现场环境若不够安全，则宁可将其取消，或易地进行。

其二，环境卫生。若就餐者对宴请现场的环境卫生感到不满，往往会大倒胃口。

其三，环境幽雅。如果宴请现场的环境幽静、雅致、优美，无疑将会为宴请平添一种高雅的气氛。

三是话题。在宴请进行时，缄默寡言或信口开河显然都是不合适的，此刻往往需要由主人出面，有意识地对餐桌上的话题进行引导；一旦有人在餐桌上选择了不适当的话题或者酒醉乱讲，主人不仅不应当参与，而且还应当设法转移话题。

一般而言，人们在餐桌上所选择的话题应当是“轻”“乐”“远”的话题。所谓“轻”，是要求话题轻轻松松；所谓“乐”，是要求话题可以令人开心一笑；所谓“远”，则是要求话题应当远离具体的业务。在餐桌上选择过于严肃的话题、存在争议的话题或者庸俗低级的话题，都是极不明智的。

2. 形式

任何一次宴请，都有其特定的具体形式。宴请的具体形式不同，往往直接关系到宴请的档次高低。考虑宴请的具体形式时，必须兼顾下列三点：其一，来宾的身份。其二，双方的关系。其三，职场的惯例。

目前，就国内所通行的习惯做法来说，单位宴请来宾的具体形式主要有以下几种：

一是工作餐。工作餐，通常是人们在工作进行中所用的便餐。多见于午餐，并且大多以套餐或自助餐为基本形式。一般来说，工作餐讲究的是简单、方便、随意与适量。除相关人员之外，招待来宾用工作餐时，不需要邀请其他人士作陪。在具体内容上，通常则不安排高档菜肴与烈性酒水。

二是招待会。招待会，一般指的是规模较大、用以招待多方来宾的一种较为正式的宴请。它大都在节庆日或者重要的公务活动中举行，并且拥有一定的主题。比较而言，招待会所重视的是形式而不是内容。它的举办地点，通常都比较讲究。其具体内容不论是桌餐还是自助餐，往往都比较简单，一般均不安排正餐。

三是便宴。有时，东道主一方会在本单位内部餐厅或社会上的营业性餐馆宴请来宾。便宴的参加人数较少，但菜肴档次较高；它不讲究程序、座次或衣着，但却要求一定水准的就餐环境。便宴一般适用于款待较为正式的客人。从某种意义上讲，便宴属于一种内部宴请。

四是正式宴会。在各类宴请中，正式宴会是最正式、最隆重的一种。它多于傍晚举行，适合较为正式的场合，对于菜肴、酒水、座次、环境、音乐乃至参加者及其衣着，它均有一定之规。根据惯例，它多在重大活动或招待重要人物时举行。在一般性的公务接待中，并非每次都要安排正式宴会。

需要强调的是，为了体现出公务交往中的公私有别，在接待来宾时，民间常见的家宴与社会上所流行的“私房菜”“网红菜”并不为职场所看重。

3. 菜肴

在各种形式的宴请之中，菜肴都是当仁不让的主角。因此，每一个单位在宴请来宾时，均应对菜肴的安排认真加以推敲。对下列四个问题，一定要加以特别的重视。

一是讲究适量。宴请客人时，既要讲究热情友善，又要反对大吃大喝、铺张浪费。子曰：“礼，与其奢也，宁俭。”因此，在安排具体的菜肴时，一定要力求少而精，没有必要过分地追求菜肴的档次与道数，关键是要确保质量与分量，并量力而行。应当指出的是：适量是公务宴请的第一要求，它是职场所推崇的“务实为本”这一理念的具体体现。

二是风味可口。常言道：“食无定味，适口者珍。”在宴请来宾时，要尽量使所选菜肴适合对方的口味，为此要认真了解对方在口味上的偏好与禁忌。这一问题，实际上又具体涉及下列两个方面：其一，要照顾来宾对菜肴的特殊偏好。其二，要回避来宾在菜肴方面的独特禁忌。诸如来宾尤其是主宾的个人禁忌、健康禁忌、职业禁忌、民族禁忌、宗教禁忌等，均不宜触犯。

三是具备特色。在力所能及的前提下，宴请客人时所上的具体菜肴一定要具备自身特色。大凡宴请，除了讲究“吃环境”之外，推崇的就是所谓“吃特色”。在涉外宴请中，讲究的是“国家特色”；在国内宴请中，讲究的是“地方特色”；在跨民族宴请中，讲究的是“民族特色”；在知名菜馆所举办的宴请中，讲究的则是“本店特色”。只要真正使所选菜肴具备特色，宴请往往就有可能获得极大成功。

四是当季为佳。子曰：“不时，不食。”宴请时所安排的肉类、海鲜、河鲜、蔬菜、水果，均应选择当季的时令之物。

4. 席位

在正式宴会上，通常对席位的安排都有特定的要求。正式宴会上席位的排列，实际上又涉及席次与座次两个具体问题。

一是席次。席次又称桌次，它指的是赴宴者需分桌就座时，各桌的具体顺序。排列席次的礼仪惯例有以下四个要点：

其一，以右为上。当宴会厅内餐桌有左右之分时，一般应以面对正门时的右侧一桌为上桌（见图 2－22）。

其二，内侧为上。当餐桌距离宴会厅正门有远近之分时，通常以距其较远者为上桌（见图 2－23）。

其三，中央为上。当多张餐桌一起排列时，大都应以居于其中央显著地位的一桌为上桌（见图 2－24、图 2－25）。

其四，近高远低。当主桌确定后，其他席次均应据此而定，一般距主桌近者席次

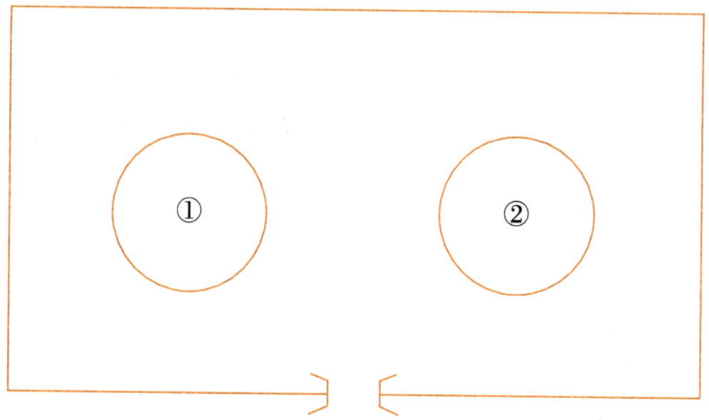

图 2 - 22　宴会席次的排列之一

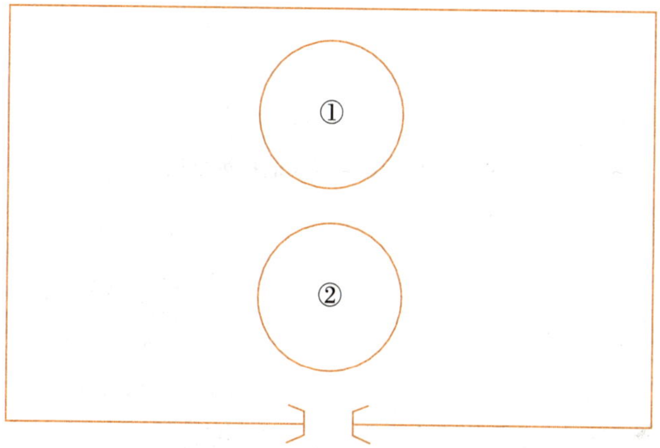

图 2 - 23　宴会席次的排列之二

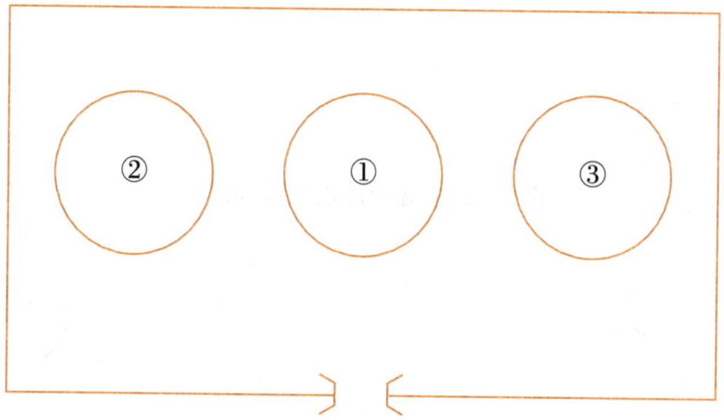

图 2 - 24　宴会席次的排列之三

较高，距其远者则席次较低。

在排列席次的具体实践中，上述四项规则往往是交叉在一起运用的（见图 2 - 26、图 2 - 27、图 2 - 28、图 2 - 29、图 2 - 30、图 2 - 31、图 2 - 32、图 2 - 33）。

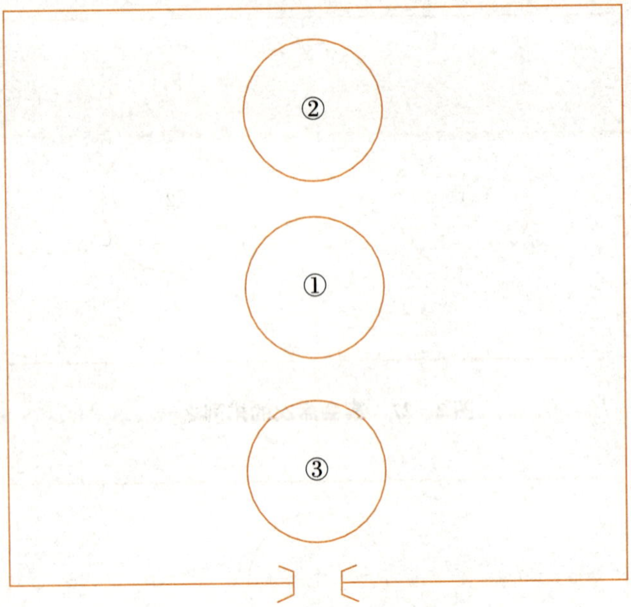

图 2-25　宴会席次的排列之四

图 2-26　宴会席次的排列之五

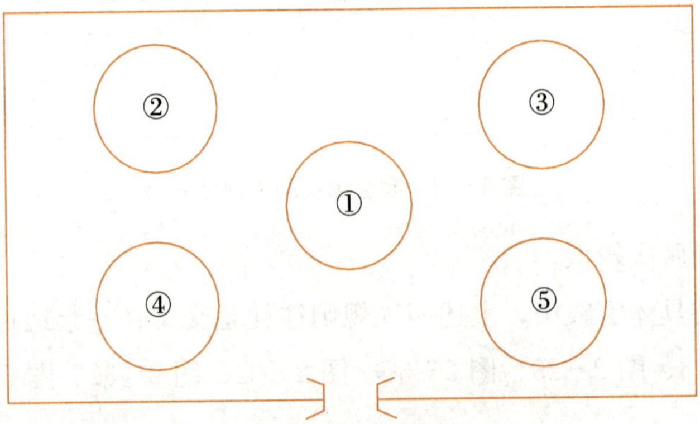

图 2-27　宴会席次的排列之六

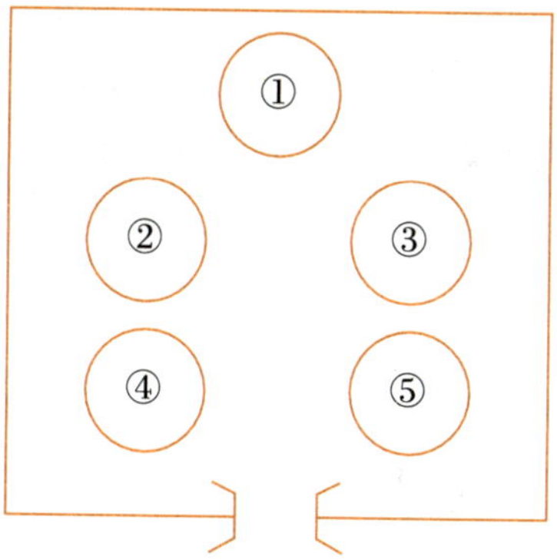

图 2-28　宴会席次的排列之七

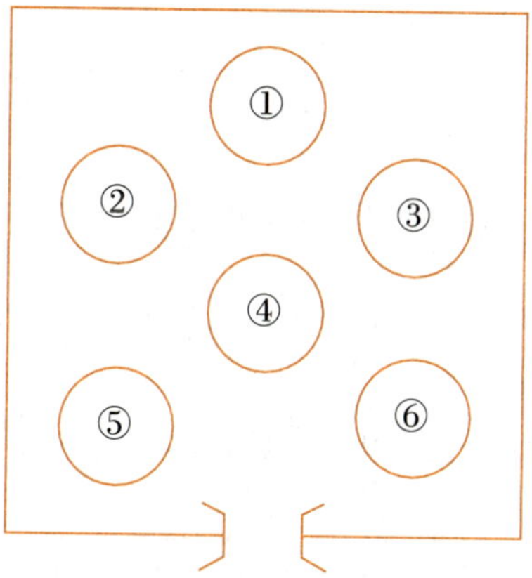

图 2-29　宴会席次的排列之八

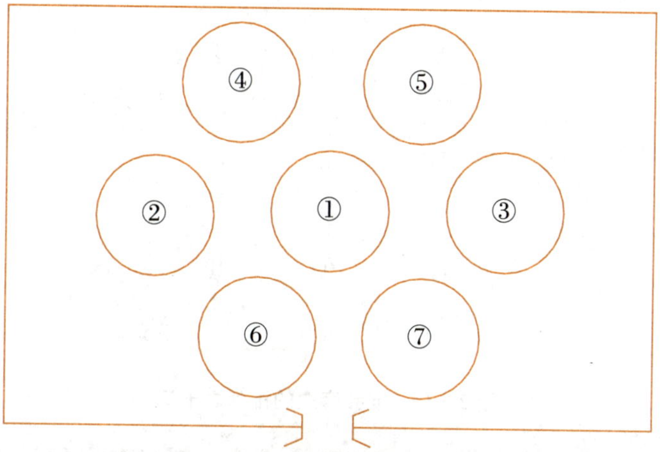

图 2-30　宴会席次的排列之九

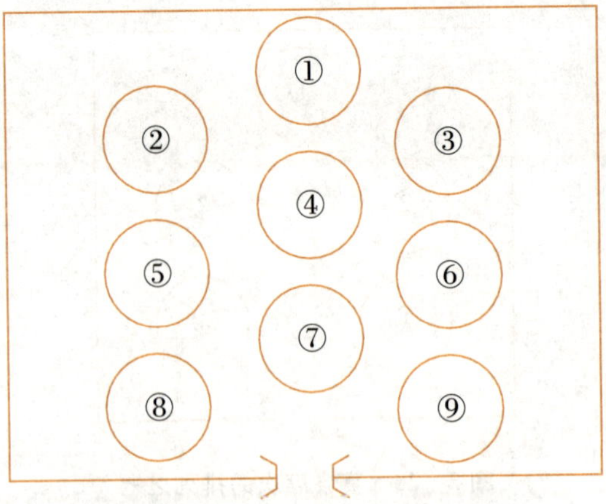

图 2-31　宴会席次的排列之十

图 2-32　宴会席次的排列之十一

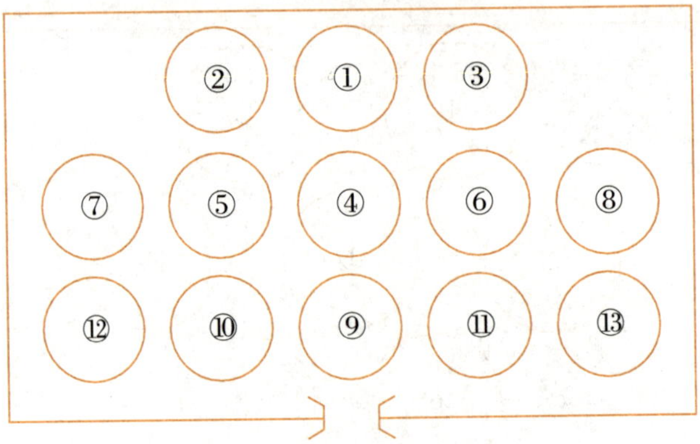

图 2-33　宴会席次的排列之十二

二是座次。在正式宴会上，不仅餐桌讲究顺序，而且各桌的具体座次亦有差别。在排列每一张餐桌上的具体座次时，大都应遵循下述规则：

其一，主人面门。一般情况下，一张餐桌上面对宴会厅正门并且居中之位应由主人就座。

其二，主宾居右。正式宴会上的座次排列，通常要求遵守“右高左低”的国际惯例，主人的右侧之座宜请主宾就座。

其三，分侧排列。在餐桌上，为了便于宾主双方进行交际应酬，一般都会有意识地按主左客右的惯例将其分在两侧安排。若进行交叉排列，有时并不便于宾主双方交谈或用餐。

其四，主桌为重。当宴会的餐桌数量较多时，排列座次的重点应为主桌。其余各桌的座次可以比照主桌安排座次的规则排列，也可以由大家自由就座。

其五，身份相仿。当来宾较多时，一定要有意识地将身份、地位相近者安排在一起，以避免其身份、地位较为悬殊而导致的沟通障碍。

在具体排列座次时，不仅应将以上规则予以综合运用，而且还应当兼顾圆桌、长桌与方桌在排列座次时各自的差异之处。

第一，圆桌的座次排列。圆桌在目前国内的正式宴会上最为多见。圆桌的座次排列，既讲究就餐者在每张餐桌上的人数宜为双数，又有单一主人与双主人之别（见图2-34、图2-35、图2-36）。

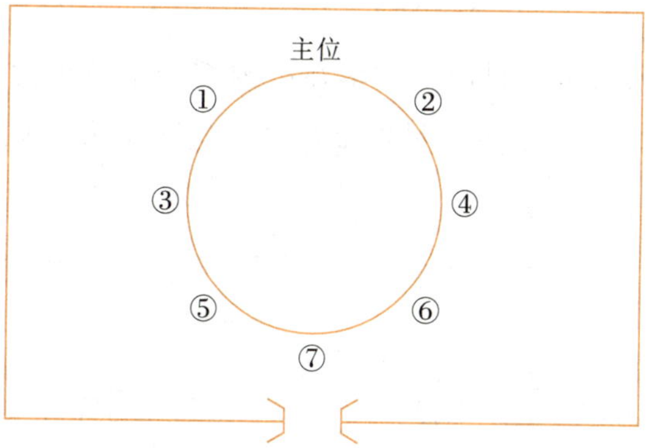

图 2-34　圆桌的座次排列之一：单一主人

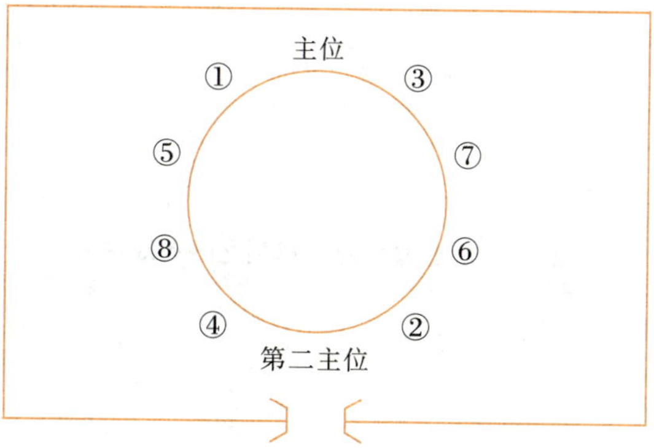

图 2-35　圆桌的座次排列之二：双主人

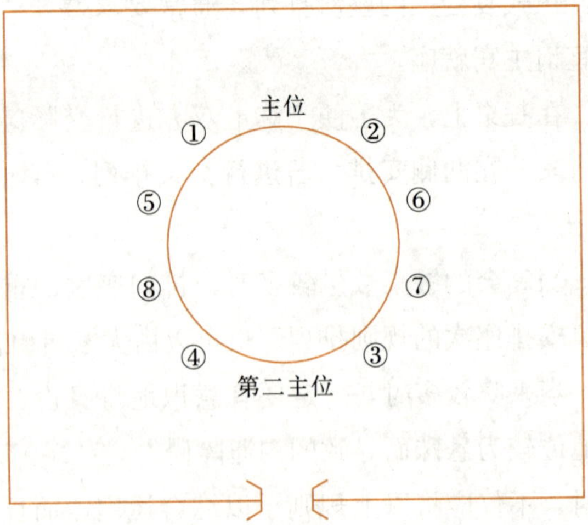

图 2-36　圆桌的座次排列之三：双主人

第二，长桌的座次排列。长桌在一般宴请之中也时有所见。排列长桌时，既可以单独排列一桌，亦可将多桌摆放在一起，构成一定的图形。但一般而言，长桌比较适合双主人的情形（见图 2-37、图 2-38、图 2-39、图 2-40、图 2-41、图2-42、图 2-43）。

第三，方桌的座次排列。目前，方桌在国内宴会中较少使用，在西式宴会中则时有出现。它亦可分为单一主人（见图 2-44）与双主人（见图 2-45）两种基本情况。

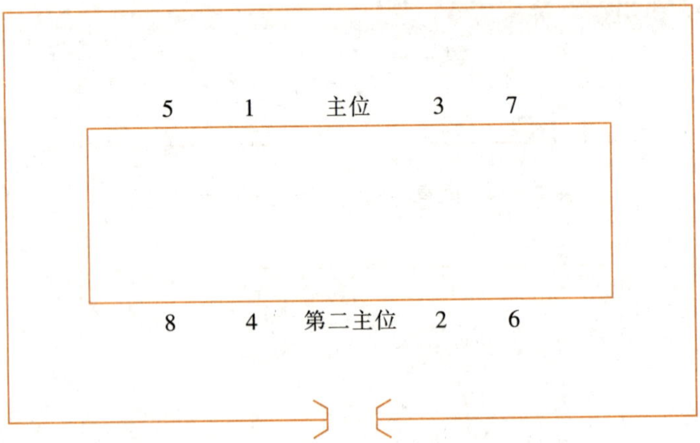

图 2-37　长桌的座次排列之一：双主人

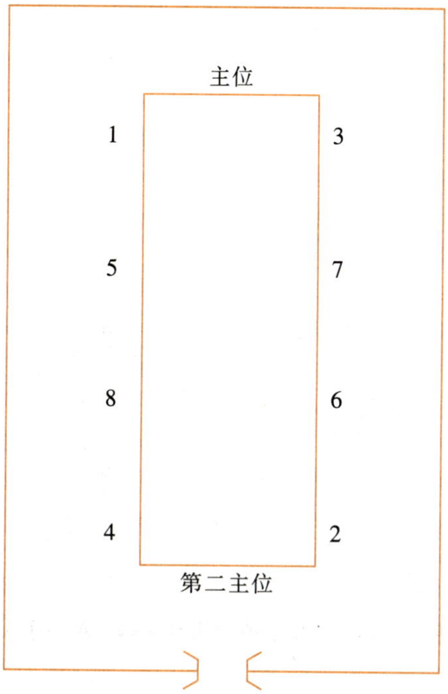

图 2-38　长桌的座次排列之二：双主人

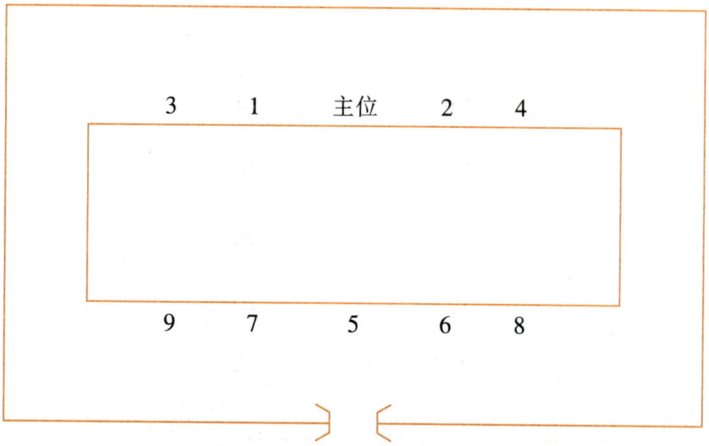

图 2-39　长桌的座次排列之三：单一主人

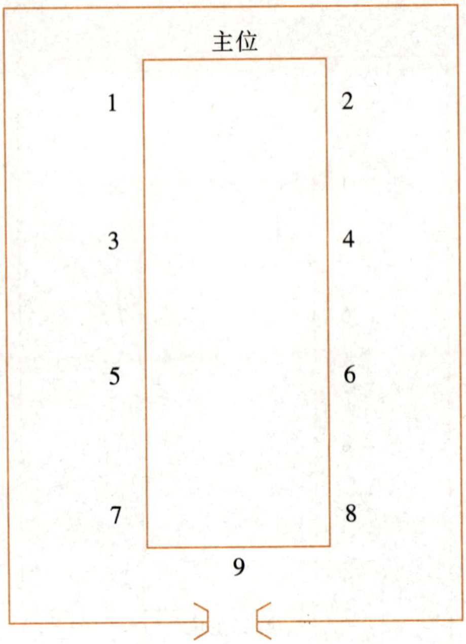

图 2-40　长桌的座次排列之四：单一主人

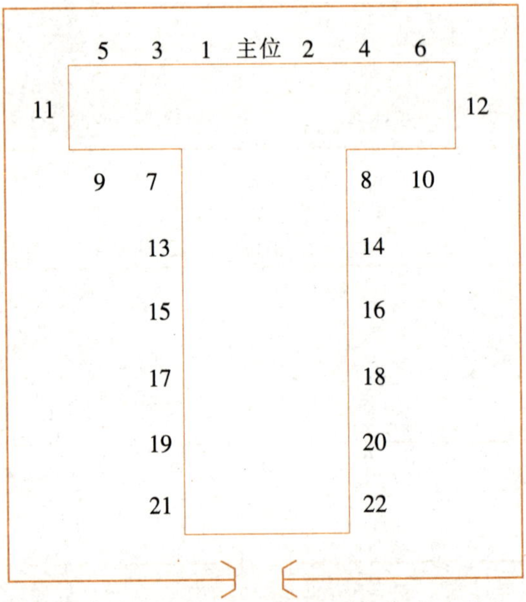

图 2-41　长桌的座次排列之五：单一主人之“T”形

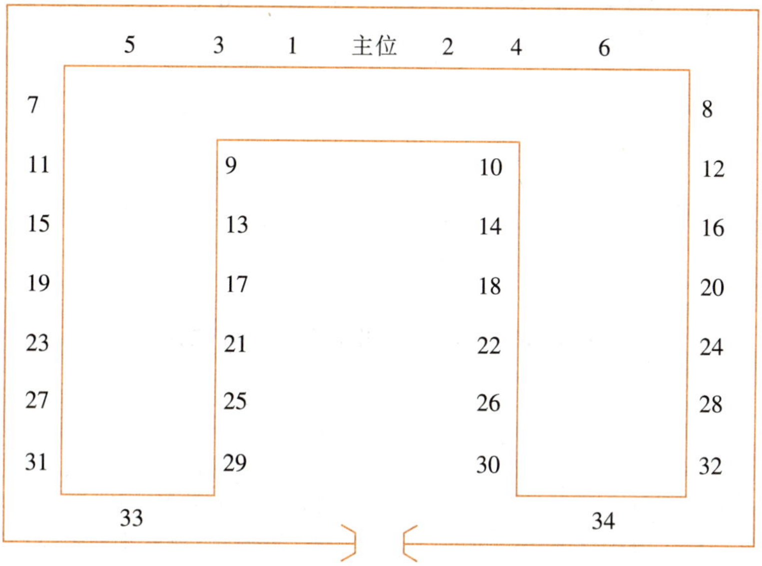

图 2-42 长桌的座次排列之六：单一主人之“冂”形

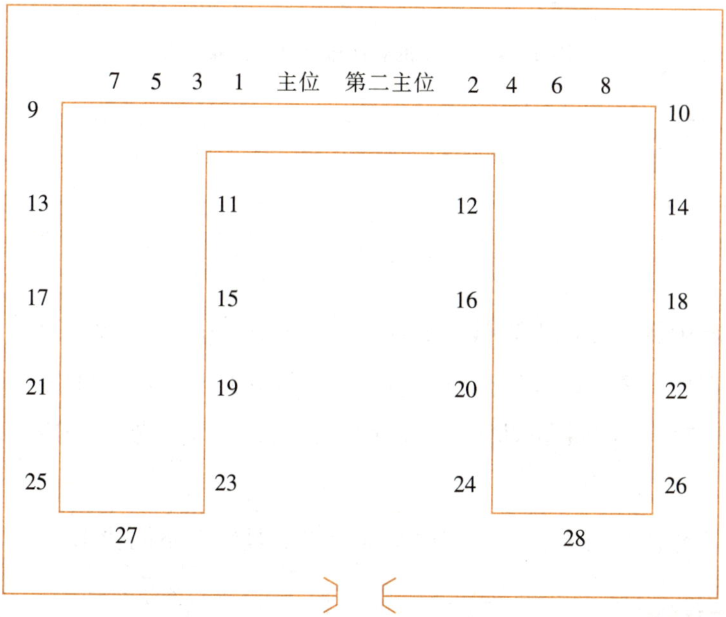

图 2-43 长桌的座次排列之七：双主人之“冂”形

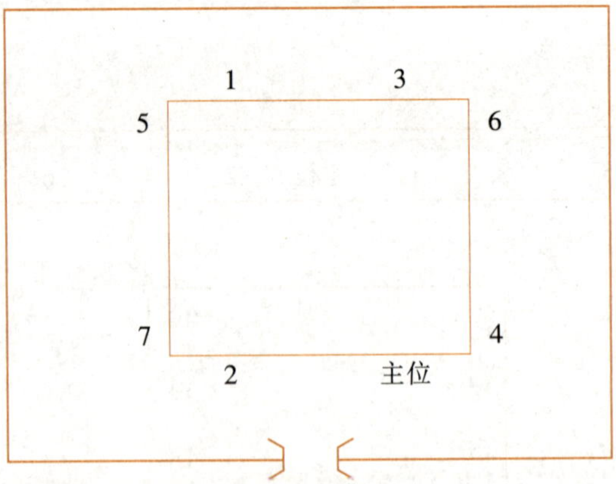

图 2-44　方桌的座次排列之一：单一主人

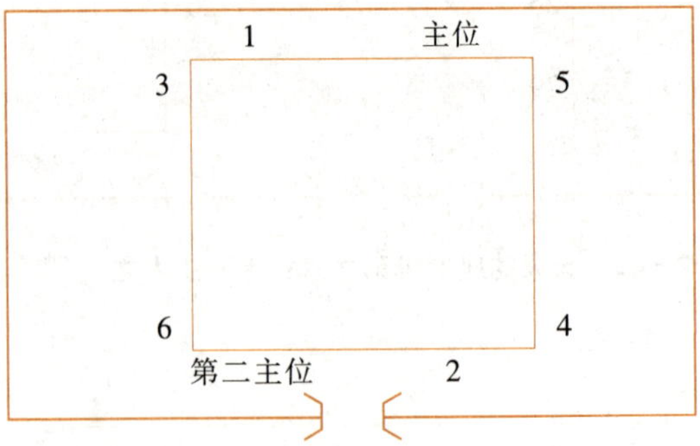

图 2-45　方桌的座次排列之二：双主人

第八节　住　宿

在职场往来中接待外地来宾时，东道主一方自然不能不考虑对方的住宿问题。按照职场交往的惯例，来宾的住宿既可以由主人负责为其解决，又可以由来宾自行解决。对东道主一方而言，不论来宾具体采用何种方式解决住宿问题，均应主动向对方提供必要的帮助。

以下分别简介住宿由主方负责与由来宾负责的具体的不同要求。

一、由主方负责

一般情况下，在接待来宾时，东道主一方应主动提议为对方负责解决住宿问题。下列五个要点应予以充分注意。

1. 宾馆的档次

一般来讲，在接待公务客人时，均应将其安排在服务规范、管理严格的宾馆里住宿。可能的话，正规的星级宾馆、精品酒店应当作为首选。若无特殊原因，不应将来宾尤其是重要的来宾安排在普通民宿、快捷酒店、内部的招待所、职员的家里或者其他临时应付之处住宿。

选择具体的宾馆时，关键是要注意其档次。具体来说，需要考虑下述几点：

一是实际需要。目前，国内的星级宾馆一共分为以下五个星级：一星级宾馆讲究的是卫生；二星级宾馆讲究的是舒适；三星级宾馆讲究的是规模；四星级宾馆讲究的是高档；五星级宾馆讲究的是文化。此外，还有个别白金五星级酒店，讲究的则是超豪华。这些宾馆基本上已同国际水准接轨。主方为来宾进行具体安排时，应优先考虑对方的具体需要。

二是接待规格。在安排来宾住宿时，各单位都有自己所内定的接待规格，对此理当严格参照执行，不要轻易更改。

三是待遇对等。倘若来宾一方曾经安排过我方人员的住宿，并且双方身份、地位又相近时，则我方在为对方安排住宿时，不妨参照对方的标准执行，以示双方“礼尚往来”、待遇对等。

2. 宾馆的口碑

为来宾选择住宿的具体地点时，务必选择具有良好口碑的宾馆。一家星级宾馆的口碑，实际上主要取决于如下两个方面：

一是硬件。一家宾馆的硬件，在住宿客人眼里的直接体现就是其环境是否舒适、设施是否配套。一般来说，宾馆的内外环境至少应当赏心悦目，清洁卫生，不显陈旧。卧房、浴室、卫生间、内部餐厅等，应当能够满足客人的基本生活需求。此外，宾馆里还应拥有商务、通信、健身、娱乐、购物、医疗、互联网以及 Wi-Fi 等常规配套的服务性设施。

二是软件。对客人而言，一家宾馆的软件不仅包括其管理水准与服务水准，而且还包括其社会知名度、美誉度与认同度。这些要素，均是确定其社会评价的基本尺度。

3. 宾馆的具体位置

为来宾具体选择宾馆时，对其坐落的位置也颇有讲究。从总体上来看，对以下三个方面的问题应加以兼顾。

一是交通是否便利。选择宾馆时，交通条件需要首先加以考虑，具体包括：其一，要看宾馆周边交通状况是否顺畅。其二，要看宾馆距本单位或来宾主要活动地点的远近。其三，要看宾馆与主要交通枢纽的距离。

二是治安是否良好。为了维护来宾的人身安全，在选择宾馆时，必须对宾馆内部及其周边地区的治安情况有所了解。若宾馆在治安方面存在欠缺，其他条件再好也不应考虑。

三是市容是否优美。宾馆所在地区及其沿途的市容、市貌，往往会直接影响到客人对宾馆乃至其所在城市的基本评价。因此，要尽力选择此类条件上佳的宾馆。

4. 客人的要求

东道主一方在负责为来宾选择宾馆时，不仅要多与对方进行协商，更要努力满足对方的一切合理要求。按照常规，客人在这一方面的具体要求主要可以分为下述三类：

一是对房间方面的要求。星级宾馆里的正规客房，一般都分为总统套房、行政套房、高级客房、普通客房等多种类型。普通客房又有三人间、双人间与单人间之别。这些类型不同的房间，不仅其内在的配套设施与配套服务各有不同，而且其具体的收费标准往往也相差很大。对所住客房，不同身份、不同能力、不同习惯的客人，通常有着各不相同的具体要求。

二是对生活方面的要求。在安排来宾的客房时，还应注意其具体的生活习惯。例如，有人喜欢朝阳的客房，有人则喜欢阴面的客房；有人喜欢临街的客房，有人则喜欢背街的客房；有人喜欢安静、易于观赏景致的客房，有人则对此无所谓。了解客人的此类要求，有助于主方安排住宿工作的顺利进行。

三是对活动方面的要求。当客人大多数时间停留于宾馆时，往往还需要征求其对有关活动方面的一些要求。例如，客房与餐厅、会议室应最好位于同一主体建筑之内，宾馆附近应设有较为宽敞的停车场，等等。此外，喜欢运动的客人大都希望宾馆内部设有游泳池、健身室、桑拿房等。

5. 合理的分配

在职场接待中，往往有可能在同一时间里将多方客人安排在同一家宾馆之内住宿。有时，东道主一方的有关人员还有可能因陪同来宾住宿于同一家宾馆之内。此刻，便产生了合理分配客房的问题。负责此项具体工作的人员，必须注意做到下列四点。

一是先宾后主。在同时向宾主双方的有关人员分配客房时，一定要优先照顾来宾，这是东道主一方待客的基本礼仪准则。

二是平等待人。当同时安排多方来宾时，应当尽量将身份、地位相仿者安排在同一档次的客房之中，以示东道主一方对待来宾并非厚此薄彼。

三是相对集中。为了便于统一行动与联络方便，应当尽量将来宾尤其是同一单位的来宾集中安排在同一宾馆、同一建筑、同一楼层之内。必要时，还应提供同一单位来宾被安排在不同客房住宿者的姓名、房号以及房间的电话号码。

四是联络方便。当东道主一方派人陪同来宾在宾馆住宿时，应尽量将其客房安排在来宾所下榻的客房附近，并且将陪同人员的房间号码、电话号码、手机号码等一一告知陪同对象，以便与对方随时保持联系，并做到随叫随到。

二、由来宾负责

目前，在职场交往中，为了在经济上分清责任或是为了自己的行动方便，不少单位在派人前往异地洽谈生意时，往往自行解决住宿问题，而并不有劳于东道主。

当来宾自行解决住宿问题时，主要应在预先明确、提前预订、要求协助三个具体方面予以注意。

1. 预先明确

如果来宾决定自行解决住宿问题，则一定要尽可能早地告知接待方，以防止对方劳而无功。具体而言，来宾向接待方预先明确自行负责住宿时，务必做到详尽、准确。它通常又分为下述几种具体情况，不宜混为一谈。

一是完全自行负责。它是指从预订、缴费、离开等一系列过程完全都由来宾自己负责。

二是自行负责缴费。它是指住宿宾馆的具体费用由来宾自己负责，而在其他方面则往往需要接待方提供一些必要的协助。

三是自行负责联络。有些来宾，因为生活习惯或者其他方面的个人偏好，喜欢自己选择中意的宾馆，或者喜欢在以前自己所住过的宾馆及其连锁宾馆里下榻。因此，他们往往更愿意由自己指定、联络宾馆。

2. 提前预订

由于宾馆在接待上具有明显的旺季与淡季之分，为了确保自己在住宿方面称心如意，来宾可以自己出面提前预订宾馆的房间。有时，亦可委托接待方代劳。

需要提前预订宾馆的客房时，下述两点一定要多加注意。

一是方法有效。目前，向星级宾馆提前预订客房，主要有如下三种可行的具体方法：

其一，临时性预订。此种预订方法最为简单。它指的是来宾在抵达某地之前，或者抵达某地的当天，向拟住宿的宾馆所进行的不预交订金的预订。

其二，确认性预订。它指的是来宾预订客房之后，这些客房将被宾馆保留至双方事先商定的某一特定时间。这一预先约定的具体时间超过以后，那些预订的客房将不再为来宾预留。进行确认性预订，可采用口头确认与书面确认等具体的方式。具体来说，打电话、发传真、发电子邮件、使用相关的预订软件等，都是可行的。不论在国内还是在国外，这些方法时下最为通行。

其三，保证性预订。它指的是来宾在预订房间时，按照宾馆的要求，以预付订金、押存支票或订立合同的方式，向宾馆所做出的保证。一般而言，此种预订方式往往被视为万无一失，最为保险。

按照经验，在以上三种预订客房的方法之中，后两种方法较受宾馆方面的欢迎，因而也较为常用。

二是内容具体。向宾馆预订客房时，有关人员一定要在具体内容上细致入微，以免误事。必要时，在通报完相关内容后，还需要一一加以确认。

其一，明确房间。在预订客房时，不仅要明确房间的间数、档次，而且还应具体确定其所在楼层、朝向以及房间号等。

其二，明确时间。在预订客房时，一定要明确三个方面的具体时间：第一，抵达与离开的日期。第二，抵达的具体时刻。第三，要求确认预订的最后时间。

其三，明确费用。在预订客房时，对于所订房间的报价、实价、折扣、附加费用，以及是否提供免费早餐等，均应一一不厌其烦地予以明确。如果此时图省事，事后就有可能会很麻烦。

其四，确定联系人。为了便于宾馆与客房预订者之间进行必要的联系，通常在预订客房时不仅要留下专门的联系人姓名，而且还应当向对方提供有效的联络方式。

其五，确定有效期。在预订客房时，宾馆一方通常会向客人提出一定的为其保留房间的“有效期”，以示“过期不候”。因此，预订者应对此予以明确。需要指出的是，一旦来宾自己决定放弃预订而另择他处住宿，亦须向宾馆及时进行通报，以免浪费对方的资源。

3. 要求协助

有时，来宾在自行解决住宿问题时，往往也会要求接待方提供某些必要的协助。来宾在提出此类要求时，不能对接待方过于苛求。接待方则应对来宾提出的此类要求尽力予以满足。

来宾在此方面所提出的要求，大体上会有下列三种：

一是相关资讯。当地宾馆的分布情况、不同宾馆的服务特色、宾馆的正常收费标准等相关资讯，往往都是来宾所关心并有可能要求接待方予以提供的。

二是交通工具。有些来宾为了来去与外出活动的方便，有时会要求接待方提供轿车等交通工具，以满足自己的实际需要。

三是陪同人员。来宾为了工作上的便利、行动上的自由，或是为了更好地开展工作、更为深入地了解本地的情况，有时会主动要求接待方为其提供陪同人员，从而能够得到必要的帮助或服务。

第九节　礼　品

在职场上，经常会遇到与礼品相关的问题。职员就此不仅需要表明本人的态度，而且还应采取相应的行动。美国商务礼仪专家简·亚格尔指出："一般说来，公务上的礼品互赠是为了传递善意。赠送礼品乃是一种方式，主要意在对他人表达好感。"

礼品又称礼物，在职场交往中，它指的是为了表示尊重、庆贺或纪念而向他人正式赠送的物品。按照礼仪规范，礼品礼仪的核心问题是"送什么"与"如何送"，此二者亦被称为礼品礼仪的基本要素。

一、选择礼品

在人际交往中，不论向何人赠送礼品，首先都会面临"送什么"这一基本问题。选择礼品，实际上就是指对这一基本问题的具体处理。倘若向他人赠送礼品时，在"送什么"上产生了差错，则必将直接对双方关系构成一定的影响。

在较为正式的职场交往中，每个单位在为其交往对象选择礼品的具体品种时，通常都应在礼品定位、因人而异、因事而异、公私有别四个具体方面重点加以考虑。

1. 礼品定位

所谓礼品定位，此处是指礼品所具有的基本属性。在不同场合，所赠送的礼品在其具体定位上显然应当有所区别。

按照惯例，在职场上，以单位的名义向他人赠送的礼品大都具有下述四个方面的基本属性。

一是宣传性。以本单位名义郑重其事地向他人赠送礼品，显然不是随意而为，或者为赠送礼品而赠送礼品，而是具有十分明显的目的性。简而言之，任何一个单位对外赠送礼品的主要目的之一，就是要宣传自己。

既然如此，在选择以单位名义对外赠送的礼品时，都要直接或间接地使其具有向外界宣传、介绍、推广本单位的产品、技术、服务，乃至单位形象的功能。因此，本单位的主打产品、宣传画册、企业标志、建筑模型等，皆可充当正式的礼品。

二是纪念性。在职场往来之中，往往有一些重要的时刻、重要的事件、重要的活动，诸如单位成立、厂房奠基、产品下线、店铺剪彩、展览揭幕、合同签署、企业合并、荣获嘉奖、缅怀英模等，值得有关方面纪念。在此类活动中，以单位名义正式向外界赠送的礼品，往往首先需要突出其纪念特征。

一般情况下，合影照、纪念册、纪念卡、标志牌以及其他各类印有纪念性字句或图案的文创产品，都是带有明显纪念性特征的常规公务礼品。

三是趣味性。在职场上，人们在评价或结识某人时，通常都多多少少地关注其个人品位。因此，以单位名义正式向外界赠送礼品，并不一定非要强调其“含金量”，有时则更需要重视其文化底蕴、志趣品位等。

与民间交往中喜欢选择烟、酒、茶叶、水果等日常生活用品作为礼品所不同的是，职场上常常选用的礼品多为书籍、画册、雕塑、文具、皮具、电子阅读器等具有一定文化含量与档次的礼品。此外，这一类礼品的时尚与否也颇受重视。

四是实用性。以本单位名义向外界正式赠送的礼品，尤其是向同行赠送的礼品，往往优先考虑的是是否适用于受赠者。

诸如钢笔、电脑、名片夹、记事簿、公文箱等办公用品，或者领带、皮带、衬衫、手表、化妆品等职场人员常用之物，均是常见的既实用又受欢迎的礼品。在职场往来中，此类礼品屡见不鲜。在选择此类礼品时，对于礼品的品牌与档次等应予以一定程度的关注。

2. 因人而异

替某一位受赠对象选择礼品时，务必注意具体对象具体对待。在选择礼品时坚持因人而异，才是对受赠对象尊重的最佳表示。

在职场交往中，选择礼品时要真正做到因人而异，关键是要认真做到以下六个“有别”。

一是男女有别。一般而言，为同性选择礼品时顾虑较少，而在为异性选择礼品时则须三思而行。那些易于引起异性误会的私人用品，均应被排除在外。

二是长幼有别。不同年龄之人，对于礼品的需要与对时尚的关注存在着一定的差别。在选择礼品时，对受赠者的具体年龄应了解清楚。

三是行业有别。在社会上，人们有着不同的社会分工，而且各行有各行的讲究与禁忌。因此，选择礼品时应兼顾受赠者所在行业的具体状况。无论如何，礼品的选择都应以不违反本单位与受赠者所在单位的相关规定为前提。

四是兴趣有别。每个人由于其受教育程度、社会地位、个人性格的不同，往往在自身兴趣方面相差甚远。选择礼品时，务必要对这一方面的情况予以考虑。

五是亲疏有别。在人际交往中，亲疏有别是一种客观存在的现象。为他人选择礼品时，首先认真评估一下双方之间当前的关系密切与否，往往是十分必要的。

六是习俗有别。在不同地区、不同民族、不同国家之间，人际交往实质上是一种跨文化交流。人们对于同样一种礼品，通常会有不同的理解。有鉴于此，在为来自其他地区、其他民族、其他国家的人士选择礼品时，首先要对其习俗方面的基本讲究有所了解。

3. 因事而异

在公务交往之中，不论向个人还是向单位赠送礼品，往往都需要有一个具体的事由。

按照惯例，以具体事由进行区分，单位向他人赠送礼品大都意在宣传、纪念、庆祝、慰问、感谢、贺喜或者示好。若想真正达到目的，选择礼品时就必须坚持因事而异。

一是宣传。用以进行宣传的礼品，既要达到自我推介、强化印象、激发好感、争取认同的目的，又要力戒生硬、死板、乏味，或者千人一面，毫无特色可言。

二是纪念。用作纪念之物的礼品，应当着重突出其亲切、温馨、朴实之感，能够令人爱不释手，难以忘怀。礼品若在这些方面一无是处、乏善可陈，便是一种失败。

三是庆祝。当交往对象有值得庆贺之事时，理当奉上庆祝之礼，例如鲜花、贺幛等，为对方的喜庆气氛增添色彩。

四是慰问。用以慰问他人的礼品，多在对方遭逢困难、挫折、伤病或其他不幸之事时送出；重在表达支持、鼓励对方之意。

五是感谢。怀有感恩之心，是做人所应具备的一种基本素养。在必要时，以适当的具有个性的礼品专门向曾经帮助、支持过自己的单位或人士致以谢意，往往是职场礼仪的重要关注环节。

六是贺喜。当其他单位或个人遇有喜事之时，向其赠送道喜礼品，不仅可以略表寸心，而且往往也意味着双方关系较为密切。

七是示好。有些时候，选择交往对象所需要或所爱好之物作为礼品相赠，可以明显地表现出对对方的友好与亲善。此类礼品，大都讲究的是“礼轻情意重”。

4. 公私有别

在职场交往中赠送礼品时，就受赠对象而言，有单位与个人之分。向个人赠送的礼品，又有向多人赠送与向一人赠送之别。对此应当有所区分，并要注意公私有别。具体而言，就是要明确：单位与个人有别，多人与一人有别。

一是单位与个人有别。在职场交往中，向单位赠送的礼品与向个人赠送的礼品往往具有十分明显的差异。

在职场交往中向单位赠送的礼品，通常讲究外观醒目，风格凝重，寓意明确，易于陈设。鲜花、锦旗、匾额、雕塑、瓷瓶、壁挂、摆件以及其他类型的工艺品都是向单位赠送礼品时的首选之物。

在职场交往中向个人赠送的礼品，则往往侧重于品牌、品位、档次、材质、设计、式样、时尚、功能等方面。比较而言，向个人赠送礼品比向单位赠送礼品选择的余地显然要大许多。

二是多人与一人有别。在职场交往中，经常需要同时向多名客人赠送礼品，这一般被称为集体赠送或多人赠送。向多人同时赠送的礼品，关键是要讲究下列三点：其一，适应绝大多数人的需要。其二，具体品种基本相同。其三，在总体数量上确保人人有份。

与向多人同时赠送礼品所不同的是，在职场交往中向单独的某一位人士所赠送的礼品往往更注重兼顾对方的独特偏好。倘若在此方面独具匠心、高人一筹，自然会使对方产生备受重视之感。

二、赠送礼品

在礼品礼仪中，解决了“送什么”之后，随之就会出现一个“如何送”的问题。假如说前者属于赠送礼品的内容，那么后者则属于赠送礼品的形式。应当确认的是：赠送礼品时，形式与内容往往同样重要。内容有可能决定形式，形式则必然表现内容。正是因为如此，法国剧作家高乃依才会说：“赠送礼品的形式，有时比礼品本身更为重要。”

一般而言，在职场交往中向他人赠送礼品时，在具体形式上大都应当处理好时间、地点、人员、方法四个方面的问题。

1. 时间

赠送礼品的具体时间，往往有一定之规。向其他单位或个人赠送礼品，在时间方面主要应当考虑常规的时机与具体的时刻。

一是常规的时机。按照人们的习惯性做法，有些时候，循例应向交往对象赠送礼品，此即所谓赠送礼品的常规时机。它们主要是：

其一，节假日。逢年过节，或者其他一些重要的假日，人们大都免不了要互赠礼品。

其二，庆贺日。当交往对象值得庆贺之日来临之际，向其赠送礼品被视为人之常情。

其三，纪念日。在交往对象的某些重要纪念日到来时，同事、同行或亲朋好友往往习惯于向其赠送礼品。

其四，拜访日。登门拜访他人，尤其是对对方进行初次拜访时，人们一般不会空手而去。

其五，接待日。以单位名义正式接待来宾时，通常会向对方赠送一些特别订制的具有纪念意义或宣传性质的礼品。

其六，推广日。在记者招待会、产品发布会、大型博览会上，为了进行产品、技术、服务以及单位形象的推广，通常要备有一些具有宣传推广作用的赠品。

其七，告别日。在重要客人离开之前，有时也会向对方赠送一些礼品。

二是具体的时刻。在职场交往中赠送礼品的具体时刻，通常亦有约定俗成的做法。赠送礼品的具体时刻无论过早还是过晚，往往都是不适当的。

依照常规，前往他人工作之处或者其居所做客时，一般应在见面之初将礼品赠予对方。这种做法，俗称“见面礼”，它往往会令双方的交往有一个良好而愉快的开始。

当自己以东道主的身份接待来宾时，通常宜在对方告辞之前再向对方赠送礼品。如此操作，才不至于显得过于唐突。具体来讲，既可以在为对方所举行的告别宴会上向对方赠送礼品，也可以在对方临行之际，前往其下榻之处为其送行时再向对方赠送礼品。

2. 地点

赠送礼品时，选择什么样的具体地点通常值得斟酌。一般来讲，在选择向他人赠送礼品的具体地点时，应注意公私有别。为了做到这一点，通常讲究因公交往中所赠送的礼品宜在办公地点赠送，私人交往中所赠送的礼品则宜在私人居所赠送。

在实际操作中，以本单位名义向其他单位或个人赠送礼品，大多选择以下地点：

一是所在单位。这是职场交往中赠送礼品时所选择最多的地点。有所区别的是：自己充当主人时，赠送礼品的地点多为本单位；自己充当客人时，赠送礼品的地点则多为对方的所在单位。

二是工作现场。在举办座谈会、招待会、庆祝会、发布会、展示会等时，用以赠送于人的礼品多选择在工作现场向受赠者相赠。

三是公开场所。向其他单位所赠送的礼品，或者向其他个人所赠送的礼品具有一定的社会意义时，往往可以选择一些较为公开的场所，例如，大会会场、宴会厅或者贵宾室等，此种做法意在扩大影响。

四是本人居所。向个人所赠送的一般性礼品，通常均可在对方的家中或者其临时性的住所之中进行。按照惯例，向个人赠送礼品通常不宜公开进行。

3. 人员

向其他单位或个人正式赠送礼品时，必须认真考虑由谁出面赠送。此即所谓向他人赠送礼品的人员问题。在受赠者看来，它往往是礼品档次的重要组成部分。

在公务交往中，正式出面代表本单位向其他单位或个人赠送礼品的具体人员，大体上可能会有以下几类：

一是单位的负责人员。向其他单位或个人赠送礼品时，若由本单位负责人亲自出马，不仅会令这一行为本身显得郑重其事，而且往往也表达了本单位对此事格外重视。

二是委托指定的人员。有时，本单位负责人因故不能亲自出马，便会特意指定某位部门负责人作为自己的代表到场。这类人员，往往被视为地位重要的“特使”。

三是专管接待的人员。为了简化程序，在实际工作中，向其他单位或个人赠送礼品有时会由本单位的公关、礼宾人员，或者本单位负责人的助理、办公室工作人员等专门具体负责接待工作的人员直接出面。

四是工作对口的人员。向外单位的一般工作人员或者社会上的人士赠送较为普通的礼品，有时也可由与对方直接接触的工作人员负责。

五是外面委托的人员。向外单位或身处异地者赠送礼品，除可以委派专人充当“特使”之外，亦可委托顺道之人代劳，或者出资通过邮局、快递、礼仪公司等操办。

4. 方法

在正式的职场交往中向其他单位或个人赠送礼品时，对一些具体的做法必须重视。根据礼仪规范，主要应当在礼品的装饰、礼品的移交、礼品的说明三个具体方面加以注意。

一是礼品的装饰。不论向单位还是向个人赠送礼品，均应对其进行必要的装饰。礼品装饰与否和装饰的好坏，直接影响到礼品档次的高低。

其一，整洁如新。赠送礼品前，一定要对礼品认真检查，凡陈旧、过时、不洁或者出现残缺、故障等问题的物品，均不应送人。

其二，认真包装。依照惯例，凡正式向其他单位或个人赠送的礼品皆应加以认真、规范的包装。对礼品加以认真、规范的包装，通常被视为对受赠者的高度重视。

二是礼品的移交。在实际操作中，将礼品如何移交给受赠者，是赠送者必须精心考虑的。在正常情况下，任何正式的礼品，均应由赠送者移交给受赠对象，而不应由对方自取。向受赠者正式移交礼品的具体方法通常有下述两种：

其一，面交实物。通常赠送给其他单位、个人的礼品，均应由赠送者当场向受赠者呈上实物。

其二，面交礼单。假如礼品过于庞大、沉重，或者数量巨大，有时亦可由赠送者向受赠者呈上一份注明礼品具体内容、数量的礼单。此后，再据此以一定方式向对方移交实物。

三是礼品的说明。当赠送者向受赠者赠送礼品时，往往有必要就礼品的寓意、价值、用途、特征等进行适当的说明。

其一，说明寓意。阐明礼品本身的象征性意义，往往会引起受赠者对它的重视。

其二，说明价值。对礼品的普通价值与特殊价值，有时需要酌情进行说明。

其三，说明用途。当受赠者对礼品缺乏了解时，不妨对其具体用途、用法略加介绍。

其四，说明特征。向受赠者指出礼品的特殊之处，亦有可能使对方对礼品刮目相看。

第十节　轿　车

不论在什么时候，职员需要外出时，轿车通常都是其首选的交通工具。由于职员使用轿车较为频繁，故对相关的轿车礼仪必须自觉地加以遵守。

在日常的工作与交往中，尤其是在礼宾工作中，职员所应遵守的轿车礼仪主要包括轿车的位次、轿车的驾驶两个方面的基本内容。

一、轿车的位次

在正式的场合，与其他人一同乘坐轿车时，特别是在迎来送往时，难免会碰上轿车的座次问题。职员所遇到的轿车的座次问题，通常主要是指轿车上的位次与上下车的顺序。

1. 轿车上的位次

排定轿车上的具体位次时，不同数量座位的轿车往往在排座时具体做法各异。而在同一种轿车上，驾车者的实际身份通常也会对排座构成明显的影响。

目前，中国（港澳台地区除外）常见的具体情况有：

一是双排四座轿车。当主人驾驶此种轿车时，其位次自高而低依次应为：副驾驶座、后排右座、后排左座。当专职司机驾驶此种轿车时，其位次自高而低依次应为：后排右座、后排左座、副驾驶座（见图 2-46）。

图 2-46　双排四座轿车的位次排列

二是双排五座轿车。当主人驾驶此种轿车时，其位次自高而低依次应为：副驾驶座、后排右座、后排左座、后排中座。当专职司机驾驶此种轿车时，其位次自高而低依次应为：后排右座、后排左座、后排中座、副驾驶座（见图 2-47）。

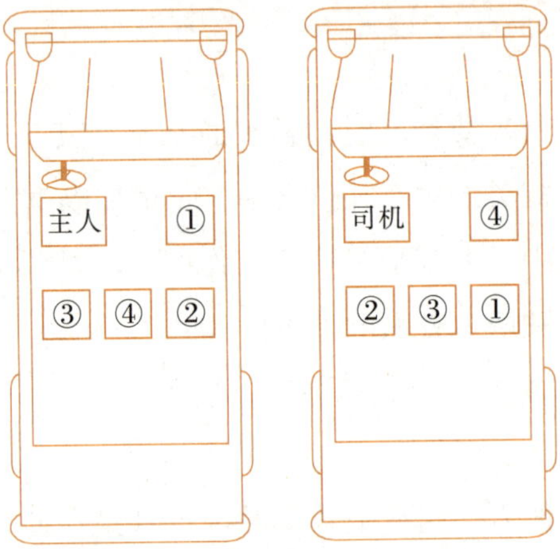

图 2-47　双排五座轿车的位次排列

三是双排六座轿车。当主人驾驶此种轿车时，其位次自高而低依次应为：前排右座、前排中座、后排右座、后排左座、后排中座。当专职司机驾驶此种轿车时，其位次自高而低依次应为：后排右座、后排左座、后排中座、前排右座、前排中座（见

图 2－48）。

图 2－48 双排六座轿车的位次排列

四是三排七座轿车。当主人驾驶此种轿车时，其位次自高而低依次应为：副驾驶座、后排右座、后排左座、后排中座、中排右座、中排左座。当专职司机驾驶此种轿车时，其位次自高而低依次应为：后排右座、后排左座、后排中座、中排右座、中排左座、副驾驶座（见图 2－49）。

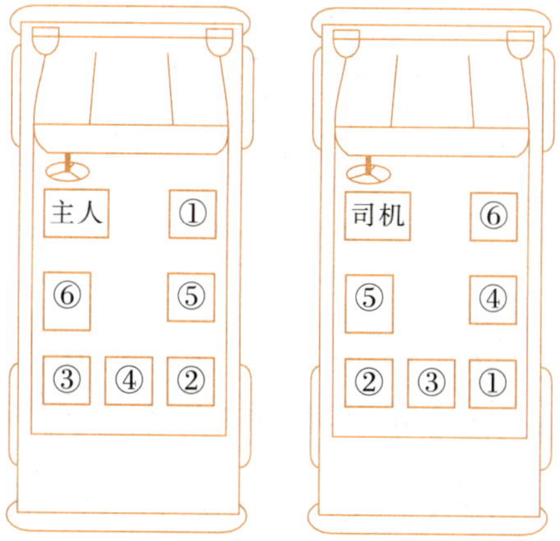

图 2－49 三排七座轿车的位次排列

五是三排九座轿车。当主人驾驶此种轿车时，其位次自高而低依次应为：前排右座、前排中座、中排右座、中排中座、中排左座、后排右座、后排中座、后排左座。当专职司机驾驶此种轿车时，其位次自高而低依次应为：中排右座、中排中座、中排左座、后排右座、后排中座、后排左座、前排右座、前排中座（见图 2－50）。

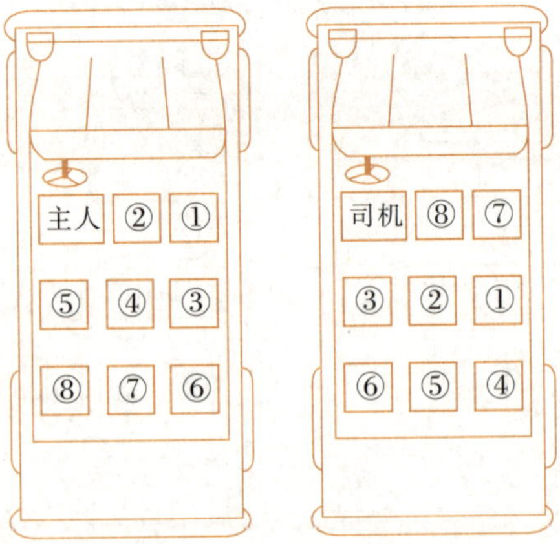

图 2-50　三排九座轿车的位次排列

六是多排座轿车。多排座轿车，在此是指四排座或者四排以上座位的轿车。平时，它亦称大轿车。不论由何人驾车，多排座轿车的位次皆须由前而后、自右而左，依照距离前门的远近排列（见图 2-51）。

图 2-51　多排座轿车的位次排列

应予强调的是：在日常工作中，尤其是在较为正式的礼宾场合，职员大都乘坐双排四座轿车、双排五座轿车。在此情况下，需要排定位次的话，若同为自己人时，通常讲究以职务高低为序，或照顾妇女、长辈。若有客人时，则一般应将上座让与客人。

职场往来中迎送来宾或陪同尊长时，双排四座轿车、双排五座轿车的副驾驶座一般称为“随员座”。其就座之人，多为陪同人员，或是秘书、翻译、助理、随员、警卫等。让客人或尊长就座于此，往往是十分失礼的。

2. 上下车的顺序

在正式场合与他人同时乘坐一辆轿车时，职员上下轿车的先后顺序有着一定的讲究。有关这方面的基本要求，主要有以下两点：

一是尊长先上后下。上下轿车时，倘若具体条件允许，一般均应请与自己乘坐同一辆轿车的尊长首先上车，并最后下车。请对方首先上车，是为了请其优先选择自己所中意的座位。请其最后下车，则主要是为了使其在下车之际，有可能得到已先下车者适当的照料。

有时，尊长首先下车，亦是许可的。

当尊长首先上车后，自己在随后登上同一辆轿车时，宜从车后绕行至另外一侧的车门上车。下车时，亦须如此。不要在上下车时，有意无意地妨碍对方。

二是兼顾当时条件。在与尊长同乘一辆轿车时，遵守符合职场礼仪的先后顺序自然理所应当。但在具体执行这一规则时，切勿不顾当时的实际条件。在任何时候，讲究上下车时的先后顺序，都不宜忽略上下车时的方便与否。例如，轿车停在马路旁，左侧车门循例不准开启，坐在后排左座的人若要先于坐在后排右座的人下车，不仅无形之中会给对方增添麻烦，给对方帮倒忙，而且还有过于做作之嫌。

二、轿车的驾驶

在日常生活中，职员不论因公还是因私驾驶轿车，都应当自觉地遵守有关的驾车礼仪规范。具体而言，在遵守法规、礼让他人、确保安全三个方面，驾驶轿车的职员尤须好自为之。

1. 遵守法规

在驾驶轿车时，职员必须时刻以自觉地遵守交通法规为第一要旨。

职员在驾驶轿车时对交通法规的遵守，具体应当在以下三个方面得以充分体现：

一是认真学习交通法规。在学习交通法规时，必须专心致志、认真细心，不仅要学会、弄懂，而且还要牢记。在学习交通法规时，千万不要搞形式、走过场，自欺欺人只能害人害己。办理个人驾照时，必须合乎手续，符合有关的规定。

二是自觉遵守交通法规。职员必须牢记：在交通法规面前人人平等。不论是否有人监督，或是因公因私驾驶轿车，职员均应自觉地遵守交通法规，不得无照驾车或违法、违规驾车。

三是诚恳服从交警管教。交通警察是交通法规的具体监督者。若要真正地、自觉地遵守交通法规，就必须在驾驶轿车时不端架子、不搞特权，认真配合交通警察的管理。违反交通法规后，应虚心听取交通警察的批评，认真接受处罚。

2. 礼让他人

职员在驾驶轿车时，切勿忘乎所以、目中无人，而是必须做到礼让别人、尊重别人。

一是礼让其他司机。不论开车还是停车，驾驶轿车的职员都要与其他司机互谅互让、和平共处。不要自觉高人一等，趾高气扬，大开“霸王车”，对其他司机蛮横无理。

二是礼让骑车之人。驾驶轿车时，对骑车之人亦应尊重。不要与之争抢道路。

三是礼让过路之人。驾驶轿车时，对过路的行人尤需加以尊重。发现行人穿过马路时，应让其先行。雨天驾车时，则要努力防止把雨水溅到行人的身上。

3. 确保安全

驾驶轿车时，职员务必时刻确保行车安全。确保行车安全，不仅利人，而且利己。确保行车安全，首先要从小事做起。下述几点尤须注意：

一是切勿不系安全带开车。开车时，假如不按规定系好安全带，一旦发生意外，对驾车者往往伤害更大。

二是切勿脚上穿拖鞋开车。脚穿拖鞋开车，有时会使驾车者刹车出现问题。赤脚或穿厚底鞋开车，往往也不合适。

三是切勿边打电话边开车。一边打着车载电话或手机、一边开车，只会使驾车者三心二意、用心不专。开车时，随时查阅或发送短信、微信或微博，则更不允许。

四是切勿边聊天边去开车。在驾车时，与车内其他乘车人谈笑风生，往往十分危险。

五是切勿在饮酒之后开车。饮酒之后冒险驾车，是绝对不允许的危险行为。

六是切勿在疲劳之时开车。驾车者感到疲劳时，应当休息一段时间或是让他人代驾。

七是切勿任意超高速开车。驾驶轿车时，必须依据车况与路况控制车速。若任意超速、高速行车，搞不好便会险象环生。

八是切勿在无驾照时开车。按规定，驾驶车辆均须提前进行专门的学习与资格鉴定。唯有取得正式驾驶执照者，方可正式驾驶车辆。无照驾车、借用他人驾照或持有假驾照驾车，都是不合法的行为，而且也是对自己和同车人员生命安全不负责任的行为。

此外，服用国家管制的精神药品、麻醉药品，或患有妨碍安全驾车的疾病，均不得驾车外出。

第十一节 涉 外

中国是全球化的积极参与者与推动者，同时也是“人类命运共同体”与“一带一路”的积极倡导者与构建者。在全球化日趋发展的今天，职场交往越来越多地呈现出其跨国性的特征。在此背景下，职员对涉外礼仪进行学习、了解与遵行的必要性越来越凸显出来。

所谓涉外礼仪，通常是指职员在参与涉外活动时所必须遵守的基本行为规范，即对参与涉外活动者提出的最基本的要求、最重要的原则。一般而言，它对于参与涉外活动的任何人员都具有普遍的指导意义。

一、以人为本

所谓以人为本，即以人作为人类社会各项活动的立足点、出发点与基本目标，以尊重人、完善人、发展人为一切活动的中心。在涉外礼仪中，以人为本是最重要的一项原则。

当前中国社会经济的各方面与国际接触越来越紧密。中国在大力提倡国际政治、国内政治以人为本的同时，在各种国内外经济活动中也应倡导以人为本。

1. 保持自尊

在涉外交往中，职员要做到以人为本，首先要有意识地保持自尊。唯有尊重自己，才有可能获得他人的尊重。一个没有自尊的人，永远也不可能受到他人的尊重。每一名职员在维护其自尊时均应注意下述五项细则。

一是珍惜形象。在涉外交往中，形象是金。因此，职员必须对个人形象倍加珍惜。职员的衣着、举止、谈吐，既反映着其精神风貌，又表现出其素养、品位与身份。在此方面稍有差错，就会使其个人形象受到损害。尤其是在文化背景差异较大的时候，交往双方给对方留下的形象的好坏对于合作的结果影响往往非常之大。

二是公私分明。公私分明，是在涉外交往中对每一名职员的起码要求。一方面，要分清本单位大局与个人感情，不要将个人感情夹杂到工作关系之中；另一方面，则要爱惜本单位的财物，自觉防止贪占其财物的事情发生。

三是争分夺秒。在职场上，时间就是生命、时间就是效率、时间就是资源。在涉外活动之中，每一名职员都应当善于有效地分配时间、珍惜时间，分秒必争，并且懂得绝不浪费别人的时间。

四是安排有方。涉外工作中，往往千头万绪。要想达到举重若轻的境界，就一定要善于对其进行合理安排。在安排各项事务时，一定要注意轻重有别、缓急有序、条理分明、有条不紊。

五是维护环境。在涉外交往中想要给他人留下良好印象，还需要认真地维护好自己的办公环境。具体而言，办公环境又有“大环境”与“小环境”之分。前者是指会面场地的布置、办公室内外的整体环境，后者则是指个人的办公桌、文件柜等具体环境。对它们的基本要求是：干净、整齐、井然有序。

2. 善待他人

在职场交往中，尤其是涉外交往当中，要求每一名职员在协调与处理人际关系时都要始终不渝地善待他人。善待他人，一般又涉及下述几个层面的问题。

一是了解他人。在涉外活动当中，对方可能有着与我方完全不同的政治、经济、文化背景，所以需要职员能够在准备阶段有意识地搜集一些对方的相关背景资料，例如对方所在国家与民族的风俗、信仰、禁忌等。简言之，就是要知同明异。这样做，不仅有利于双方更流畅地沟通，而且也可避免触及某些禁区的可能。

二是尊重他人。在了解外方交往对象的基础上，职员要高度尊重对方的习俗、信仰，要尽量以对方能够接受的方式来合作，不要触及对方的禁忌。不要凌驾于他人之上，给人不可一世的感觉；而要采取一种谦恭的态度，让对方感觉到被尊重。

三是宽容他人。职场交往最重要的是：应当找到双方利益的契合点，寻找双方或者多方的共同利益所在。所以涉外活动中坚持讲求同存异，也就是要努力去发现那些双方都认同的东西，同时理解对方的难处并努力避免彼此之间的分歧。不要只把视线放在矛盾与分歧之上，从而因小失大，错失合作的契机。

四是友善待人。职场活动讲究的是互利共赢，所以职员应该抱有一种友善的态度对待他人。职场上的每一名合作者，不论中国人还是外国人，都应该是自己的伙伴而不是敌人，友善的态度和彼此的信任对于一项成功的合作来说都绝对必不可少。

二、忠于祖国

忠于祖国，是包括职员在内的一切中国人所必须遵守的基本原则，它可以充分地体现出一个人的民族尊严感和自豪感。在涉外活动中，职员若不忠于自己的祖国，不仅是可耻的，而且必将受到外方人士的蔑视。

对于职员来讲，“忠于自己伟大的祖国”在任何时候、任何地点、任何情况下，永远都是第一位的、最基本的要求。

忠于祖国作为涉外礼仪的一项基本原则，主要要求职员在任何情况下都应铭记在心：要对自己的祖国无比忠诚，对此不讲任何条件、毫无保留地尽心尽力。

维护国家利益，必须克服个人主义。当个人的经济利益与国家利益相冲突时，绝不能够以牺牲国家利益为代价来换取个人利益，否则可能因为个人局部的小利益而影响国家全局的大利益，得不偿失。

在国际经济“全球化”的今天，跨国商业活动中时常会发出一些并不和谐的声音。例如，某些经济活动带来的效果，是对当事者国家利益的损害，甚至是触犯所在国家的法律；或者个别国家恃强凌弱、为富不仁。正因为如此，作为一个从事涉外活动的人员，应该注意下述两点。

1. 保持敏感

作为职员，在涉外活动中面临各种各样庞杂的信息，因此，其首先应该时刻保持高度的敏感。

一是有所防范。在涉外活动中，对于那些有损国家利益甚至违法的行为，职员要能够随时保持警觉，及时地发现，避免自己因为疏忽大意而误入圈套，以致造成不可挽回的损失。

二是分辨是非。某些不正当的经济行为，往往是利用国际法或者国内法的个别法律漏洞，虽然不是法律明文规定的违法行为，但是其带来的结果很可能危害国家安全或者侵害国家利益。在这种情况下，需要职员能够保持清醒的头脑，能够进行细致入微的分析，深入透彻地了解其造成的影响和利害关系。

2. 高度自控

作为一名合格的职员，在涉外活动中，要有高度的自控能力。

一是顾全大局。若职员察觉到某项活动、某种行为可能带来的给国家造成的危害，就要立即从全局出发，顾全大局，对其加以坚决的抵制。不能只顾一己之私，目光短浅，只看到个人的眼前利益。总之，对此不能得过且过、听之任之。

二是自我克制。职员在涉及国家利益和安全的问题上，一定要时刻坚持原则，不能因为其利润可观、于己有利，就以损害国家利益的方式来为自己谋利。

三、入乡随俗

在涉外交往中，每一名职员都面临一个非常实际的问题：同样一件事情，在不同国家、不同地区、不同民族，往往存在着各不相同的处理方式。面对同一问题，来自不同国家、地区、民族的人们，通常会给出截然不同的答案。这种状况，实际上是由人们的思维方式与风俗习惯的不同所导致的。

入乡随俗，是涉外礼仪的重要原则之一。它的基本要求有二：了解习俗，尊重习俗。

1. 了解习俗

有道是“礼出于俗，俗化为礼”。在涉外活动中，习俗实际上是一种文化差异，它的内容非常丰富，往往不可一概而论。承认习俗差异，首先必须区分清楚承认的是哪一种习俗差异。从理论上讲，对习俗差异可根据其具体内容与适用范围的不同来加以区分。

一方面，就具体内容而言，习俗差异遍及人类物质生活与精神生活的方方面面。在衣食住行、婚丧嫁娶、劳动生产、交往应酬、节庆假日等方面，世界各地的习俗都是千差万别的。

另一方面，就适用范围而言，习俗差异则存在着明显的空间性的区别。国家与国家之间存在习俗差异，地区与地区之间存在习俗差异，民族与民族之间存在习俗差异，宗教与宗教之间存在习俗差异……对于这些不同类型的习俗差异，既不能将它们混为一谈，也不能将其中某一类差异无限度地加以扩大。

例如，在朝鲜、韩国以及中国的大部分地区，狗肉是进补与烹饪的上品。可是在西方各国，狗被认为是“人类的朋友”，绝对不能食用。

在中国的传统文化里，菊花一向被视为超凡脱俗之物，历来被文人墨客所赞颂。然而与欧美一些国家的人士打交道时，却万万不得以之相赠。因为菊花在那里通常只用于葬礼。

“6”这一数字，在中国是“顺”的同义词，经常被人们用来“讨口彩”，百用不厌。但在有的基督教国家，“666”却被看作魔鬼撒旦的象征。

对阿拉伯人而言，绿色因为与其信仰的伊斯兰教相关，被人们认为是吉祥色，甚至连伊斯兰各国国旗都普遍地使用绿色作为旗面的基本色。但如果到了日本，绿色却大走背字，因为日本文化视其为凶兆和不吉。在有的欧洲国家，墨绿色则与纳粹军服画了等号，普遍受到抵制。

凡此种种，举不胜举，都需要认真加以注意。

职员在与外方人士交往之前，应对其国家、地区、民族、宗教习俗有所了解，并且多多益善。唯有如此，才能避免触犯禁忌，做到知彼知己。

2. 尊重习俗

《礼记》要求：“礼从宜，使从俗”；“君子行礼，不求变俗”。

在涉外活动中，职员主要应当遵循中国优秀的传统礼仪与习俗，尤其是在作为东道主的时候。这样做，既是为了体现中国的国家尊严，也是提升组织本身的形象与档次。作为一个泱泱大国，中国所特有的优秀传统礼仪与习惯理应得到体现。要求职员在涉外交往中以我为主，是大多数国家的公认做法，也可说是一种国际惯例。

与此同时，职员切不可盲目自大，既要以自我为中心，也要同时尊重交往对象所特有的习俗。具体而言：一是要心中想着这种差异；二是眼里要看到这种差异；三是工作中要注意到这种差异。这样做，才能在工作中更好地做到“有所为，有所不为”。例如，在赠送礼品时，不挑选有可能冒犯对方禁忌的物品；在宴请对方时，不提供对方所厌恶的食物。

若是出访他国，职员更应当做到尊重他国的习俗，坚持入乡随俗。在出访他国的过程中，在做好充分准备的前提下，对于他国人民的禁忌和喜好要有所了解，并要优先避免触及对方的禁忌。

四、信守承诺

所谓承诺，一般指对别人许下的诺言，或者对别人的某一要求答应予以照办。在涉外交往中，信守承诺是职员必须遵守的重要原则之一。简而言之，它就是要求职员在涉外交往中，说话一定要算数，诺言一定要予以兑现。

在涉外交往当中，如果一名职员言而无信，不仅可能丧失不少与人合作的机会，而且还有可能影响到其整个职业生涯的发展。

职员在涉外交往实践当中，处理有关承诺的具体问题时，应当重视下述两个方面。

1. 重视承诺

在职场交往当中，尤其是涉外场合，一个人是否信守自己的承诺，关系到他的个人信誉。孔子说过：“信则人任焉”。如果一个人信守承诺，言而有信，就等于以实际行动证明自己言行一致，尊重交往对象，同时也是对自己的尊重。只有这样做的人，才会在社会上拥有良好的口碑，才能真正立足于社会，并赢得人们广泛的尊重。

与此相反，在职场交往特别是涉外场合，如果视个人承诺为儿戏、出尔反尔、言而无信、有约不守、守约不严、有约不认，甚至随意撕毁自己的庄严承诺，不仅仅是失信于人，不尊重职场交往的有关规则，不尊重自己的交往对象，而且也是不讲究礼仪规则、不重视个人信誉、不尊重自己的表现。职员对此要有清醒的认识。每一名职员都必须充分认识到：在涉外交往当中能否做到言而有信、遵守约定，直接与自己是否重视个人承诺密切相关。而重视个人承诺与否，又直接涉及自己对于个人信誉的重视与否。

在经济全球化的今天，职场交往中的信誉无比重要。从某种意义上说，信誉就是生命、信誉就是形象、信誉就是公共关系、信誉就是工作效率。对于一个人、一个组织而言，都是如此。个人不讲信誉，在社会上就难以立足；组织不讲信誉，在工作中就难以取得进展，甚至危及组织的生存。

2. 慎于承诺

既然承诺在职场交往当中，尤其是涉外场合事关个人乃至组织的信誉，那么职员无论在实际工作当中，还是在日常生活当中，都必须极其慎重地对待承诺问题。在职场上，有关承诺的基本要求是：慎于承诺，有诺必践。应当强调的是：只有慎于承诺，才能确保承诺的兑现。

职员在实践当中要做到慎于承诺，应当从下述三个方面予以注意。

一是三思而行。与外方人士打交道时，不论双方关系如何，职员在需要许下承诺时，都要三思而行，慎之又慎。不论是答应对方提出的要求，还是自己主动向对方提出建议，或者是自己诚心诚意地许诺对方，都一定要经过事先的深思熟虑、反复斟酌。在有必要向外方人士承诺时，一定要有自知之明，量力而行，一切从自己的实际能力以及客观可能性出发。切忌好大喜功、草率行事，致使承诺到处泛滥。须知：如果滥用承诺，职员个人与其所在单位的信誉便会贬值。

职员向外方人士承诺具体事项时，一定要认真思考、字斟句酌、力图周全。既不能模棱两可、含糊不清、难以解释或可有可无，又不能信口开河、大而无当、言过其实，使承诺难以兑现。

二是严格遵守。在职场交往中，往往许诺容易，兑现难。所谓“言而无信”，就是人们对于不遵守自己承诺的人的谴责。在涉外活动中，对外方所做出的各项正式承诺，职员一定要身体力行，严格地、认真地、一丝不苟地予以遵守。

在涉外交往中，一旦做出承诺，就必须予以兑现。只有这样做，才能够证明自己在实际操作当中是言行一致的，才会赢得外方的信任与好感，才有可能与对方“后会有期，常来常往”。中国人讲话历来都是算数的。只有认真遵守有关承诺，才能令外方人士真正地确信这一点。

为了兑现承诺，职员还必须尽可能地避免对既往的任何正式承诺任意修改、变动，随心所欲地加以曲解，擅自予以否认、取消，或者在执行过程中“偷工减料”。

三是说明原委。正所谓“世事难料”，在某些情况下，尽管我方在兑现承诺方面尽了全力，但是因为在实践当中遇到困难，或者出现了无法达到预期效果的情况。此时，职员就要采取一定的补救措施，以争得对方的理解，挽回信誉。

万一出于难以抗拒的原因，致使我方单方面失约，或者是部分地难以兑现承诺，职员则应该通过正式的渠道，尽早向相关方面说明具体原委。除了要向对方做出如实的、合理的、可信的解释外，还应当为此郑重其事地向对方进行道歉，主动承担按照惯例或者约定应该给予对方的物质赔偿，并且在力所能及的范围内，采取一切可行的补救性措施。

万不得已造成我方失约时，职员绝对不能一味推诿、避而不谈、得过且过，或者将失约之事加以否认，拒绝为此向交往对象表达歉意等。

五、遵守时间

遵守时间，是信守承诺的具体体现之一。一个不懂得遵守时间的人，在职场交往当中往往难以遵守其个人承诺。遵守时间是涉外礼仪的基本原则之一，它要求：职员在涉外场合中，对于一切与时间相关的约定，都要一丝不苟，严格地按照约定执行。

目前，遵守时间在国际社会里已成为衡量、评价一个人文明程度的重要标准之一。因此，职员对此决不可疏忽大意、不以为意。具体而言，职员在涉外活动中应注意下述三个方面的问题。

1. 有约在先

在现代社会里，“时间就是生命，时间就是机遇，时间就是金钱”，早已成为世人所公认的时间观。因此，职员在与外方人士进行交往当中，一定要珍惜彼此的时间，切不可对对方的宝贵时间造成任何形式的浪费。对于职员来说，要做到珍惜外方人士的时间，或者说不浪费对方的时间，最为切实可行的做法，就是要对双方进行交往的具体时间有约在先。

有约在先，不仅仅适用于正式的职场交往，而且同样适用于各种非正式的私人交往。其基本要求是：职员在与外人的交往中，必须事先约定具体时间。在任何交往中，不论不邀而至，充当不速之客，还是任意顺访，率性而为，都是不尊重交往对象的表现。

要做到有约在先，关键是要提前约定交往的具体时间。它主要包括双方交往的具体起始时间与延续时间两个方面，而且约定要尽可能具体、详尽。约定的时间越具体、越详尽越好。

在约定具体时间时，要考虑交往对象的习惯和方便与否。尽量不要占用对方的休息时间或者工作繁忙的时间。一般而言，凌晨、深夜、午休时间、就餐时间以及周末、节假日，外方人士大都忌讳被外人打扰。总之，约定具体时间时应该坚持两相情愿。

2. 如约而行

职员要遵守时间，既要求其事先要与交往对象就具体交往时间进行详尽的约定，更要求其根据既定的时间如约而行。如约而行，往往比有约在先更加重要。

所谓如约而行，在此特指职员按照与外方人士事先所约定的交往时间，准确地加以执行。

参加正式会议、会见谈判、签约或其他类型的社交聚会时，职员一定要养成正点抵达现场的良好习惯。在此类活动中，姗姗来迟或是提前到场，都显得不合时宜。前者会令他人久久等待，后者则会使主方人士措手不及。

其他无论是有关工作还是有关生活的具体时间约定，例如，承诺给予对方答复的时间，约好双方一同出行的时间，许诺给对方写信、打电话、发电子邮件的时间等，职员同样需要言出必行。

对于双方有约在先的交往时间，职员不应轻易改动，万一因特殊情况需要变动时间或者取消约定，应尽快向对方进行通报，切忌让对方对此事一无所知，空候良久。

3. 适可而止

在涉外活动当中，职员必须谨记“适可而止”四个字。也就是说，在双方交往之时，不要无故拖延时间，而要适时结束。对于一些事先约定了交往时间长短的活动，如限时发言、限时会晤、限时谈判、限时会议以及其他限时活动等，到场的职员一定要做到心中有数，绝不能超过规定的时间。即使对方会“网开一面”，也绝对不要因此“纵容”自己。

对于一些并未事先约定交往时间长短的活动，例如私人拜访、出席家宴、接打电话等，也要讲究宜短不宜长。宁肯“提前告退”，也不应当毫无节制地拖延时间。

六、不卑不亢

不卑不亢，是涉外礼仪的重要原则之一。其主要内容是：每一名职员在涉外工作中都必须充分意识到自己代表着所属单位和部门的形象。因此，自己的一言一行均须特别注意。在外人面前，自己的举止行为、神情态度应当堂堂正正、从容得体。在对对方表示应有的热情、友善、尊重之意的同时，既不应该表现得低三下四、妄自菲薄、缺乏自信，也不应该目中无人、狂妄自大、嚣张放肆。必须强调，在涉外场合中，每一名职员都要遵守不卑不亢的原则。

具体而言，每一名参与涉外活动的职员要想真正做到不卑不亢，不仅要在思想上端正态度，而且要在实践中身体力行。特别重要的是，遵守该原则时，既要坚持不卑，又要做到不亢，两者必须并重。要防止走极端化，切不可以一种倾向掩盖另外一种倾向。

1. 自尊自爱

要做到不卑不亢，首先应该坚持自尊自爱，此即所谓“不卑”。做不到这一点，职员在交往对象面前往往就没有自身的尊严可言，并且难以为对方所尊重。

要求职员在涉外活动中坚持自尊自爱，主要是要求其在外方人员面前谨言慎行，以自己的具体形象维护自己所代表的单位和部门的声誉。

具体而言，每一名职员的自尊自爱都应当通过下述两个方面来体现。

一是尊重自己。自尊自爱的核心，在于尊重自己。在任何时间、任何地点、任何场合，一个人如果不懂得尊重自己，就必定不会获得他人真心实意的尊重。

尊重自己，不仅应当体现为对自己的重视，而且还应当体现为在任何情况下都不允许无原则地进行自我贬低、自我歧视。

尊重自己，首先应当懂得尊重自身价值。每一个人都有必要正视自己，不仅要对个人所短具有自知之明，而且更要正视自身之所长。在外方人员面前，完全没有任何必要自叹不如，甚至自惭形秽，将自己贬低得一无是处。职员应该善于发现自己的长处，善于肯定自己，善于在外方人员面前恰到好处地扬长避短。

其次应当懂得尊重自己的职业。现代社会中，人与人之间存在着具体分工的不同。不论从事哪一项具体职业，都需要掌握一技之长，都是在为社会、为民族、为国家做贡献。因此，每一名职员都必须爱岗敬业，热爱本职工作，积极钻研业务。在任何情况下，都不应当鄙视自己的职业，不应当对自己所从事的具体工作妄加非议。

最后还应当懂得尊重自己的单位。此处所谓的“单位”，狭义上是指每一名职员所属的具体部门，广义上则是指其所属的机关、团体或企业。职员在外方人士面前有必要当仁不让，以实际行动尊重自己及自己所属的单位。

二是自立自重。与外方人士进行具体接触时，职员还应当注意自立自重。没有自立自重，职员在外方人士眼里就没有自尊自爱可言。

自立，在此是指职员在涉外活动中，不应当过分地依靠外方人士，不能把自己的希望完全寄托在对方身上，不能够指望一切由对方做主，由对方完全代办自己的一切事务。在外事活动中坚持自立，就是要求职员在任何情况下都要坚持信任自己、依靠自己、自己支持自己、自己帮助自己。换言之，职员既要虚心学习外方人士的优点和长处，又要善于明辨是非，坚持原则，一切从自己的实际出发。一定要不唯洋、不唯大、不唯强，始终捍卫己方的根本利益，不拿原则进行交易，不对外方俯首帖耳，不对外方过分迁就，不为外方所左右。

自重，就其本义而言，则是指职员在外方人士面前应该行为检点，以维护自身形象。职员对这一点必须高度重视。一方面，在涉外活动中，职员切莫目中无人，切莫在外方人士面前胡言乱语、肆意妄为。在任何时候、任何情况下，在对方眼里，职员的一言一行、一举一动，都体现着其自身教养与素质，都与所代表的单位、部门形象息息相关。另一方面，职员应该泰然自若、举止大方、谈吐自然。没有必要自认为低人一等，切勿在外方人士面前表现得木讷，举止无措，谈吐失常。在涉外活动中，职员若表现得畏首畏尾、行为失常，不仅说明其缺少相关经验，阅历不足，缺乏交际能力，而且还会被理解为缺乏自信。

2. 力戒自大

在涉外场合中不卑不亢，不仅要求职员坚持自尊自爱，而且要求其力戒自大，这就是所谓的“不亢”。在外方人士面前，职员的所作所为如果给人以自大之感，不仅仅会有碍双方之间的交往，而且还可能直接影响到外方人士对我方单位的印象。

要求职员在涉外场合中力戒自大，主要是要求其克服盲目的自信与无条件的自尊，并且善于平等待人，取长补短，以求与时俱进，开拓进取。

具体而言，每一名职员在力戒自大方面，主要应当做到克服妄自尊大、反对盲目排外、善于平等待人这三点。

一是克服妄自尊大。在涉外场合中，克服妄自尊大既要坚持自尊自爱，也要客观地评价自己。既没有必要把自己贬低得一无是处，也没有必要把自己描述得完美无瑕。事实上，世界各国、各民族，乃至各个单位、各个部门都有所长有所短。与外方人士打交道时，职员一定要注重此点。

在外方人士面前，职员克服妄自尊大固然不可丧失自己的自尊，但是亦不可张扬过度。有时，一个人若自尊心表现得过强，往往意味着其自卑感较强。

在外方人士面前，职员应该充满自信。不过，自信一定要有客观基础的支持。在任何情况下，自信都不应成为双方交往的障碍。

还应注意，在外方人士面前，不允许自以为是、唯我独尊，不应当一味地沉溺自我设定的虚拟空间，或者认定世界上的一切“中国自古皆已有之”。那样的话，难免会成为井底之蛙。

二是反对盲目排外。在涉外活动中，职员必须坚持独立自主，不能被外方所控制，但同时也要反对盲目排外的思想与做法。所谓盲目排外，主要是指对外国的一切事物不加区别地予以排斥和拒绝，视外来的一切事物皆为无用之物。

与外方人员进行接触时，职员必须坚持与时俱进，虚心学习对方的一切先进技术和模式，吸取对方先进的管理经验，利用其有益于社会发展、人类进步的先进文化以及其他成果。

在涉外场合中，职员应该坚决反对夜郎自大、目空一切、孤芳自赏的陋习，反对盲目排外之风。对外方的一切，要善于实事求是、就事论事。既不搞全盘照搬，也绝对不搞盲目抵制。

三是善于平等待人。与外方人员相处时，职员还必须做到平等待人。不论对方来自经济实力较强的国家或单位，还是经济实力较弱的国家或单位，职员都应一视同仁，不搞厚此薄彼。

与来自经济实力较弱的国家或单位的外方人士打交道时，职员切不可趾高气扬，自命不凡，傲慢无礼，随意将己方见解强加于人。对待对方的正确态度：一是要尊重；二是要平等；三是要在力所能及与两相情愿的前提下支持、帮助对方。

与来自经济实力较强的国家或单位的外方人士打交道时，职员则不应俯首帖耳，处处唯对方马首是瞻，不敢坚持己见、不敢据理力争、不敢维护自身权益。与对方相处时，既要承认对方的长处，虚心学习，又要注意维护自尊，坚持双方的平等地位。

七、热情有度

在涉外场合中，待人热情通常是一名成功的职员所具备的基本素质。列夫·托尔斯泰曾说过："一个人若没有一点热情，他将一事无成。"

在国际社会中，中国人一向以待人热情著称。中国人认为，待人热情不仅意味着自己对待交往对象抱有诚意，而且还代表自己对对方充满了友好、关怀与热诚。

在涉外场合中，中国的职员亦须对外方人士热情相待，这与国内的交往并无多少差别。但是，中国的职员对外方人士的热情相待，必须始终有一个"度"的限制，即要切记"热情有度"四个字。

作为涉外礼仪的一项原则，"热情有度"就是要求职员与外方人士进行接触时，既要注意为人热情，以示友善，更要充分把握好为人热情的具体分寸，否则就有可能事与愿违。这一"具体分寸"，指的就是所谓"热情有度"中的"度"。

如果要对"热情有度"做更准确的描述，就是要求职员在待人热情的同时，一定要铭记：自己的一切所作所为，均应以不影响对方、不妨碍对方、不给对方平添麻烦、不令对方感到不快或不便、不干涉对方的私人生活、不损害对方的个人尊严为具体界限。与外方人士打交道时，若掌握不好这个度，而对对方过"度"热情，就有可能使自己不适当地"越位"，导致好心办坏事。必须明确："越位"，实质上也是一种"不到位"。

具体来讲，职员在涉外交往中要真正做到"热情有度"，关键是要掌握好下述四个基本限度。

1. 关心有度

在涉外场合中，对待外方人士理应表示出必要的关心，但考虑到“热情有度”的因素，职员对待外方人士所表示的关心没有必要“无微不至”，而是应当有意识地对其增加某些限制。此即所谓“关心有度”，它主要体现在下述三个方面。

一是无妨对方个人自由。在一些国家，人们对个性独立十分推崇。在许多外国人眼里，没有任何东西可以与其个人自由相提并论。没有个性独立、没有个人自由，对他们而言，实际上就等于没有任何个人尊严。因此，对外方人士表示的关心，在任何时候都应以不影响其个人自由为前提。

二是勿令对方感觉不便。对外方人士表示关心时，无论如何都不应使对方产生“多此一举”的感觉。因此，在对外方人士表示关心之前，职员必须清楚：“应当关心什么”，“不应当关心什么”。就客观效果而论，对外方人士所表示的关心，理应在某些方面有利于对方，而不应令对方感觉不便，或者在一定程度上为之平添了一些不必要的麻烦。

三是不使对方勉为其难。对别人表示的关心，在任何情况下都应恰到好处，令对方愉快地接受，甚至感到开心、幸福。只有恰到好处地给予对方最为迫切需要的关心，才会有如此功效。对方不需要的关心，往往再多也没有任何益处。职员一定要对此加以注意。万一发现自己给予对方的关心不受欢迎，必须即刻止步，千万不要将它“再接再厉”，更不应当硬是把它强加于对方。

2. 批评有度

“批评与自我批评”一直为中国人所倡导，并且逐渐成为中国人民的优良传统之一。但在国际交往当中，则应对此另当别论。在国内，亲朋好友之间讲究以诚相见、推心置腹。对他人要开诚布公、直言不讳、大胆批评、不讲情面、勇作诤友，往往这样做的人才算是“真君子”，才够朋友。可是在涉外交往当中，此种做法却是行不通的。与外方人士打交道时，职员应该时刻谨记，力求做到“批评有度”。即对对方的何处可以批评、何处不可以批评，一定要心中有数。如果对外方人士的批评不加任何限制，甚至加以滥用，对双方的关系是极其有害的，并将影响到双方的合作。具体来讲，在涉外交往当中讲究“批评有度”，关键是批评要讲究内容、方式和场合。

一是讲究内容。一般而言，在大是大非问题上，诸如关系到国格、人格、道德、法律、公序良俗、人身安全、正常工作等问题时，对于外方人士的错误、缺点，完全有必要及时地给予批评指正。

在涉及民族风俗不同、文化背景不同、生活习惯不同、个人选择不同而导致的某些个人的具体做法不同时，则没有必要对外方人士的所作所为上纲上线，没有必要动辄评判其是非曲直。

二是讲究方式。如果职员确实认为对外方人士的某些行为或者观点进行批评是必要的，仍然需要具体的注意方式方法。对任何人而言，简单粗暴的批评都是不受欢迎的。因此对外方人员的必要的批评，也应当力求如沐春风、如饮朝露，让人欣然接受。

根据经验，对外方人士应当力戒“命令式”“训斥式”“讽刺式”与“侮辱式”的批评，同时也不应给人以居高临下之感。有必要时，酌情采用“平等式”“讨论式”“寓言式”“设问式”进行批评，则往往更易于让外方人士所接受。

三是讲究场合。除非情况极为特殊，对外方人士进行批评通常不宜当众进行。当众对其进行批评，容易产生伤害对方自尊心的副作用。倘若有可能，对外方人士的批评最好私下单独进行，即不要有意地搞“公开化”，不将对方的缺点与错误“公之于众”。这样做，往往更容易达到解决问题的效果。

3. 距离有度

在一般情况下，中国人进行交际应酬时，彼此之间对于空间距离并不十分介意。有些时候，关系越是密切的人，越是讲究“亲密无间”。除成年异性之外，人们大抵都是如此。

在国际交往当中，职员绝对不宜照此行事。一般而言，外国人对于人际交往中的具体距离十分重视，关系不同的人，有着各不相同的“交际圈”。也就是说，外国人普遍认为：人与人之间不同的空间距离，实际上与彼此之间的心理距离不同直接相关。

目前，“距离有度”已成为涉外交往的基本要求之一。它的具体含义是：职员在正式场合与外方人士共处时，应视此时此刻彼此关系的不同，而与对方保持相当的空间距离。若与外方人士相距过近，会令对方产生其私人空间被“侵犯”之感；若与外方人士相距过远，则又会令对方感到被有意冷落。在正式场合，职员与外方人士彼此之间的空间交往距离，一般可以分为下列四种类型。

一是私人距离。所谓私人距离，是指交往双方彼此之间的空间距离在 0.5 米之内。一般而言，此种距离仅适用于家人、恋人和至交之间，或是对老、弱、病、残、孕进行必要的照顾之时。所以它又可以称为“亲密距离”。

二是交际距离。所谓交际距离，是指交往双方彼此之间的空间距离为 0.5～1.5 米。这种距离，主要适用于一般性的各种人际交往。因此，它在许多时候又被称为“常规距离”。在绝大多数的情况之下，职员与外方人士之间应保持此种距离。

三是礼仪距离。所谓礼仪距离，是指交往双方彼此之间的空间距离应当大于 1.5

米，小于 3 米。这一距离，主要适用于某些隆重的场合，例如庆典、仪式、会议、会见等，意在向对方表示特殊的敬意。正因如此，这一距离也被形象地称为“示敬距离”。

四是公共距离。所谓公共距离，是指交往双方彼此之间的空间距离大于 3 米。该距离，主要适用于职员在公共场所与素不相识的外方人士相处之时。按照外国人的习惯，在公共场所，陌生人之间绝对不能相距过近，否则就会令双方感觉不快。此种距离，亦被称作“有距离的距离”。

4. 交往有度

与外方人士相处时，职员还必须坚持交往有度。所谓交往有度，具体指的是与外方人士接触时，不论双方之间的关系如何，均应与对方保持一定的具体往来上的距离。唯有这种距离保持得适当，才能与外方人士保持正常的关系。具体而言，交往有度就是要求：不妨碍对方的工作，不妨碍对方的生活，不妨碍对方的休息。

一是不妨碍对方的工作。与外方人士进行交往，一定要以不妨碍对方的工作为基本前提。此处所说的“不妨碍对方的工作”，主要有以下三层含义：

其一，不能影响外方人士正常地执行公务。否则，与对方的交往就将成为对方的负担。

其二，不能给外方人士的工作增加麻烦。即使与外方人士的交往无助于其具体工作，也千万不能给对方“帮倒忙”。

其三，不能妨碍外方人士工作的开展。在任何情况下，与外方人士的交往，都不应成为其工作的“绊脚石”。

二是不妨碍对方的生活。在国外，人们往往将工作与生活分得一清二楚。在工作中，讲究的是规章制度。而在生活中，强调的则是个性与自由。

与外方人士相处时，要尽量将工作与生活、公事与私事区分开来。在一般情况下，切忌在工作中处理私人生活问题。同样的道理，若非万不得已，也不宜让工作打扰外方人士的私人生活。

三是不妨碍对方的休息。在实际生活当中，每个人都需要休息，需要在仅仅属于自己的私人空间里松弛身心，调整状态。因此，即便与外方人士是至亲密友，也要尊重对方的休息权，尽量不要影响对方的休息，打扰对方的安宁。

与外方人士交往时，没有必要与对方形影不离。当对方需要休息，特别是表现出疲倦困乏时，一定要主动为其创造休息的条件。应当认识到：干扰他人休息，是严重的失礼行为。

八、维护隐私

对中外习俗的差异有着一定了解的人都知道，在对待个人隐私的具体问题上，某些中国人以前的传统做法和许多外方人士的日常习惯往往是大相径庭的。

按照一些中国人过去的思路，人与人相处，特别是亲朋好友之间，并不存在“不可告人”之事。任何一位正人君子，都应当“明人不做暗事”。而在今日世界上的许多国家，人们却对个人隐私非常重视。隐私权是法律赋予公民的基本权利之一。《中华人民共和国民法典》对此亦有专项规定。不打探个人隐私，则被视作一个现代文明人的重要标志之一。

目前，维护个人隐私已经逐渐成为一项涉外礼仪的原则。在涉外场合中，职员有必要对此予以高度重视。

所谓个人隐私，在一般意义上是指某一个人出于个人尊严或者其他方面的特殊考虑，而不愿意对外公开、不希望外人了解的私人事宜或个人秘密。维护个人隐私，在此主要是指职员与外方人士进行接触时，一定要对对方的个人隐私权予以尊重，并且在言行上均不得无故涉及对方的个人隐私问题。

在涉外交往中，贯彻维护个人隐私的原则，主要要求职员养成莫问隐私、保护隐私的习惯。

1. 莫问隐私

与外方人士进行交往应酬时，不应任意打听对方的个人隐私。按照常规，下述九个方面的私人问题，均被外方人士看作“不可告人”的“绝对隐私”。在涉外场合中，职员切记不可对此随意打探。

一是私人收入。在国外，个人的收入与支出问题是最不宜直接打探的个人隐私问题。人们的普遍看法是：每个人的实际收入与支出，通常都与其个人能力、社会地位存在一定的因果关系。因此，个人的收入与支出，就如同人的脸面一般，十分忌讳别人的关注。

不仅如此，除直接的收入与支出外，那些可以间接反映个人经济状况的私人问题，诸如银行存款、股票收益、纳税数额、居所位置、私宅面积、私车型号、服饰品牌、度假地点、饮食偏好、娱乐方式，以及外出旅行选择的交通工具类型及其具体档次等，因与个人的收入与支出密切相关，所以也是不欢迎外人打听的。

二是年纪大小。在许多国家与地区，人们都将本人的实际年龄视为自己的“核心机密”之一，绝对不会主动将其告知于人。究其主要原因，在于外国人普遍讳“老”，他们的愿望是自己永远年轻。在他们眼里，“老”了就失去了“机会”，“老”了就告别了社会舞台，“老”了就会被边缘化，而年轻则意味着充满了活力、机会与希望。

特别需要指出的是：有两种外国人尤其忌讳被人问及年纪或被人尊称为“长者”。其一，“白领丽人”。对她们来说，自己最好永远年轻。一旦上了年纪，就等于宣告自己“人老珠黄”，并且应该“告老还乡”了。其二，老年人。如果询问其年纪，就意味着他们“不行了”；若称其为“长者”，则如同讥讽他们一样。

三是恋爱婚姻。每一名热心的中国人，对其家人、亲友、同事的恋爱、婚姻、家庭问题，往往会时常牵挂在心。当中国人相聚时，彼此了解一下对方“有没有对象”“结婚与否”“是否生儿育女”“为什么不要孩子”“夫妻关系怎样”“婆媳关系如何”，都是司空见惯的。然而在国外，此类与恋爱、婚姻、家庭直接相关的问题，则是人们在交谈之中讳莫如深的。对此，外国人的主流见解是：“家家有本难念的经”，随意向外人打探此类家庭问题，极有可能触动对方的伤心之处，伤害其自尊心、自信心，令对方感到难堪。

在有的国家，向异性打探此类问题，不仅会被对方视为无聊之至，而且还有可能会被对方控告“性骚扰”，甚至因此吃上官司。

四是健康状况。在国外，受到市场经济的影响，人们普遍将个人的健康状况看作自己的重要“资本”。身体健康，通常意味着自己前程远大，建功立业的机会很多，并且可以在社会上赢得广泛的支持。如果身体状况欠佳，则往往意味着自己“日薄西山”，前途渺茫，不仅失去了个人发展的许多机会，而且也难以在个人事业上获得各方面的支持。

正因如此，与外国人交谈时，不宜涉及其个人的身体状况，例如，患有何病、健康与否、睡眠质量如何、身高多少、体重几何等问题，不可与之交流有关“求医问药”的心得体会。

五是个人经历。“英雄莫问出处”一说，在国外普遍流行。它是指，与他人进行交往时忌讳打听其既往的个人经历。若是不跟对方“见外”，一而再，再而三地刨根问底，细查其“户口”，往往会给人以居心叵测之感。

一般而言，职员与外方人士进行交谈时，至少有下列五个最关键的个人经历问题不宜向对方打听：其一，对方的籍贯。其二，对方的家庭背景。其三，对方具有何种最高学历。其四，对方拥有何种学位、技术职称或行政职务。其五，对方既往的具体职业经历。

六是政治信仰。在涉外场合中，讲究的是求同存异。必须客观地承认：世界各国的社会制度、司法体系、政治主张、意识形态均存在着明显的差异。因此来自不同背景的各方在寻求合作的时候，应该超越社会制度的界限、政治主张的不同和意识形态的差异，才能求得交往的顺利、合作的成功、双方的友好。

有鉴于此，职员与外方人士交谈时，通常不宜对对方的政治见解、宗教信仰或所属党派、教派表现出过多的兴趣，更不宜对其政治见解、宗教信仰或所属党派、教派等品头论足、横加非议，或是“唯我独尊”，蛮横无理地将自己的立场、观点强加于人。此外，在国外，对于与个人政治见解密切相关的从属于何种社会团体、政治性团体的问题，通常也不宜向他人进行打探。

七是生活习惯。中国人聊天时，个人的生活习惯常常成为中心话题。然而在跨国交往中，职员则必须放弃这一话题。

在外国人眼里，个人习惯与别人毫不相关，所以完全没有为外人所了解的必要。他们认为：倘若对他人的个人生活习惯过分地感兴趣，不是别有用心，就是看上人家了。有关个人饮食、起居、运动、娱乐、旅游、阅读、交友，以及社交媒体的使用等方面的具体生活习惯，都在其“不可告人”之列。

八是所忙何事。在国内，“忙什么呢”与“身体好吗”“吃饭没有”，通常属于人们相逢之时互致问候的“老三样”。中国人还会经常地询问自己的同胞：“最近在干什么”“现在上哪里去”“为什么好久都没有见到你”。可是，绝大多数外国人却并不乐于回答此类问题。他们普遍的看法是：自己“所忙何事”仅与自己有关，与别人并无干系，所以“不足为外人道也”。有时，他们还担心此类问题一旦被人深究，还有可能会泄露个人的最新动向乃至行业秘密，使自己的工作与事业受损。因此，绝对不愿此类问题在外人面前“曝光”。

九是家庭地址。中国人的交际习惯之一，是喜欢经常到亲朋好友家里去串门，并且乐于邀请对方上门做客。然而在国际社会里，通行的方式却恰好与此相反。绝大多数外国人都将私人居所看作自己神圣不可侵犯的“个人领域”，非常讨厌别人无端对其进行打扰。加之他们平时为事业辛劳奔忙，因此居家时十分忌讳被外人破坏了自己的休息与宁静。在一般情况下，若非亲属、至交、知己，外国人都不大可能邀请外人到自己家中做客。必要时，他们宁肯花钱请外人去饭店、餐馆请客吃饭，或是去咖啡馆喝咖啡。

大多数外国人在交往当中不仅对自己的家庭地址绝对保密，而且也不会把自己的私宅电话、社交媒体的号码轻易告知于人，因为它们均与前者直接相关。碰到不识趣者对此贸然打听时，他们往往会“顾左右而言他”，绝对不正面作答。

如上九个在涉外交往当中不宜向外方人士打听的私人问题，通常被称为“个人隐私九不问”。将其铭记在心，并戒之于行动，职员在涉外交往中一般就不容易犯规。

2. 保护隐私

在涉外活动当中，职员除了要做到莫问隐私之外，还应当努力做到保护隐私。只有在这两个方面都做好了，才可以说是真正地懂得了尊重隐私。

所谓保护隐私，在此特指职员在涉外交往当中应该尽量不传播、不泄露隐私。换言之，就是要主动采取必要的措施去维护个人隐私。

就具体内容而言，要做到保护隐私，需要兼顾保护自己的个人隐私、保护我方人员的隐私、保护外方人士的隐私与保护其他人士的隐私四个方面。

一是保护自己的个人隐私。在涉外场合中，职员必须具有必要的自我保护意识，并在实际工作中采取相应措施。保护本人的隐私，乃是职员自我保护的一个重要方面。

职员必须牢记：与外方人士进行交际应酬时，千万不要对自己的个人隐私问题直言不讳，甚至有意无意地“广而告之”。即便间接地那样做，也是不允许的。

如果在涉外活动中，职员动不动就对别人大谈特谈自己的个人隐私，并不会被外方人士视为坦率，而是要么会被人看作没有教养，要么会被理解为别有用心、声东击西。

二是保护我方人员的隐私。在保护自己隐私的同时，职员还必须注意保护我方其他人员的个人隐私。兼顾这两个方面，我方人员在外事活动中才不至于有失自尊。

保护我方其他人员隐私的具体措施，就是不允许向外方人士主动传播、泄露我方其他人员的个人隐私。与外方人士进行交谈时，一方面，我方不宜以此类问题作为交谈的主题；另一方面，当外方人士涉及此类问题时，我方人员则应予以回避。

三是保护外方人士的隐私。出于种种原因，职员可能会对外方人士的个人隐私问题有所了解，例如在接待过程中，对其联络方式、护照信息的了解等。此时职员必须清楚：自己的这种“特权”决不可“滥用”。不论有意无意了解到的外方人士的个人隐私，还是外方人士主动透露的个人隐私，不论在公开场合还是在私下，职员都切不可将其向外界披露。否则就既有悖于自己的职业道德，又有可能因此而失去外方人士的信任，甚至还会为此而惹出麻烦。

四是保护其他人士的隐私。“其他人士”，在这里是指涉外场合中除交往双方之外的第三方人士。在涉外活动中，对其他人士的隐私，职员也有保护的义务。

对于从事涉外工作的职员来说，若对其他人士的个人隐私“畅所欲言”，甚至生编滥造、无中生有，或道听途说、以讹传讹，不仅有失身份，有损人格，而且还会给自己当前的交往对象以不佳的印象。

九、女士优先

作为涉外礼仪的原则之一，“女士优先”的主旨是：要求每一名成年男子，都有义务主动而自觉地以自己的实际行动去尊重女性、照顾女性、体谅女性、保护女性，并且想方设法、尽心尽力地为女性排忧解难。倘若男士因自己的不慎使女性陷于尴尬、困难的处境，则意味着男士的失职。在涉外活动中，职员有必要了解并适度地遵守“女士优先”的原则。需要在此明确的是：讲究“女士优先”，并非意味着女性属于弱者，值得怜悯、同情，也不是为了讨好女性，别有用心。

在涉外活动的具体实践中适度地遵守“女士优先”的原则，主要应当从其适用范围与操作方式两个具体方面加以注意。

1. 适用范围

在涉外交往中，虽然“女士优先”原则早已是家喻户晓、人人皆知，但是它仍然有一定的适用范围。只有在其适用范围内，“女士优先”原则才会生效。一旦超出其特定范围，“女士优先”原则便不起任何作用。

职员在确定“女士优先”原则的适用范围时，关键是要掌握地区差异、场合差异与个人差异。

一是地区差异。在全球范围之内，“女士优先”原则的运用，存在着明显的区域性差异。在世界上，虽说“女士优先”人人皆知，但并非各国都如此讲究。

就目前而言，“女士优先”主要通行于西方发达国家、中东欧地区、拉丁美洲地区以及非洲的部分地区。在这些国家、地区范围之内，一名对“女士优先”原则一无所知的成年男士，在交往应酬时往往将四处碰壁。

可是一旦到了阿拉伯国家、南亚地区、东南亚地区或是东亚地区，尤其是到了以崇尚自身传统文化而著称的一些东方国家，讲究的却是“男尊女卑”。在绝大多数情况下，那里的主流社会对“女士优先”并不买账。

二是场合差异。其实，即便在讲究“女士优先”的国家，人们也并非不区分具体的场合讲究“女士优先”，并非时时、处处都讲究“女士优先”。

根据国际惯例，只有在社交场合讲究“女士优先”才是最为得体的。而在公务场合，人们则普遍强调“男女平等”。此时此地，性别差异并不为人所看重，因此没有必要煞有介事地讲究“女士优先”。至于在休闲场合，“女士优先”则讲究亦可，不讲究亦可，往往可以悉听尊便。

三是个人差异。“女士优先”原则提醒每一位成年男士，在需要讲究“女士优先”之时，应对当时在场的所有女士一视同仁。不仅对同一种族的女性应当如此，对待其他种族的女性也应当如此；不仅对熟悉的女性应当如此，对待陌生的女性也应当如此；不仅对家境优渥的女性应当如此，对待家境普通的女性也应当如此；不仅对年轻貌美的女性应当如此，对待上了年纪、相貌普通的女性也应当如此。

从原则上讲，“女士优先”的适用对象，应当包括所有成年女性在内。但在实践中，职员必须切记：即使在传统上讲究“女士优先”的国家，仍有一些人并无此种讲究，甚至对此颇为反感。其最具典型的代表，当推所谓“女权主义者”。她们要求“男女平等”，并认为“女士优先”本身就是歧视女性的一种表现。

2. 操作方式

“女士优先”，通常是非常讲究具体操作细节的。离开了种种具体的可操作细节，“女士优先”就会成为一句空话。在社交场合贯彻“女士优先”时，需要兼顾下述四个方面的具体操作细节问题。

一是尊重女性。在正式的社交场合，男士必须对每一位成年女士无一例外地给予应有的尊重。尊重女性，乃是“女士优先”原则的第一要旨。

一般而言，尊重女性，应通过男士的以下具体行为得以体现：

其一，发表讲话、演说时，若需要对当时在场的来宾加以称呼，应以“女士们，先生们”，或“玛丽小姐，威廉先生”为顺序，即应将女士的称呼放在男士称呼的前面。

其二，在聚会上同时与男女主人相遇，应当首先问候女主人，然后再问候男主人。

其三，由室外进入室内后，应当主动问候先行抵达的女士，若此刻对方业已落座，则不必起身回礼。而当女士由室外进入室内后，在场的男士均应先行问候对方，已经就座的男士，此时则必须起身相迎。需要为初次谋面的男女双方进行介绍时，标准的方式是首先介绍男方，然后介绍女方，即让女士“优先了解情况”，以便决定如何对待男方。

其四，男女双方有必要握手为礼时，正规的做法是：女士首先伸出手来与男方相握，而男士率先伸出手来则是失礼之举。此种做法，实际上是将是否握手的决定权交给女士来掌握。

其五，在室外活动时，戴着帽子的男士在向女性打招呼之前，应该首先向女方脱帽致意。在正式宴会上，出于对女性的尊重，通常不宜雇用女性充当侍者。而在家宴中，亦不能只由女主人忙前忙后。

其六，在就餐时，女主人往往是“法定”的第一顺序。换而言之，其他任何人用餐时的一切举止，均应唯女主人“马首是瞻”，而不允许贸然行动，或者抢先品尝。按照惯例，在正式宴会上，女主人打开餐巾，等于宣布宴会开始；女主人拿起餐具，意味着可以开始用餐；女主人把餐巾放回餐桌上，则表示宴会到此结束。

二是照顾女性。在必要的时候，男士应主动给予女性一切及时的照顾。照顾女性：一要注意具体时机是否得当；二要讲究两相情愿。在任何时候，男士给予女性的照顾都不应该强加于人。

在正常情况下，男士对女性的照顾主要应当在下列方面表现出来：

其一，在公共场合内稍作休息时，男士有义务为女性寻找座位。当座位不够使用时，男士应请女士首先就座。业已就座的男士若是发现尚有女性无处可坐，则不论双方相识与否，男士均应起身让座于对方。

其二，外出之时，男士应当责无旁贷地负责搬运或放置行李。有必要时，男士还应替同行的女性携带大件或沉重的行李。发现在场的其他女性携带较大、较重的物品时，在征得对方同意后，男士应挺身相助。在行进之中，男士通常应该请与自己同行的女性先行一步，以便由对方“选择前进的方向”。上下车辆或者上下飞机时，男士亦应如此，请同行的女士先上、先下。

其三，需要通过大门时，男士一般应当主动替与自己同行的女性开门或关门。上下轿车时，为同车的女性开关门也是男士义不容辞的责任。

三是体谅女性。正式的社交场合中，任何一名具有良好个人教养的男士，都应当予以女性必要的体谅。体谅女性，在此特指男士应当善解人意，应当善于设身处地地替女性着想，并且善于谅解女性。在运用涉外礼仪的具体过程中，要求男士体谅女性，主要是要求男士善于察觉女性的难处，主动地为之排忧解难。其具体表现为：

其一，当女性在大庭广众之中面临某种困境时，诸如不了解某种商品的用法、不知道应当如何品尝某种菜肴、不通晓某种外语或方言时，男士应当“知难而上”，主动为其解围，而不是对此视而不见。

其二，男女并排就座时，若彼此之间不是夫妻、情侣或亲属关系，一般不应当安排一名女性在两位男士之间就座。

其三，单行行进时，通常要求男士随行于女性身后，主要原因之一，在于男士一般步幅比女性大。令其充当“开路先锋”，往往会使得同行的女性难以跟进。

其四，在一些过于狭窄的路段与女性相逢时，不论是否认识对方，男士都应当礼让，请对方先行通过。

其五，上楼梯时，男士一般应当请穿裙服的女性随行于其后。而在走下较为陡峭的台阶或者楼梯时，男士则应行进在前。前一做法，是为了预防同行的女性“走光”；后一做法，则是担心同行的女性不慎“失足”。

其六，出席宴会、舞会、音乐会或者观看演出、体育比赛时，如果没有领位员提供服务，男士一般应主动为同行的女性带路或寻找座位。需要在衣帽厅存取衣帽时，男士还有义务为同行的女性代为存取衣帽，并在必要时协助女性脱下或穿上外套。

其七，在正式的社交舞会上，通常应当由男士邀请女性，不过由于“女士优先”，所以女性拥有选择舞伴、谢绝男士邀请的权利。女性在社交舞会上也可主动邀请男士，同样是因为“女士优先”，所以男士不得拒绝对方的邀请。

四是保护女性。在必要的时候，男士应当挺身而出保护女性。保护女性的本意是：男士应采取行动，不使自己身边的女性受到伤害。在社交活动中，保护女性主要应当在如下几个具体方面得以体现：

其一，与女性交谈时，男士的谈吐应当高雅脱俗，并且应在具体内容上掌握好分寸。切不可当着女性的面，大讲特讲脏话、粗话、黑话，大讲黄色笑话，或是开低级下流、令人难以启齿的玩笑。惯于吸烟的男士，在女性面前必须有所克制，无条件地实行“禁烟”。即使烟瘾发作，也不允许冒昧地询问在场的女性：“我可以吸烟吗？”即便吸电子烟，也是不允许的。

其二，在室外同女性一道并排行走时，男士应自觉地遵守“把墙让给女性”的法则，即请女性走在人行道的内侧，而自己则主动走在人行道的外侧。这一做法，既是出于维护交通安全方面的考虑，也是为了防止女性被疾驶而过的车辆所惊扰，或者是防止车辆飞驰而过时可能溅起的污泥浊水弄脏女性的衣裙。

其三，当男女一起经过拥挤之处，或是通过存在着危险、障碍的路段时，男士应主动走在前面，以便为身后随行的女性开道。

其四，邀请女性与自己一起外出参加活动时，男士不仅需要提前前往女性的居所迎接，而且还需要在活动结束之后将其护送回居所。

其五，在社交舞会上，当女性无人邀请或遭逢个别男士骚扰时，在场的每一名男士都有义务前去为女性解决难题。

其六，当女性出于种种原因需要获得支持、帮助、保护时，男士则应当给予对方热情的支持、帮助，并为对方提供必要的保护。

十、保护环境

所谓环境，通常是指人类生存的外部条件。它被视为人类社会赖以生存和发展的基础。作为涉外礼仪的主要原则之一，“保护环境”的主要含义是：在日常生活中，每一个人都有义务对人类赖以生存的环境自觉地加以爱护。严格地讲，“保护环境”乃属社会公德的范畴。

在涉外交往中，能否以实际行动保护环境，已被视为一个人有没有教养、讲不讲社会公德的重要标志之一。

之所以要特别强调保护环境的问题，除了因为它是做人所应该具备的基本社会公德外，还在于它在当今国际舞台上已经成为舆论倍加关注的焦点问题之一。

随着人类社会的不断进步，人们已经逐渐认识到：环境问题与自己的生活质量息息相关，并且在某种程度上制约着人类的生存。为了经济的一时发展和生活的暂时舒适而牺牲环境，终将危害到自己。爱惜和保护环境，从本质上讲，就是对整个人类的爱惜和保护。

受此影响，保护环境早已成为国际舆论经久不衰的主旋律之一。在世界各国，都已出现了各种不同形式的环境保护组织。“环境保护主义”更是风靡一时，成为国际上风头正劲的当代思潮。在国外，尤其是在发达国家，当前若是有人胆敢在口头上或者行动上与环境保护唱反调，必将落得一个世人皆非之、舆论共讨之的下场。

近年来，中国人的环境保护意识也已经有所增强。在实践生活中，人们也对环境保护工作倍加重视，绿水青山在今天的美丽中国早已随处可见。在涉外交往中与此有涉时，职员需要特别注意的问题有以下两点。

1. 付诸实践

应当指出的是，当代人仅有环境保护意识是远远不够的；更重要的是，人人都要有实际行动。要真真切切地从我做起、从小事做起、从现在做起，为我们人类所共同生存的这个世界变得更加绿色、低碳、干净、整洁而切切实实地尽一己之力。

一是从我做起。保护环境，重在每个人的自觉行动。每一名职员均须在此方面严于律己，将其积极地付诸个人的实际行动。

二是从小事做起。保护环境，应当不避小事。如果职员不能从自己身边的每一件细小之事做起，则保护环境往往便会流于形式。

三是从现在做起。保护环境，宜在当前。每一名职员保护环境的各项举措，都必须从现在开始实施。

2. 严于律己

与外国人打交道时，职员在保护环境的具体问题上需要好自为之，严于律己。要对细节多加注意，切勿因个人的不拘小节而引起非议。

具体而言，职员在涉外交往中特别需要在保护环境方面加倍注意的细节问题，可分为下述八个方面。职员对此必须慎之又慎，千万不可以大而化之，放任自流。

一是不可损毁自然环境。自然环境，指的是人类赖以生存的一切自然条件。它既是人类生存的资源，又与人类相互依存。不论为了发展经济还是为了提高生活质量，都切不可损毁自然环境，诸如乱采矿藏、乱伐森林、浪费或破坏水资源、随意污染空气等。人类迟早会因这些行为受到报复，并最终自食其果。

二是不可虐待动物。在国外，动物的地位往往是至高至尊的。人们普遍认为：动物是自然界实现生态平衡的不可或缺的重要一员。它与农、林、牧、渔、医等各方面关联非常密切，不仅为人类的衣食住行提供了宝贵的资源，是整个生物链中难以缺少的一环，而且还为美化人类的生活提供了一定的条件。在世界各国，动物大都被当作人类的朋友来看待。滥捕、滥杀、殴打、残害动物的行径早已为法律所禁止，就连对动物的饲养、利用、宰杀或交易的方式考虑不周，也会受到人们的指责。积极保护动物，反对虐待动物，甚至直接与一个人的道德水准挂钩。

三是不可损坏公物。从某种意义上说，一切公物，即共有、公用处所之中为大众提供服务的一切公共设施，亦属人类公共环境的重要组成部分。每一位具有良知的人，对于公物都要自觉爱惜、保护。有意或无意之中对其进行破坏，都是很不应该的。对于任何公物，都不可据为己有。特别要注意的是，不要在公共场所乱涂、乱抹、乱刻、乱画，不要攀缘树木或公共建筑物，不要偷摘偷采树枝、花卉，不要损坏公用的桌椅、电话亭、救生设备等。

四是不可乱挂私人物品。在平时要养成良好的个人生活习惯，对环境卫生要自觉地加以维护。在公用的楼梯、走道、门庭内，切勿乱堆、乱放私人物品或垃圾。在临街的阳台、窗口，亦不可随意晾晒衣物，或是胡乱放置私物。

五是不可乱扔乱丢废弃物品。有必要对废弃物品进行处理时，一般不要自行焚毁，更不要随手乱扔乱丢，而应在指定的时间内将其分类后放置于规定之处。在有的国家，乱扔乱丢废弃物品，已属违法行为。那样做的话，将难逃法律的惩罚。

六是不可随地吐痰。个别的人有一种不良的生活习惯，即不分人前人后，经常喜欢大声清嗓子，然后将一口浓痰直接吐在地上。那样做的人，不仅不讲卫生，而且也是有损于环境的。一定要牢记：尽量不要在他人面前清嗓子、吐痰。万一非做不可的话，要想法压低音量，并且将痰吐在痰盂里，或吐在纸巾之中，然后再扔进垃圾桶里。

七是不可随处吸烟。吸烟有害健康，早已是人所共知。在公共场所吸烟，包括吸电子烟、鼻烟，对于其他不吸烟者都是极不尊重的。在涉外交往中，除了在禁止吸烟处不得吸烟外，在一切其他的公共场所也不要吸烟。还须切记：向外宾敬烟，不仅毫无必要，而且还是一种失礼的行为。

八是不可任意制造噪声。在现代生活里，噪声污染对于环境也是一种破坏。必须谨记：与人交谈时一定要轻声细语，在公共场合切勿大声喧哗，切勿在不适当的地方劲歌狂舞。尤为重要的是，在一切公共场合，都不要让自己的手机狂响不止，不要旁若无人地高声接打电话，不要让自己的任何声响有碍于他人。

本章思考题

1. 什么是握手的“尊者决定原则”？
2. 宾主会晤的座次应怎样安排？
3. 宴请来宾时如何安排菜肴？
4. 轿车的位次应如何安排？
5. 涉外交往中应如何把握“热情有度”的“度”？
6. 不宜涉及外宾的哪些个人隐私问题？

第三章 应酬礼仪规范

《礼记》曰："君子不失足于人，不失色于人，不失口于人。"

在工作之余，许多职员常常为了本单位发展业务的需要而参与各式各样的社交活动。所谓应酬，在此指的是人们在业余时间所从事的个人交际。它有时属于职场交往的某种延伸，有时则是个人行为。它的目的，是多交朋友，广结善缘，开阔视野，丰富信息。它的特点，则是置身于公共场所或私人居所，多人共同进行活动。

应酬活动，尤其是参加在公共场所进行的应酬时，职员对下述礼仪规则，必须认真恪守。

第一，遵守公德。在应酬中，每一名职员除了要遵守某项具体活动的具体规则之外，更要自觉地严格遵守现行的社会公德。在外地或外国活动时，还需要自觉地遵守其主流社会的规范。

第二，律己慎独。不论集体活动还是只身一人，职员在参加应酬时，均应严于律己、遵法守规、遵守公序良俗。当自己一人独处时，尤其需要始终如一地严格要求自己。

第三，和睦共处。进行应酬，重在参与，意在交流。要使自己从中有所收获，与他人和睦相处便至关重要。不论对主人客人、熟人生人、男人女人、本地人外地人、自己单位的人外单位的人、中国人外国人，职员都应当平等相待、热情友善、和睦共处。

第一节　宴　会

宴会，通常是指由机关、团体、社会组织或者企事业单位等出面组织的，具有一定目的，以用餐为活动形式的交际聚会。有时，它亦可由个人或者以个人的名义举办。宴会的具体名目繁多。从规格方面进行划分，可将其分为国宴、正式宴会、便宴和家宴；从餐别方面进行划分，可将其分为中式宴会、日式宴会、俄式宴会、法式宴会等；从时间方面进行划分，可将其分为早宴、午宴或者晚宴；从性质方面进行划分，则又可将其分为工作宴会、私人宴会、欢迎宴会、告别宴会等。

从礼仪规范的角度上说，宴会实际上是一种典型的社交活动。人们举办宴会、参加宴会的主要目的，往往并不是满足口腹之欲，而是希望以宴会友，通过宴会这种深受欢迎的交际形式拓展自己的人际关系。《礼记》曾经指出："夫礼之初，始诸饮食。"在现实生活中，人们不仅重视宴会，而且还对宴会的礼仪颇为讲究。赴宴，早已被公认为最高档次的社交活动之一。

就总体而言，职员出席宴会的礼仪规范主要涉及用餐规范与席间举止两个方面。

一、用餐规范

参加宴会时，不论主人还是客人，都必须自觉地遵守用餐规范。所谓用餐规范，在此主要是指就餐的标准做法与具体的要求。在宴会上遵守约定俗成的用餐规范，不仅可以使自己表现自如地享用餐饮，而且还往往会因此赢得他人的好感。

用餐规范，主要适用于正式的宴会。具体而言，不同形式、不同餐别的宴会，又有着不同的用餐规范。以下，主要介绍职员平时所接触最多的中餐的用餐规范。

中餐的用餐规范，主要适用于中式宴会，目前它是职员涉及最多的一种用餐规范。具体而论，中餐的用餐规范主要包括下列三个基本方面：

1. 上菜的顺序

在正规的中餐宴会上，上菜的具体顺序是万万不可本末倒置的。中餐上菜的正确顺序是：首先上冷盘，接下来上热菜，最后再上甜食与水果。一般而言，即使宴会上的桌数再多，各桌也要讲究照此顺序上菜。

根据常规，中餐宴会上菜的具体方法一共分为三种：

一是使用小碟盛放。其具体做法是：每人一样一份。

二是使用大盘盛放。它们通常直接上桌，然后由就餐者个人随意取用。

三是使用大盘统一盛放各式菜肴。上菜后，应由侍者依次为每一位就餐者进行适量的分配。

赴宴时，切勿在其他桌或同桌其他人的菜肴尚未上毕时，便迫不及待地动手取菜，此举纯属目无他人。

由侍者负责上菜时，在具体顺序上往往讲究先客人、后主人，先主角、后配角，并应沿着顺时针的方向逐人进行。此时，其他人均宜静候，切勿“越位”争抢。

2. 餐具的使用

对绝大多数人而言，享用菜肴时，都有必要注意餐具的使用。品尝中餐时，显然不可对中餐餐具一无所知。

在正规的中餐宴会上，人们所接触到的餐具主要有筷子、汤匙、食盘、饭碗、水盂、牙签、热毛巾以及餐巾等。它们各有各的用途，各有各的正确使用方法。在宴会上若不注意餐具的使用，不论有意还是无意，都是一种失礼的行为。

一是筷子。吃中餐时，筷子是最主要的餐具。中国人使用筷子，讲究的是成双成对，不得单用一根。一般情况下，取用菜肴时应以筷子夹取为主，并辅之以汤匙，直接下手去取的做法是非常错误的。

在宴会上使用筷子，主要有下列五项禁忌：

其一，忌舔筷子。不论取菜之前还是取菜之后，都不宜对筷子又舔又嘣。

其二，忌插筷子。取菜时，不得以筷子插而取之。暂时不用的筷子，亦不得将其插在饭菜之上。

其三，忌舞筷子。使用筷子切不可挥来舞去，尤其是不可以之直接指向别人。

其四，忌敲筷子。用筷子互相敲击，或者以之击打碗、盘、杯、碟、桌面，通常是很不礼貌的。

其五，忌扔筷子。用餐期间，不允许乱扔、乱放筷子。把它们放在桌面上，或者搭在杯上、碗上，也是不合适的。

二是汤匙。在中餐的餐具之中，汤匙主要是用以饮汤的。在取用菜肴时，以汤匙对筷子加以辅助是允许的，但尽量不要直接用汤匙去舀取菜肴。

使用汤匙时，有着下列五点特殊讲究：

其一，使用汤匙舀取汤汁饮用时，不得将汤匙全部含入口内，反复吸吮。

其二，一次舀取的汤汁可分数口饮用，但切不可将尚未饮毕的汤汁再倒回去。

其三，汤汁如果过于烫口，可稍后再饮，不宜用嘴向汤匙内的汤汁猛吹。

其四，除了饮汤之外，汤匙不宜再作他用，即便以之取用主食，亦为不当。

其五，不用汤匙时，应将汤匙平放于食盘之上。不可将其直接放在餐桌上、搭在汤碗上，更不可令其在杯、碗之中直立。

三是食盘。在正式宴会上所使用的各色餐具中，食盘通常都必不可少。它的主要作用是暂时搁放从公用菜盘中取用的菜肴，此外还可存放进餐时的废弃物。

使用食盘时，以下有四点重要的注意事项：

其一，每次取来暂放的菜肴数量不宜过多。

其二，每次取来暂放的菜肴应当只是一种。

其三，进餐时的废弃物不可乱放。可将其置于食盘之上距离自己较远的一端。但是，不要将其直接吐在尚未品尝的菜肴上，不要将其直接吐到地上、餐桌上，更不要搞得杯盘狼藉。

其四，适时更换食盘。食盘存放的废弃物较多而不便放置菜肴时，可请侍者替自己换上一个干净的食盘。

四是饭碗。在所有的中餐餐具里，饭碗的用途最为明确。在用餐时，只宜用其盛饭。在正规的中餐宴会上使用饭碗时，对以下五点基本要求务必认真注意：

其一，不得端起饭碗。在取用碗内的食物时，不允许直接将其捧端起来。

其二，不得抿舔饭碗。取食饭碗之内存放的食物，通常只宜借助于筷子。直接用嘴又抿又舔是不合适的，抿舔饭碗则更为不妥。

其三，不得盛放他物。除盛放主食外，饭碗内只可放入少许菜肴，此外不得再去以其盛放汤汁和其他废弃物。如欲盛汤，应使用专用的汤碗盛放。

其四，不得将碗倒扣。在用餐期间，客人不得倒扣饭碗，不然就是对主人的大不敬。

其五，不得将碗叠放。在用餐时，每个人的饭碗大都不必更换。将两只饭碗叠放在一起，通常是不允许的。

五是水盂。中餐餐具之中的水盂，主要是供用餐者在有必要直接下手取用食物时，洗涤手指之用的。因此，水盂有时又被叫作洗手钵。一般来讲，水盂之中应当盛放适量的清水。必要时可对其进行更换。有时，为了增加其美感，往往还可在清水中撒上一些花瓣。

使用水盂时，必须重点注意以下两个问题：

其一，切勿误饮水盂中的清水。若是将水盂内的清水当作高汤饮用，就闹出笑话了。

其二，使用水盂时切勿大洗特洗。水盂不同于脸盆或水池，在其中只可轻轻涮洗手指，而切不可大洗特洗手掌或手臂，甚至将其乱甩乱抖。

六是牙签。牙签，是供用餐者剔牙之用的。在宴会上，只有万不得已时，才可以使用牙签。有必要用牙签剔牙时，应有意回避别人的注意。最好是采用以手掌或餐巾掩口遮挡的方式悄然进行，以防他人旁观自己的“血盆大口”。当然，最好是不要在餐桌上剔牙，尤其是不要直接下手去抠，甚至还将抠出之物“观赏”一番。

使用牙签时，有三点应予注意：

其一，一支牙签只宜使用一次，切勿反复使用。

其二，牙签不宜挪作他用，以之扎取食物或者剔指甲缝都是不允许的。

其三，不宜长时间地将牙签叼在口里，餐后尤其不要那样做。

七是热毛巾。为用餐者上热的湿毛巾，是中餐宴会所独具的一个特点。根据惯例，当中餐宴会开始时，服务员会为每一位就餐者递上一块热的湿毛巾。它只可用以擦净手部，却千万不宜用来擦脸或者擦嘴，或不可用它去擦餐具。

当中餐宴会即将结束时，服务员通常会再次送上一条较前者稍小一些的热的湿毛巾，这块湿毛巾才是专供擦嘴之用的，故不能用它擦脸或者擦汗。

八是餐巾。目前，正规的中餐宴会都会为用餐者每人提供一块大小不等的餐巾。它的基本作用是替用餐者保证服装的整洁，所以必须将它平铺于并拢之后的大腿上，不允许将其铺在自己面前的餐桌上，不允许把它围在脖子上，或是掖在衣领上、腰带上。它的标准铺法是：将其折成长条状之后，应以其折缝向内，或者将其折成三角状之后，再以大三角的顶端朝外。在用餐期间，可用餐巾的不同部位擦嘴或者擦手，但是不得用来擦脸、擦汗或者擦餐具。有时，铺放餐巾可由服务员代劳，此时恭敬不如从命，不过不要忘记向服务员道谢。

在有的宴会上，会向每一位就餐者提供一些餐巾纸，它通常是专供擦嘴或者擦手的。因此，不要用餐巾纸去擦餐具、擦脸或者擦拭身体的其他部位。餐巾纸一般都是一次性用品。当用完时，可向服务员索要，不要代之以自己的其他纸张，尤其是不可用自备的卫生纸取而代之。

3. 特殊的讲究

在正规的中餐宴会上，用餐者还应当掌握下述几个方面特殊的讲究。

一是开始用餐有待主人示意。凡是宴会上的用餐，都有待统一行动。通常只有当主人举手示意“请用餐”，或者带头举筷夹菜时，其他人士方可动手取食。

二是宾主致辞时宜洗耳恭听。有的宴会在正式用餐前，往往会安排宾主先后致辞。当宾主致辞时，应专心聆听，而切切不可埋头大吃大喝，或者与身边之人交头接耳。

三是取用菜肴讲究先来后到。在取用菜肴时，切勿与其他人同时行动，“争先恐后”。此刻，既要遵守先来后到的规矩，又要懂得礼让别人。

四是可向他人让菜但不布菜。用餐时，主人可以劝他人多用一些，或者主动向客人们介绍一些桌上菜肴的典故、特色，然而为别人布菜（替别人夹菜）则是不允许的，特别是不得将本人所吃剩的饭菜拨让给别人。

五是取用菜肴时不挑三拣四。从公用的菜盘里取菜时，必须看准之后再夹，夹住后即应取走。不要翻来覆去地挑拣，或者盯着菜盘举棋不定。已经夹住的菜，一般不宜再放回去。

六是饮酒自愿而不酗酒、灌酒。为了祝酒或者活跃气氛，宴会上往往会提供一些酒水供用餐者自愿选用。但是，通常不上烈性酒，并且禁止酗酒、划拳。饮酒时，讲究适量而止、先干为敬。集体起哄，猛灌某人而令其“一醉方休”的做法，则是极不文明的。

二、席间举止

出席正式宴会时，每一名职员都有必要认真地约束自己的举止行为。其中最重要的是要认真了解宴会对于赴宴者举止行为方面的特殊规定，并且努力克服自己在席间有可能出现的有关举止行为方面的一切不良习惯。只有如此，自己的举手投足才能得到别人的认同。

结合中餐宴会的基本特点，职员在其赴宴时需要在席间重点注意以下两大方面的问题。

1. 举止自律

参加中餐宴会时，每一名职员均应对自己的举止加以自律，使之既符合规范，又无碍于人。

一是减少走动。除自助餐、酒会等允许赴宴者自由行动之外，绝大多数宴会，特别是正式、高档次的宴会，都不提倡赴宴者在宴会进行期间随意四处走动。一旦坐在属于自己的座席上，赴宴者往往就必须坚持到宴会宣告结束。想要同熟人打招呼，可以等待祝酒之际或是散宴以后。即使想去“方便”一下，也要快去快回。在出席宴会时中途不告而别，是极失礼的。用餐时，在席间独自串来串去，甚至高声喧哗，也非常不合适。

二是手足安定。在餐桌旁正式就座后，用餐者应置自己的手足于适当之处。一般而言，双手应当放在餐桌上，或者是在相握之后放在自己的腹前。不要把手插入口袋，或者在桌上桌下摸来摸去。把双手抱在脑后，也是不甚雅观的。双脚最好尽量地并拢，并放在自己的座椅之下。不要四处乱伸，叉开双腿。尤其是不要架起“二郎腿”乱抖乱摇，或者是把腿、脚蹬放在自己、别人的座椅上面。

三是节制打扮。在宴会举行期间，一般不宜当众进行个人的打扮。通常，可在步入宴会厅之前，利用衣帽间、休息厅等处收拾、打扮一下自己。然而一旦在餐桌旁坐定后，就不要“拾掇”自己了。例如，在用餐期间，不准宽衣解带，不准松领带、解腰带、挽袖口、卷裤筒、脱袜子、脱鞋子。在餐桌上当众剪手指甲、梳理自己的头发，或者是描眉、画眼、涂口红、照镜子，亦在禁止之列。

四是适度交谈。举行宴会的一大初衷，就是要给赴宴者创造得以扩大本人交际面的机会。因此，每一位赴宴者都要充分利用参加宴会的机会，多与其他人士进行接触。有可能的话，要寻找各种机会与旧友新朋进行适度的交谈。至少，在宴会开始前和结束后，要上前同主人打上一个招呼，告一下别。在餐桌旁与休息厅内，不妨主动与身边的人士交谈两句。遇到老朋友，不要忘记与对方聊一会儿天。当别人主动与自己交谈时，则一定要予以呼应。不要坚持“只食不言”，从而给人以“为吃而来”的印象。

五是广泛交际。参加宴会期间，有经验的人一定会千方百计地扩大自己交际的范围。既要不忘记老朋友，又要力争多结交一些新朋友。在宴会举行前后以及举行期间与他人进行交际时，不要仅仅局限于某一个人或者某一个小圈子。若有可能，不妨主动转换几个“阵地”，多去接触一下其他人或者其他交际圈。不要眼里只有领导、名人、熟人、异性或者地位显赫之人，而不肯去接触其他自己暂时无求于对方的人士。

2. 用餐文明

参加宴会时，赴宴者用餐时的具体行为最为引人注意。从总体上来讲，必须使自己的用餐行为文明有度。具体来讲，则应重点关注下述九点事项。

一是安安静静。在进餐时，每一位赴宴者都要努力做到安安静静，尽可能地不使自己发出任何声响。要达到上述要求，最重要的就是要使自己进餐的具体动作不慌不忙，吃喝之时细嚼慢咽，不要忘乎所以，不宜动作过猛、狼吞虎咽。在品尝某些易于发出声响的食物或者饮料时，则更是要有意识地加以自我克制，尽量不使自己的吃喝之声、餐具使用声以及身体内部所发出来的声响被别人听到。在世界各国，进餐时不得发出任何声响，都是一项普遍适用的宴会礼仪规范。

二是保持卫生。在宴会上与他人同桌用餐时，一定要充分地考虑对方的内心感受，自觉地讲究用餐卫生。一般而言，不应当在餐桌上直接下手取菜，不允许吸吮自己的手指，不可以捡拾桌上、地上的食物后再次入口。还必须注意，不要在用餐时猛然咳嗽、打喷嚏、擤鼻涕、清嗓子，尤其是不要随地吐痰。万一有此需要时，应立即离开餐桌，赶往无人之处进行处理。实在来不及的话，则应首先以纸巾或者手帕掩住口鼻侧身而为，并且在事后为此向周围的人道歉。

三是取菜文雅。在餐桌上当众取用菜肴时，一定要尽可能地使自己的举动表现得文雅、大方、轻松、自然。务必注意：每一次所取用的食物不宜过多。在取菜时，动作宜轻、宜慢，不要贸然下手、东碰西撞。衣袖、领带、发梢等处，无论如何都不可触及菜肴。够不到较远处的菜肴时，可请服务员或附近之人帮忙，但万万不要起身去够或者走过去一端了之。他人帮忙所递过来的菜肴，可在拨上一些之后，将其归于原处。不要包揽自己所偏爱的菜肴，而应注意与大家共同享用。

四是入口适量。赴宴者在宴会上用餐时，要有意识地做到在总体上入口适量和在具体上入口适量。所谓在总体上入口适量，就是要求进餐者限制自己的食量，不要暴饮暴食；所谓在具体上入口适量，则是要求进餐者有必要控制自己每一次入口食物的分量，不要一时使自己难以下咽，甚至因此而令自己吃相不雅。总之，每一回入口的食物，都要块小、量少。这样做既方便于自己细嚼慢咽，又会使自己的吃相温文尔雅。

五是只进不出。用餐的时候，所有的入口食物原则上都应该只进不出。除去菜梗、骨渣、鱼刺等少有的例外，当着外人的面把已经入口的东西再次吐出来，不但吃相不雅，而且也属于非常失礼的表现。因为食物一旦入口之后，往往会被嚼成面目全非的一团，将其再吐出来，实在令人作呕。所以，在进食前应认真地对菜肴进行必要的剔除清理。还有一点应当明确，若他人口中明显地含有食物，或是正在进行咀嚼之时，切勿主动找其攀谈。否则便会使对方处于进退两难的境地。

六是干净利索。要想在餐桌上保持自己的风度，就一定要在用餐的具体过程中做到吃得干净、喝得利索，不留任何痕迹。具体而言，每当自己吃完一道菜、喝完一杯饮料之后，或是预备与人交谈时，均应首先使用餐巾或餐巾纸擦净嘴角、手指，以防止自己的脸上、手上甚至身上黏附食物。发觉自己汗流浃背，或者吃相不雅时，亦应采取一定的处理措施，以防自己的尊容受损。

七是切勿指点。与其他公共场合进行活动时的要求一样，在宴会上用餐时，同样也是禁止以任何方式对别人指指点点的。赴宴者必须牢记：万万不可因为自己吃得开心、谈得高兴，而在餐桌上当众手舞足蹈或指手画脚，尤其是不要将本人的手臂挥来挥去。在宴会上还要注意，不论介绍菜肴还是向别人布菜，都千万不要用自己的食指、筷子、汤匙或者餐刀、餐叉之类的东西去直接指向别人。那种做法，是失敬于人的。

八是禁烟少酒。一般情况下，宴会举行期间都是禁止吸烟的。即便吸电子烟，也是不允许的。这样规定的目的，是维护环境，保护赴宴者的健康。在赴宴时，切记不可犯规，不可一边吃饭一边吸烟。即使无此规定，也要自觉禁烟，坚决不在用餐期间吞云吐雾。与此同时，还应有意识地抵制美酒的诱惑，自觉地限制自己的酒量。不要在宴会上酗酒、醉酒，致使自己酒后失态。在赴宴时，通常提倡滴酒不沾。即使有必要饮酒，也应将酒量具体限制在本人平时酒量的 1/3 以下。

九是勿作非议。作为客人赴宴时，不论他人要求自己发表高见，还是本人顺便提及，在具体涉及上桌的各式菜肴及其味道时，都不应当大张旗鼓地进行非议。就算是宴会上的某道菜肴的确存在一些明显的不足之处，也不宜当众说长道短，更不能与其他餐馆进行比较、鉴别。对自己正在享用的菜肴进行批评，或者谴责厨师的手艺欠佳，往往会被人们视为对主人不满的一种间接表示。

第二节　拜　会

拜会，通常又称拜见或拜访。它一般是指前往他人的工作地点或私人居所，会晤对方、探望对方，或是与之进行各种接触。不论职场交往还是私人交往，拜会都是人们习以为常的一种社交方式。

就其本质而论，拜会是一种双向的活动。在拜会中，访问、做客的一方为客，称为来宾；做东、待客的一方为主，则称为主人。对于宾主双方而言，在拜会中都必须恪守本分，依照相应的礼仪规范行事。下面就来分别介绍做客与待客的常规礼仪。

一、做客

做客虽是正常人际交往中不可缺少的应酬，但若不谙做客之道，难免会使拜会不能尽如人意。就做客礼仪而言，其重要之点有三，即：事先有约，上门有规，为客有方。它的核心之处，则在于客随主便、礼待主人。

1. 事先有约

事先有约，是做客礼仪之中最为重要的一项。它的基本含义是：拜访他人，一般均应提前约定。不提倡随意进行顺访，尤其是对待一般关系的交往对象，不宜充当不邀而至、打乱对方日程安排的不速之客。

从某种意义上讲，做客有约在先，既体现着个人的教养，更是对主人的尊重。对此，绝对不可予以省略。

预约拜会时，需要重视以下三个方面的具体问题：

一是约定时间。在约定拜会时，一定要在两相情愿的前提下，协商议定到访的具体时间与停留的具体时间长度。对主人所提出的具体时间，应予以优先考虑。由客人自己提出方案时，则最好要多给对方提供几种选择方案。

一般情况下，主人本人认为不方便的时间、工作较为忙碌的时间、忙里偷闲的周末、难得一遇的节假日、不宜打扰他人休息的凌晨与深夜，以及常规的用餐时间和午休时间，都不宜作为拜会的时间。

二是约定人数。在预约拜会时，宾主双方均应事先向对方通报届时到场的具体人数及其各自的身份。在公务拜会中，这一点尤其重要。宾主双方都要竭力避免使自己一方中出现对方所不欢迎，甚至极为反感的人物。

通常，双方参与拜会的人员一经约定，便不宜随意进行变动。做客的一方特别需要注意：切勿任意扩大己方参与拜会的人数。在任何时候，来宾人数过多、过杂，都会令主人应接不暇、手忙脚乱，干扰其事先所做的具体安排和计划。

三是如约而至。约定拜会时间之后，必须认真遵守，不应轻易更改。万一有特殊原因需要推迟或者取消拜会，应当尽快打电话通知对方。不要若无其事，让对方空等。当下次与对方见面时，最好还要再次就此表示歉意，并说明一下具体原因。

登门进行拜访时，务必准时到达，既不要早到让对方措手不及，也不要迟到令对方望眼欲穿。

2. 上门有规

登门拜访做客时，有以下几项具体的礼仪规范是人人皆需认真遵从的。

一是先行通报。抵达主人办公室或私人居所门外后，应首先采用合乎礼仪的方法，向对方通报自己的到来。可请其秘书、邻居或家人转告，也可以敲门、揿门铃或使用对讲机。敲门之时，宜以食指轻叩两三下；揿门铃的话，则让铃响两三声即可。若室内没有反应，过一会儿可以再做一次。千万不要用拳头擂门、用脚踢门、把门铃揿个不休。若使用对讲机进行通报，则应讲话时音量适中，切勿在门外大呼小叫，以致骚扰四邻。即使与主人关系再好，也绝对不要不打任何招呼便推门而入，否则极有可能遭遇让人尴尬的场面，从而令自己进退两难。

二是问候施礼。与主人相见，应当向对方主动问好，并且与对方握手为礼。假如与对方属于初次谋面，则还需要略做自我介绍。遇到主人的同事、亲属时，应当主动向对方打招呼、问好，而不宜旁若无人、不搭不理。

前往亲朋好友的私人居所做客时，可为对方携带一些小礼物，诸如鲜花、水果、书籍等。在进门之初，一般即应向主人奉上自己的礼物，不要等到告辞之时再说。

三是轻装上阵。做客之前，对个人的着装要进行认真选择。越是正式的拜会，就越要注意这一点。一般情况下，拜访时的着装应当干净、整洁、高雅、庄重，过分轻佻、随便的服装则是不宜选择的。

务必关注着装的某些重要细节，例如，袜子一定要无洞、无味，不然进门后一旦需要更换拖鞋，可能就要当众出丑了。

进门之后，按照常规，应当自动地脱下外套，并且摘下帽子、墨镜、手套，将其暂放于适当之处。如果携带了稍大一点的手袋，可在就座后将其放在右手下面的地板上。若将其置于桌椅上，则是不适宜的。这一做客的规范，通常被简称为“访客入室后的四除去与一放下”。

四是应邀就座。被主人邀请进入室内时，应主动随行于主人身后，切勿抢先一步，随意前行。一般情况下，主人会邀请来客在其指定之处就座，届时恭敬不如从命。

在就座时要注意三点：其一，不要自行找座。其二，与他人同至时应相互进行谦让。其三，最好与其他人，尤其是要与主人一起落座，切勿抢先就座。

有的时候，拜访他人时未被主人相邀入室，则通常表明自己来得不合时宜。知难而退，是此刻的最佳选择。切勿不邀而入，或是探头探脑向室内窥视。

3. 为客有方

在他人的办公室或私人居所做客期间，需要注意围绕主题、限定范围、适时告退三件要事。在这些方面，绝对不允许出现大的闪失。

一是围绕主题。任何一次的登门拜访，都必然有其目的性。既然如此，那么在拜访做客之时，就应当使自己的所作所为紧密围绕着自己所进行的拜会主旨而行，绝对不允许“跑题”。

一般情况下，在拜会之时，宾主双方都要尽快地直奔主题，接触实质性的问题，并力争解决问题。不要临阵怯场、言不及义，或是随意变更主题，令双方无所适从。

二是限定范围。要使拜会围绕主题而行，一项得力的措施是：客人应当自觉地限定其个人的交际范围与活动范围。

所谓做客时限定交际范围，就是要求客人不要对当时在场的主人的亲属、友人表现出过多的兴趣。例如，询问对方与主人的私人关系，就未必合适。

所谓做客时限定活动范围，则是要求客人尊重主人的个人隐私，切勿未经允许便在室内到处乱窜，或者随便乱动、乱拿、乱翻主人的私人物品。

三是适时告退。拜会之时，务必谨记适时而止。如果客人与主人双方对会见的时间长度早已有约在先，则客人务必谨记在心，并认真遵守。假如双方无此约定，通常一次一般性的拜访应以一小时为限。初次拜会，则不宜长于半小时。

在拜会之中遇有他人到访，则适当缩减停留时间，不要有碍于主人，更不要硬找对方攀谈一番。本人一旦提出告辞，便要“言必信，行必果”。任凭主人百般挽留，都要坚辞而去。不要一而再，再而三地拖延时间，赖着不走。在出门以后，即应主动与主人握手作别，并对其表示感谢。不要听任对方一送再送，或是长时间地在门外与主人恋恋不舍地大说特说。

二、待客

作为主人，不可不学习待客之道。待客之道的核心是：主随客便、待客以礼。这一指导思想，应具体落实于以下三个方面。

1. 细心安排

与来访者约定拜会之后，主人即应着手从事必要的准备工作，以便使客人到访时产生宾至如归之感。主人先期需要准备的，主要有以下四项具体的工作。

一是环境卫生。在客人到来之前，往往需要专门进行一次清洁卫生工作，以便创造出良好的待客环境，借以完善个人的整体形象，同时体现出对来宾的重视。此时，不要忘了“一屋不扫，何以扫天下”的古训。

进行清洁卫生工作的重点，应当是门厅、走廊、客厅、餐厅、阳台、卫生间等来宾所必经之处。此外，对于门外、楼梯电梯间、停车场等公众共享空间的卫生，亦需加以注意，不要只顾“自扫门前雪”。

二是待客用品。通常，有客来访之前，需要准备好必要的待客用品，以应客人之需。一般情况下，必不可少的待客用品有以下三类：

其一，饮料、糖果、水果和点心。它们被戏称为中国人款待来宾的“四大名旦”。这些物品通常在待客时必须备好、备足，做到有备无患。

其二，报刊、图书、玩具。它们可供客人，尤其是跟随而来的孩子翻阅和玩耍。

其三，娱乐用品。有时间的话，主人可提供扑克、围棋、桌游等，供宾主一起进行娱乐活动，以同享欢乐。

三是膳食住宿。一般情况下，接待来客时，均应为其预先准备好膳食，并且在会面之初便对对方表明留饭之意。千万不要忽略此事，尤其是不要只顾自己用餐，而不顾招待来客，让对方空腹而归。

假如“有朋自远方来”，则还需为其安排住宿。家中或本单位不具备留宿条件的话，事先需向对方说明。在这一问题上，千万含糊不得。

四是交通工具。接待远道而来的客人时，一定要事先考虑其交通问题。如果力所能及，则最好主动为其安排或提供交通工具。

为来宾安排交通工具，讲究善始善终。不但来时要管，走时也要管。这样做，不仅是为客人排忧解难，而且往往也能体现出主人的待客之诚与善解人意。

2. 迎送礼让

客人到来之时，对主人态度是否热情是十分敏感的。因此，在客人抵达之后，主人所要做的头一件事，就是要向对方表示热烈欢迎。当客人告辞时，亦应热情相送。以下几点，在迎送礼让活动中需要认真地加以重视。

一是迎候。对于重要的客人和初次来访的客人，主人在必要时要亲自或者派人前去迎候。迎候远道来访的客人，可在机场、港口、车站，或是其下榻之处恭候，并要事先告知对方。

迎候本地的客人，宜在本单位的大门口、楼下、办公室或居所的门外，以及双方事先所约定之处。

对于常来常往的客人，虽不必事先恭候于室外，但一旦得知对方抵达，即应立即起身，相迎于室外。

二是致意。与来客相见之初，不论彼此熟悉与否，均应面带微笑，与对方热情握手。在此同时，还应当向对方真诚地表示欢迎，并致以亲切的问候。

一般情况下，现代人在待客之初，握手、问候与表示欢迎，被视为必不可少的“迎宾三部曲”。随意对此有所删减，即为失礼。

假如客人到来时，自己这里还有家人、同事或其他客人在场，则主人通常有义务为其进行相互介绍。要是任其互不搭理，或是自行进行接触，则只能说明主人考虑不周、怠慢客人。

三是让座。如约而来的客人到来之后，主人应尽快将其让入室内，并安排其就座；若是把客人拦在门口谈个没完，主人等于是在向客人暗示其不受欢迎。

中国民间在接待来宾时，有一项古老的规矩，叫作“坐，请坐，请上座”，由此可见待客时座次安排的重要性。处理这一问题时，一方面要将“上座”让给来宾就座。所谓“上座”，在待客时通常是指：宾主并排就座时的右座；距离房门较远的位置；宾主对面就座时面对正门的位置，或是以进门者面向为准，位于其右侧的位置。此外，较高的座位或较为舒适的座位，往往也被当成“上座”来看待。关于这一问题，可参看本教材第二章第六节“会晤”中有关座次安排的具体图示。另一方面，在就座之时，为了表示对客人的敬意，主人还应请客人先行入座。千万不要忘记让座，或是让错了座。

四是有序。有些时候，可能需要职员在同一时间之内接待多方的来访者。遇到了这种情况，务必井然有序。具体而言：其一，要待客有序。其二，要一视同仁。

所谓待客有序，是指在与客人握手、问候以及让座、献茶时，要注意按照惯例“依次而行”。通常讲究女士先于男士，长者先于晚辈，位高者先于位低者。越是正规的场合，越需要注意这一点。

所谓一视同仁，则是要求主人在接待多方来宾时，在具体的态度与行动上均要平等相待，切勿有意分亲疏、论贵贱，厚此而薄彼。

五是送别。告辞的要求，一般应由来客首先提出。届时，主人应热情加以挽留。倘若客人执意要走，主人方可起身送行。

送行的具体地点，对远道而来者，可以是机场、港口、车站或其下榻之处；对本地的客人，则应为大门口、楼下，或是其所乘车辆离去之处。至少，也应将客人送至室外或电梯门口，不然就算是对客人的严重失礼。

与客人告别时，要与之握手，并道以“再见”。对今后难以谋面的客人，还应请其“多多保重”，并请其代向家人或同事致以问候。

一般情况下，当客人离去时，应向其挥手致意。当对方离开之后，主人方可离开。前往机场、港口、车站为来宾送行时，对方所乘的交通工具若尚未开动，主人抢先离去是不应该的。

3. 热情相待

在待客之时，主人一定要表现出自己应有的热情、真诚之意。做到了这一点，就会让客人更好地感觉到主人是真心实意欢迎自己的。对客人热情相待，主要体现于一心一意、兴趣盎然、主次分明三个具体方面。

一是一心一意。有客来访时，客人就是主人的“上帝”，待客就是主人的“工作重心”。因此，在接待客人时，一定要真正做到时时、处处、事事以客人为中心，切勿三心二意、有意或无意地冷落了客人。

面对客人的时候，爱答不理，闭目养神，大打哈欠，看书看报，听广播、看电视，忙于处理家务，打起电话没完，与家人大聊特聊，甚至抛下客人扬长而去，只能说明自己“身在曹营心在汉”，是一名不合格的主人。

二是兴趣盎然。在宾主相处之际，相互之间自然要进行必要的交谈，以便沟通和交流。宾主进行交谈之时，主人不仅要准确无误地表达和接收信息，而且还要扮演一个称职的“主持人”和最佳的听众。作为“主持人”，主人需要为宾主之间的交谈引起话题、寻找话题，而不使大家相对静坐，无话可说。万一客人之间的交谈不甚融洽时，主人还须出面转移话题。作为听众，主人则需要在客人讲话时洗耳恭听，并对谈话内容表现出浓厚的兴趣，令对方谈兴骤增、有话可谈。

无论如何，主人都不宜使宾主之间的交谈冷场，或是对客人的谈吐明显地表现出毫无兴致。

三是主次分明。在待客之时，来宾即为主人活动的中心。主人的私人事务一般均应让位于来宾接待这一工作中心，这是待客时主次分明的第一层意思。

待客时主次分明的第二层意思，则是指在待客之时，此时此刻正在接待的客人，应被视为主人最重要的客人。也就是说，对于后到的客人既要接待，又不能为此转而抛弃目前正在招呼的客人。可能的话，尽量不要让重要的客人同时到场。万一遇上了此种情况，可以将他们合并在一起进行接待，或是先请他人代为接待一下后到的客人。

第三节 派 对

派对，本来是英语中“party”一词的音译。一般而言，它是指私人性聚会，尤其是关系密切者所进行的小型私人聚会。

目前派对在中国，尤其是在职场上非常流行。职员们看中派对这种社交的形式，主要是因为它形式自然、内容灵活、品位高雅，可以使渴望发展友谊、注重信息交流的人们正规而又轻松愉快地与其他人士进行交往。

在中国，以社交为目的的专门性室内聚会，一般都被称为派对。按照人们在聚会中所讨论的中心话题或所从事的主要活动来区别，派对又有许多种类。具体来讲，内容丰富、包罗万象的聚会，叫作综合型派对；亲朋好友、同事、同学相互之间以保持联络为目的的聚会，叫作交际型派对；主要是为了结交新伙伴、新朋友，意在相互了解、加深认识的聚会，叫作联谊型派对；主要由文学艺术爱好者发起、参加的聚会，叫作文艺型派对；以休闲、娱乐为主要活动形式的聚会，则叫作休闲型派对。

目前，职员在实际生活中，尽管对各种形式的派对均有不同程度的接触，但时下最流行，同时也是对职员的实际工作最有影响、最有帮助的，则当数交际型派对、联谊型派对和休闲型派对。其中，交际型派对与联谊型派对的差别，主要在于参加者有所不同，前者系老友聚会，后者则是新朋聚会。除此之外，在具体活动的内容与形式方面，二者大体相似。下面，将根据目前职员的实际需要，重点介绍有关交际型派对和休闲型派对的基本礼仪。

一、交际型派对

举办交际型派对的主要目的，是使参加者之间保持接触，进行交流。因此，它的具体活动形式可以灵活多样。职员经常有机会参加的联欢会、校友会、同乡会、聚餐会、茶话会、咖啡会、庆祝会、读书会、生日晚会、节日晚会、家庭音乐会等，实际上大都属于交际型派对。

1. 派对的组织

在正常情况下，交际型派对举办的地点、时间、形式以及主人和参加者，均应事先议定。它可以由一人发起、提议，也可以由全体参加者群策群力，共同讨论决定。

一是举办的地点。举办交际型派对的地点，应该选择条件较好的某家客厅、庭院，或是宾馆、饭店、餐馆、写字楼、商务中心内的某一专用的房间。它至少应当有面积较大、通风较好、温度适中、照明正常、环境幽雅、没有噪声、私密性强、不受外界的其他干扰等特点。

二是举办的时间。一般而言，它可持续 2～3 小时。在具体执行上，则不必过分拘泥于此项规定。如果大家意犹未尽，那么可适当地延长一些时间。通常，为了不影响正常工作，交际型派对以在周末下午或晚间举行为宜。

三是派对的形式。交际型派对的形式，应根据具体目的而加以选择。如果大家只想“见一见”，或是“聚一聚”，那么就应当选择较为轻松随便的联欢会、同乡会、聚餐会、节日晚会或家庭音乐会。要是打算好好地“谈一谈”“聊一聊”，则不妨选择不宜分神的茶话会、咖啡会、读书会等形式。当然，在具体操作上，这几种形式也可以彼此交叉或同时使用。有时，不确定交际型派对的具体程序或具体“议题”，而听凭参与者们任意发挥，往往也是可行的。

四是派对的主人。如果交际型派对是在某家私宅内举行，其主人自然就是此次派对的主人；如果派对是在租用场地举行的，则一般应由其发起者或组织者担任主人。需要注意的是，若派对的组织者或发起者独身，未婚或配偶不在本地，则应由其父母、子女、同事或秘书来临时充任男主人或女主人。这是因为，按惯例，派对的主人应当有男有女，以便分工明确地去分别照顾男宾、女宾。

五是派对的参加者。交际型派对的参加者，应当事先大体上确定好。在某些较为正式的交际型派对上，参加者彼此之间应以相识者居多，这样一来才有助于大家多交流、少拘束。当然，此项要求并不是绝对地排斥“新人”加入。只不过“新人”的加入，应提前征得主人的首肯，并以其不会同与之曾有前嫌的人在派对上“狭路相逢”为前提。

派对的既定参加者，按规定可以携带家人或秘书、助理出席。此外，临时邀请其他人同往则是不适宜的。若无明确的要求，最好不要带着未成年的家人，尤其是幼童、婴儿去“见世面”。派对上的“议题”与他们距离太远不说，若是他们在现场不听管教、哭哭闹闹，则将有碍于举行派对的初衷，影响其参加者的相互沟通。

前去参加交际型派对之前，参加者应对自己的仪表、服饰进行必要的修饰。男士通常应当理发、剃须，穿西装套装或休闲型西装。女士则需要做发型、化淡妆，并选择旗袍、时装、连衣裙等式样的服装。若夫妇或情侣二人一同赴约，则其穿着打扮应彼此保持和谐一致。例如，穿“情侣装”，戴“情侣表”，配相似款式的鞋子，服饰的色彩相互呼应等。如果两个人的打扮相去甚远，一个人身着礼服、浓妆艳抹，另一个人却穿着随便、不修边幅，好像前者的一名“跟班”，对于自己的另一半以及本人的形象都有损害。

作为东道主，男女主人的穿戴应当尽可能地向自己的身份靠拢。应当指出的一点是，要求主人讲究着装并不是要求他们力求“高、大、全”，非要超过参加派对的众多宾客的水准。

2. 派对的规则

在交际型派对上有几项基本的礼仪规则，是职员在参加时所不可不知的。

一是恪守约定。所谓恪守约定，就是要求职员在参加派对时遵守时间，按时赴约，不得无故迟到、早退或失约。

即便在社交场合，仍然要强调时间观念。无故迟到、早退或失约，不仅浪费他人的时间，也失敬于人。职场人士理当惜时如金，守时守约是其立身之本。在这一点上，职员绝不能无原则地宽容自己。

参加交际型派对，通常不宜早到。准时到场或迟到三五分钟，是比较规范的。万一临时有事难以准点到达或不能前往，应提前通知主人，并向大家表示歉意。若迟到太久了，一定要向主人和大家说“对不起”，不能以任何借口为自己的行为开脱。

二是照顾重点。职员在包括交际型派对在内的一切社交场合，都要主动自觉地尊重、照顾妇女和长者，尊重、照顾初来乍到者，并积极地为他们排忧解难。所谓绅士风度和高尚品德，在现实生活中是与尊重妇女、尊重长者、尊重初来乍到者紧密联系在一起的，是与给予他们积极而主动的照顾紧密联系在一起的。

要尊重妇女、尊重长者，就不允许在他们面前胡言乱语、行为嚣张。不应当在妇女、长者面前口吐“脏”字，开过分无聊的玩笑，不准把“小妞”“老东西”之类失敬于人的称呼挂在嘴上。不允许对妇女、长者动手动脚，打打闹闹。在亲切与放肆、平等与辈分等之间，职员一定要时刻把握好分寸。

要尊重妇女、尊重长者，还需要职员在与他们相处时多加留心，尽可能地体谅、帮助、照顾他们：行走时，应请其优先；就座时，应让其为尊；携带物品时，应为其代劳；安排活动时，则应首先考虑他们的状况。

要尊重、照顾初来乍到者，则要求职员在交际型派对上为其消除交际障碍，为其引荐朋友，为其介绍情况，为其排忧解难。

三是体谅主人。所谓体谅主人，具体上就是要求职员在参加派对活动时，应当设身处地地时时、处处多替主人着想，并尽可能地在其需要时施以援手。至少，职员也应该做到不为主人忙中添乱。

参加派对之初，不要忘了去问候主人。在派对举办期间，可以找机会向主人询问一下“我能做一些什么”。派对结束时，在向主人道别之后方可告辞。

在派对举办期间，即使有些事情不尽如人意，也要保持克制，不说怪话。不要对主人所做的安排品头论足、说三道四；不要当着其他人的面大谈让主人难堪的一些往事，或是指责、非议、侮辱主人。

在主人家中参加派对时，不要自以为与主人过从甚密，便可以不讲公德。例如，不论主人有无要求，都不可吸烟、随地吐痰或乱扔东西。不允许擅自闯入非活动区域，例如书房、卧室、阳台、储藏室等处“参观访问”。不允许翻箱倒柜，随意取用主人的物品。

在非专题性交际型派对上，职员的表现相对而言可以自由一些。然而，如果不与任何人交谈或接触，有意显得自己与众不同，也未必合适。

参加此种派对时，同样需要自己主动与他人进行交流。届时，应当主动地同身边的人进行攀谈，旁听他人的交谈，或是加入他人的交谈。在同他人交谈时，应当表现得诚恳虚心。有可能的话，还应当有意识地扩大一下自己的交际范围。除了与老朋友交谈之外，还应尽量借此良机认识更多的新朋友。要注意：在与他人接触时，不要“执着”地使自己的交往对象“一成不变”，特别是不要奉行“排他主义”，即一味盯住熟人、上司、嘉宾或异性等不放，而又不准其他人介入。介入异性的交际圈时，一般不应不邀而至。

有的交际型派对，或已事先确定活动的专题。此种派对亦称专题性交际型派对，即有其既定的中心或主题的交际型派对。参加此种派对时，既要真实地发表自己的见解与主张，又要宽容大度，善于向他人学习和请教。在职场上，专题性交际型派对通常最受欢迎。人们参加它不仅是为了就某一问题进行座谈、讨论，以期明辨是非，更重要的则是为了集思广益，取长补短，开阔视野，增长知识。

职员在参加此种派对时，特别应当记住以下两项规则：

其一，以学习为主要目的。应该多听、多记，多向别人请教。倘若遇到不明白之处，能够提出来供大家讨论一番，也称得上是自己的一种贡献。

其二，避免争强好胜。在与他人交谈、交流、发言时，应当三思而行、出口谨慎。不要在发言时条理不清、词不达意，更不要唯我独尊。在发言讨论时，切忌为了取胜而“泄私愤、图报复”，而胡搅蛮缠、强词夺理、充当“杠精”。

二、休闲型派对

对职员而言，除了 8 小时之内的兢兢业业、努力工作之外，在日常生活中的人际交往、待人接物往往也会在无形之中为自己的本职工作助上一臂之力。因此，不少职员对休闲型派对极为重视。

休闲型派对这一名称，其实只是相对于交际型派对等其他类型的派对而言的。从本质上来说，作为一种社交方式，各种类型的派对都具有一定的交际目的，只不过不同类型的派对中交际、休闲、娱乐所占的比重有所不同而已。

休闲型派对拥有多种多样的具体形式，为人们所常见的有游园联欢会、远足郊游会、家庭音乐会、小型运动会、俱乐部聚会等。与交际型派对相比，它们同样也具有社交功能，只不过休闲性、娱乐性相对来说较为突出。假如称其为寓交际于休闲娱乐，可能更为贴切一些。有一位颇有成就的企业家曾经说过：我的成功，主要不是来自谈判桌上，而是来自乡间别墅里与对手的友好接触和交流。他的话，对休闲型派对的功能做出了最通俗的正确表述。

事实上，邀请友人、同行或合作伙伴，利用空闲来到自己的家里或乡间民居、别墅中，进行打桥牌、欣赏音乐、合作演奏乐曲、唱卡拉 OK、游泳、钓鱼等各种休闲娱乐活动，可以达到放松身心、融洽关系、促进合作等多重效果。

由此可见，对职员来讲，休闲型派对里的应酬与正式场合的社交在实质上并无二致。既然休闲型派对不与交际型派对“合并”，而保持其自身的独立地位，自然有它自身鲜明的特色。因此，职员在参加休闲型派对时的表现，必须与参加交际型派对时的表现有所区别。总的来讲，在参加休闲型派对时的表现，应当生动、随意、自然。具体来讲，则又分为下述三点：

1. 表现得要“像玩”

所谓“像玩”，就是要求休闲型派对的参加者轻装上阵，脱下西装套装、西装套裙、时装、礼服和皮鞋，卸下表明地位与身份的首饰，洗去脸上厚重的铅华，换上与休闲型派对具体环境相配的牛仔装、运动装、休闲装，实实在在地进入自己此时此地的角色之中。

反之，如果在休闲型派对上露面时依然一本正经，男的穿西装、打领带，女的着套裙、蹬高跟皮鞋，未免会让人觉得矫揉造作，甚至会影响别人愉悦的心情。

2. 表现得要“会玩”

所谓“会玩”，在此具有以下双重含义：一方面是指充分掌握玩的技巧；另一方面则是指对玩的内容善于选择。不会玩，只要肯去学，又有人教，一般并不难对待。然而若对玩的内容在选择上误入歧途，那可就因小失大、害己害人了。

在休闲型派对里所玩的内容，应当既高雅脱俗，又使人感觉轻松、愉快。一般来讲，打桥牌、下围棋、玩桌游、打网球，或是举办小型音乐演奏会，都是休闲型派对所宜优先选择的内容。

职员参加休闲型派对，意在使自己和一同前去的伙伴们开心和放松。不过有一条界线不容逾越，那就是大家在玩的同时必须严守国家法律，严守社会公德，严守公序良俗。

在参加休闲型派对时，职员绝不能与“黄、赌、毒”沾边。

3. 坚持以玩为主

既然意在休闲娱乐，那么在休闲型派对上就要以玩为其主要活动内容。必须明确的是：届时，玩就是玩，而且还要玩得开心。也就是说，在此种派对上，不要表现得急功近利。该办的事自然要办，该说的话当然要说，只不过一定要选择最佳的时机。若是活动结束之后，或者是派对之后过上一两天再谈正事，往往可能比在玩的时候“转移话题”更易于奏效。

有经验的职员都知道“不懂得休息，就不懂得工作”这句话的深刻含义。因此，参加休闲型派对时，应当以“休闲”为主、以“交际”为辅，切勿将二者本末倒置。

第四节　娱　乐

工作之余，许多职员经常有机会参加一些各种形式的娱乐活动。在多数时候，职员参加娱乐活动并非出自个人偏好，而是为了交际应酬的需要。

所谓娱乐，通常是指人们在业余时间里所从事的轻松、愉快、有趣的活动。对现代人而言，参加娱乐活动的主要目的有三个：自我放松，闲暇消费，交际应酬。

从总体上来讲，每一名职员参加娱乐活动时，都要遵守下列三项基本规则：第一，遵守社会公德。第二，遵守游戏规则。第三，无碍本人正业。

具体而言，不同类型的娱乐活动，往往又具有一些各自不同的礼仪规范，它们都是参加具体活动的职员必须自觉予以遵守的。下面，简单介绍一下职员在歌厅、剧院、网吧、公园、游乐场、游戏厅等参加娱乐活动时所应遵守的礼仪规范。

一、歌厅

去歌厅一展歌喉，是许多人所热衷的一项娱乐活动。在歌厅唱歌娱乐时，以下五项礼仪规范是职员所必须认真遵守的。

1. 挑选正规歌厅

选择歌厅唱歌时，歌厅正规通常非常关键。大凡正规的歌厅，不但设备完善、环境幽雅、服务到位，而且收费比较合理。倘若在选择歌厅时道听途说、随意挑选，一旦选择失误，不仅可能令自己破财，而且还会破坏大家的雅兴。

2. 点歌礼让有序

不论在公共大厅里点歌，还是在单独的包间里点歌，都要遵守“先来后到”的顺序，并且注意礼让他人。在点歌时，一般应当请客人先点、女士先点、长辈先点或者上司先点，有时亦可由大家依次点歌，或是点上一首人人皆会的歌曲进行合唱。点歌时争先恐后，或者争抢话筒、独占“C”位，都会令人耻笑。

3. 听歌聚精会神

当别人唱歌时，不论自己认识对方与否，都要洗耳恭听。当对方表现出色时，应以掌声进行鼓励。即使对方的演唱并不在行，也不要发出嘘声嘲弄对方。在他人唱歌时，交头接耳、拨打或接听手机、把玩手机上的社交软件、走来走去甚至公然退场，都是不尊重对方的表现。

4. 唱歌保持风度

当自己上台唱歌时，一定要保持个人的风度。唱歌之前，要首先问候大家。得到了在场者的掌声鼓励，要表达谢意。就唱歌数量来说，通常每次限唱一首歌。在唱歌的过程中，切莫忘乎所以、手舞足蹈或者胡言乱语。唱歌时，有意改动歌词、曲调，肯定是不合适的。

5. 交往尊重异性

在歌厅进行娱乐活动时，必须自始至终对在场的异性表示尊重。与熟悉的异性相处时，不应当动手动脚，乱开过火的玩笑。对于现场不熟悉的异性，切莫上前打扰、攀谈。

二、剧院

对许多职员而言，独自一人或者偕家人、三五知己前往剧院观看电影、戏剧或其他演出，乃是人生一大乐趣。前往剧院观看电影、戏剧或其他演出时，必须遵守以下五项基本的礼仪规范。

1. 预先购票

正规的剧院，为了保证观众的观看效果与人身安全，均会以发售定额入场券的方式来控制观众入场的具体人数。因此，观看正式演出之前，一定要提前到达现场或在网上购票。请人观看演出，此点尤应注意。临时购票、无票入场、混入剧院，或者制作、购买假票，都是不允许的。

2. 提前入场

许多剧院都规定：开演之后，立即禁止观众入场。中场休息时，迟到者方可入内。为了不影响自己和别人观看演出，提前入场绝对是必要的。此处所说的提前入场，并非指正点进入剧院，而是要求观众最好在演出正式开始前 10 分钟进场。

3. 对号入座

绝大多数演出，都要求观众完全对号入座，每一名观看演出者都要自觉遵守此项规定。与此同时还应注意：与别人一同观看演出，应将较好的位置让给对方。有人占了自己的座位，应有礼貌地请求对方相让。在任何情况下，都不要随意占据他人位置，也不要与他人挤占同一个座位。

4. 保持安静

不论观看电影、戏剧、曲艺，还是欣赏歌曲或其他文艺演出，在其进行过程中，每一名观众都要自觉地保持安静。不允许自言自语或者与身边的人交头接耳，不允许使用通信工具与外界进行联络。即使自己悄悄地享用食物或饮料，也是不允许的。

5. 遵守规定

前往正规的剧院观看演出，通常有一些比较特殊的规定必须遵守。主要包括下列内容：

一是穿着正装。欣赏歌剧、舞剧、交响音乐会、民族音乐会时，往往要求观众衣着正规，有时还会要求观众穿着礼服。

二是禁止拍摄。出于版权等方面的考虑，一般的商业性演出，都不允许观众拍照、录像或录音，不允许进行现场直播。

三是不准吸烟。为维护观众健康，净化现场环境，所有的剧院都禁止在场内吸烟。

四是限制走动。如果没有十分特殊的原因，观众在演出进行期间不准随意走动。

五是保持克制。不论演出的实际水准如何，观众都应保持克制。只有没有素质的人，才会随便起哄、闹事。

六是最后退场。观看现场演出时，宜在演员谢幕后退场。陪同他人观看演出时，则不应独自退场或先行退场。

三、网吧

在工作之余，有不少人都喜欢去网吧“网上冲浪”。职员到网吧娱乐时，对以下四项礼仪规范均应自觉地加以遵守。

1. 限定时间

在网吧里娱乐，不论玩游戏、查资讯、发邮件，还是参加网上讨论或是网上交友，均应适可而止。一定要对自己在网吧里娱乐的时间有所控制，不要让自己沉溺其中、难以自拔，尤其是不要因此而妨碍自己的正常工作与生活。

2. 活动有方

前往网吧娱乐，对一些基本的活动规则务必充分了解。

一是不宜前往非法网吧。假如网吧自身不合法，那么消费者在那里的权利与人身安全往往难以得到保障。

二是不可访问非法网站。凡散布反动、黄色或其他有悖公序良俗信息的非法网站，均不可访问。

三是不得从事非法活动。在网上活动时，凡涉及危害国家安全、有损民族团结、破坏社会稳定、损害他人名誉、传播他人隐私、以讹传讹、造谣惑众等内容，均应主动回避。

3. 交友有规

结交网友，是不少人上网活动的初衷之一，也是时下社会上的一大时尚。一般而言，对此应注意下列四点：

一是有所选择。结交网友，不应来者不拒，亦非多多益善。孔子认为：交友应当“友直”“友谅”“友多闻”。他的建议可供参考。

二是两相情愿。结交任何网友，都需要当事者双方同意。在任何时候，都不应当勉强对方或对其软磨硬泡，致使对方厌烦自己。

三是重在沟通。每一名网民都清楚网络世界的虚拟性，所以结交网友重在网上沟通。不要随便将现实生活中的觅友甚至择偶的希望寄托于网络世界，对此一定要保持清醒的认识。

四是经常联系。结交网友，宜精不宜滥。与他人结为网友后，应经常进行联系。收到对方信息，宜在 24 小时之内答复。出门远行前，应给对方留言相告，不应不告而别。

4. 话题有度

人所共知，互联网作为一个虚拟世界，在网上畅游时，人们的姓名、性别、年龄、职业往往都可能是虚拟的。但即便如此，对网上交流的话题，也必须有所限制。一般而言，职员对以下几种话题要注意是非分明、有所把握：不宜以反动内容作为话题；不宜以黄色内容作为话题；不宜以是非内容作为话题；不宜以虚假内容作为话题；不宜以涉密内容作为话题。总之，网上的话题应当能够传播正能量，而非危言耸听。

四、公园

闲暇之时，人们大都喜欢前往公园休闲或小憩。有时，人们还会与亲朋好友一道前往公园进行集体娱乐。在公园里活动，俗称游园。职员游园时，应当遵守的礼仪规范主要有以下四项。

1. 轻装上阵

与上班、赴宴有所不同，职员游园时的着装应以简单、轻便、舒适为基本特征。若非集体活动的需要，通常不宜选择过分正式的套装、工作服，或过于招摇的礼服、时装。但是，睡衣、背心之类过于随便的服装，也是不适宜的。

2. 保护环境

公园乃公共场所，每一个人在其中活动时，都要有意识地保护环境。对下述几点尤需注意：

一是不乱扔废物。凡废弃之物，应自觉投入垃圾桶，或者随身带走，而不应信手乱丢。

二是不损害公物。对于公园里的一山一水、一草一木，都应自觉爱护。

三是不盗窃公物。未经许可，公园之内的任何物品，都不得擅自取用或带走。

3. 自娱有法

一般来看，人们游园主要属于自娱活动。游园时的自我娱乐应注意下列两点：

一是自得其乐。在游园时，人们不论是散步、健身、小憩、静坐、阅读，或是寻访名胜、观赏景致，都讲究自得其乐。

二是勿扰他人。在自得其乐的同时，游园者还应注意不要因此而骚扰他人。诸如在公园里高声喧哗、载歌载舞、袒胸露臂、当众酣睡或者大吃大喝等行为，往往不但有损个人形象，而且有可能破坏别人游园的兴致。

4. 重视安全

在公园里活动，尤其是独自一人游园时，一定要牢记“安全第一”。下列四种行为，特别应予避免：

一是擅闯禁区。凡禁止游人前往的地域、水域，以及工地、危房，都不要冒险前往，尤其是不要爬野山、游野水。

二是冒险运动。在游园时，不要擅自从事攀岩、滑翔、蹦极、漂流、潜水、跳水、跳岩等危险运动。

三是随处野炊。在公园里，切切不可随时随处进行野炊。万一野炊时“星火燎原”，便会铸成大错。

四是结交生人。在公园里，与陌生人随意往来，有时是极不安全的。

五、游乐场

在现代化的大型游乐场内，各类游乐项目让人应接不暇，能够充分满足不同类型人们的娱乐需求。在游乐场内进行娱乐时，对以下五项礼仪规范需要认真遵守。

1. 排队活动

在游乐场里，凡新颖、刺激的项目，必定会有众多的爱好者。为了保证人人都有机会进行体验，届时自觉排队、依次而上，是完全必要的。在参加任何游乐项目时，都不允许职员不排队，或者乱插队。

2. 掌握规则

参加尚未尝试过的游乐项目之前，务必耐心、认真地学习和了解有关的活动规则。

这样做，既是为了更好地享受此项活动所能带来的乐趣，更是为了保证自己的人身安全。

3. 服从管理

在许多大型游乐场内，都有一些专业人士负责对游客进行管理、提供服务，或是给予技术指导。对于这些专业人士的辛勤工作，一定要予以应有的尊重和支持。

4. 爱惜设施

游乐场里不少的设施，不仅科技含量较高，而且价格也十分昂贵。因此，在使用游乐设施时，一定要对它们加倍爱惜，切莫乱摸、乱碰、乱动、乱用，更不应有意进行毁坏。

5. 与人合作

在游乐场里，有一些游乐设施往往要求多人合作使用。遇到此种情况时，应表现得积极而主动。寻找合作对象时，既可以自行选择，也可以听从管理人员的分配。不过组合一旦形成，就不宜再去要求变动。与他人合作游乐时，态度上要热情、友善，行动上要彼此配合、协调。合作之初，应主动而热情地问候对方；合作结束时，则应向对方告别或致谢。

六、游戏厅

在一些营业性游戏厅里，通常有各种各样的游戏机可供人们选择。其游戏内容之美、形式之新、科技含量之高、技术难度之大，往往非常吸引人们的眼球。正因为如此，游戏厅才吸引了包括职员在内的广大游戏机爱好者。前去游戏厅娱乐时，职员既要讲究个人爱好，又要遵守下述三项礼仪规范。

1. 内容健康

尽管在游戏厅内进行娱乐时，拥有多种多样的选择，完全可以自作主张，但是此时此刻，职员仍需保持理智，选择既饶有趣味、充满挑战而又内容健康的游戏。在任何情况下，不论是否有人进行监督检查，都不允许选择那些格调不高、内容不健康的游戏。至于那些内容反动、格调不高，或者包含有辱国格与人格、有碍国家交往、有损民族关系、有违宗教政策内容的游戏，则更是不能进行选择或推荐于人。

2. 礼待他人

在游戏厅娱乐时，职员还应当对其他在场的人士以礼相待。与同伴一起游戏时，要相互合作，并礼让对方。假定大家一起选择游戏项目，应优先考虑同行者的爱好、能力，或由对方优先选择。自己单独前去游戏厅娱乐时，在人多的游戏机前参加活动，一定要按顺序排队。当其他人进行游戏时，最好不要在旁边围观，更不要起哄、滋事。

3. 控制情绪

在游戏厅内活动，务必善于控制自身的情绪。不论自己是赢是输，参加游戏主要是为了令自己开心。因此，不要情绪失控，更不应为一争输赢而在游戏厅内流连忘返。在游戏厅里参与或组织违法的赌博活动，则更是不应该的。

本章思考题

1. 宴会上的用餐文明有哪些具体要求？
2. 拜访他人为什么需要“有约在先”？
3. 迎送客人有哪些注意事项？
4. 如何组织交际型派对？
5. 参加派对时如何才能表现得体？
6. 参加娱乐活动时应遵守哪些基本规则？

第四章 餐饮礼仪规范

《礼记》曰：“夫礼之初，始诸饮食”。

日常生活中，人们都离不开饮食。在公务交往尤其是涉外场合中，遵守必要的餐饮礼仪规范，对每一名职员都会大有裨益。

学习与运用餐饮礼仪时，职员主要应当从总体上把握下列四点：

第一，照顾他人。不论以主人的身份款待客人，还是陪同他人一道赴宴，职员都要在两相情愿的前提下，悉心照料在场的其他人士。

第二，餐饮适量。在具体安排或享用餐饮时，要厉行节约，适当控制，不搞大吃大喝。在享用餐饮时，也不应表现得“欲壑难填”。

第三，突出特色。负责为他人安排餐饮时，在条件允许的前提下，应努力突出国家特色、地方特色、民族特色，力争使对方通过享用饮食来“品尝”我方的主流文化。

第四，客不责主。身为客人时，对主人安排的餐饮只宜接受，对此一般不宜随意评论、非议，尤其是不允许寻衅滋事、借题发挥。

第一节 西餐

所谓西餐，目前是对西式饭菜的一种约定俗成的称呼。客观地讲，西餐其实是一个十分笼统的概念。因为不论从形式上还是从内容上来看，西方各国的饭菜都存在着很大的差异，难以一概而论。然而在中国人眼里，除了与中餐在口味上相去甚远之外，西餐往往具有以下两个基本的共性：一方面，它们都源自西方国家的饮食文化；另一方面，它们都必须使用刀、叉取食。凡具备此两点者，在中国皆可以西餐相称。

随着中西文化交流的深入发展，西餐目前已经逐渐进入了中国人的生活，并且受到了一些职员的欢迎。现在，不论职员本人究竟爱不爱吃西餐，学习、掌握一些有关西餐的基本常识是非常有必要的。

具体而言，西餐的菜序、西餐的餐具、西餐的品尝、西餐的要求四个方面的礼仪规范，都是职员所应当通晓的。

一、西餐的菜序

品尝西餐，少不了需要明白它的菜序问题。所谓西餐的菜序，在此是指享用西餐时正规的上菜顺序。与中餐相比，西餐的菜序具有明显的不同。例如，在中餐里，汤是用餐的标准的“结束曲”；在吃西餐时，汤则往往是被用来“打头阵”的。

对中国人而言，了解西餐的菜序，至少有两大好处：第一，自己点菜时，可以加以参照，进行适当的、合理的组合与搭配。第二，在用餐时，可以成竹在胸，依次品尝，而不至于顾此失彼。

应当说明的是，西餐亦有正餐与便餐之别。在菜序方面，二者是有很大差异的。

1. 正餐的菜序

西餐的正餐，特别是较为正规的正餐，其菜序不仅复杂多样，而且具体讲究甚多。在大多数情况下，西餐正餐的菜序往往会由七八道菜肴所构成。一顿完整的正餐，一般需要就餐者吃上一两个小时。

一是开胃菜。所谓开胃菜，即用来为就餐者开胃的菜肴。因为在西餐里它首先上桌，所以亦称为头盆。在西餐的正餐里，有时它并不列入正式的菜序，而仅仅用来充当其“前奏曲”。在绝大多数情况下，开胃菜都是由蔬菜、水果、肉食、海鲜所组成的拼盘或小吃。它大多以各种调味汁凉拌而成，不但色泽悦目，而且口味宜人。

二是汤。西餐中的汤大都必不可缺，它的口感芬芳浓郁，具有很好的开胃作用。依据传统的讲法，汤才是西餐之中真正的“开路先锋”。只有开始喝汤时，才可以算是正式开始吃西餐了。在西餐里，常用的汤类有白汤、红汤、清汤等。享用西餐时，通常仅可上一种汤。

三是面包。正统的西餐，并不提供中餐所谓的主食，如果有的话，那便是面包了。供应西餐的面包，通常种类甚多。它既可以单独涂上黄油、果酱、蜂蜜食用，也可以搭配着主菜吃。

四是主菜。主菜是西餐的核心内容。西餐里的主菜通常有冷有热，但大都应当以热菜作为主角。在比较正规的西餐里，一般都要上一份冷盘和两份热菜。在上桌的两份热菜中，往往还讲究一份是鱼，另一份则是肉。有时，还会添加上一份海味。在西餐的主菜里，肉菜（以牛、羊、猪肉为主要内容的菜肴）不仅必不可少，而且往往还被用以代表本次用餐的档次与水平。相对而言，冷盘则算是主菜中的配角，它一般多为各类泥子、冻子。

五是点心。吃过西餐的主菜后，一般会马上上一些诸如蛋糕、饼干、面包、奶酪、馅饼、三明治之类的小点心，供那些还没有吃饱的人食用。如果已经吃饱了的话，也可以不吃任何点心。

六是甜品。甜品会紧接着点心上桌。最为常见的甜品有布丁、冰淇淋等。在西餐正餐里，它们被视为一道例菜。因此，就餐者应当尽可能地加以品尝。

七是果品。在西餐正餐里，各种干鲜果品是一定要上桌待客的。上桌的干果，主要为核桃、榛子、杏仁、腰果、开心果等。草莓、菠萝、苹果、香蕉、橙子、葡萄等，则是在西餐里所供应的主要鲜果。

八是热饮。西餐用餐结束之前，应为就餐者供应热饮，并以此作为其“压轴戏”。最正规的热饮是红茶，或者不加任何东西的黑咖啡。但是，二者只可选择其一，不宜同时享用。它们的主要作用，都是要帮助就餐者消化。西餐的热饮，循例可在餐桌上饮用，也可以换一个地方，转往休息厅或者客厅之内饮用。

2. 便餐的菜序

西餐的正餐，多见于宴会或者其他重要的节假日。它虽然较为隆重，但往往耗资、耗时颇多。一般情况下，出于节约金钱和时间等方面的考虑，人们并不总是天天、顿顿都要去吃全套的西餐正餐。假如不是为了尝鲜或者犒劳自己，而只是打算填饱肚子，那么在吃西餐时，合理地点上几道有特色的、有代表性的、自己所喜欢的菜肴也就足够了。此种享用西餐的方式，称为西餐便餐。它是相对于西餐正餐而言的。实际上，西餐便餐是西餐正餐的简化。

通常来说，西餐便餐在内容上要少而精，在形式上则要尽量从简。它的基本菜序，依次主要由开胃菜、汤、主菜（通常只供应一道）、甜品、热饮等构成。

二、西餐的餐具

学习西餐礼仪时，掌握西餐餐具的使用方法是其重点内容之一。在所有的西餐餐具之中，餐刀、餐叉、餐匙以及餐巾是最具代表性的。以下分别对其加以介绍。

1. 刀叉

刀叉，是人们对餐刀、餐叉这两种西餐餐具的统称。二者既可以配合使用，也可以单独使用。不过在更多的情况下，刀叉都是共同使用的。因此，人们在提及西餐的餐具时，大都喜欢将二者相提并论。

学习刀叉的使用，需要具体掌握刀叉的类别、刀叉的用法、刀叉的暗示三个方面的问题。

一是刀叉的类别。在正规的西餐宴会上，通常讲究菜肴应一道一道地分别上桌；而每吃一道菜肴时，则需要更换一副刀叉。也就是说，吃每一道菜肴时，都要使用专门的、不同类别的刀叉。既不可以从头至尾只使用一副刀叉，也不可以不加区分地胡拿、乱用刀叉。

享用西餐正餐时，在每一位就餐者面前的餐桌上，都会摆放上专门供其个人所使用的吃黄油所用的餐刀、吃鱼所用的刀叉、吃肉所用的刀叉、吃甜品所用的刀叉等。这些刀叉除了形状各异之外，它们在桌面上所摆放的具体位置往往也大有不同。掌握不同刀叉的具体摆放位置，对于正确地区分它们尤为重要。

吃黄油所用的餐刀，是没有与之相匹配的餐叉的。它的正确位置，是横放在就餐者左手的正前方，或餐叉的左侧。

吃鱼所用的刀叉与吃肉所用的刀叉，通常应当被刀右、叉左地分别纵向摆放在就餐者面前的餐盘两侧。有时，它们会达三副之多。对其加以区别，其实一点都不困难。关键是要牢记，应当依次分别从两边由外侧向内侧取用。

吃甜品所用的刀叉，一般应在最后使用。它们一般会被横向摆放在每人所用的餐盘的正前方。

二是刀叉的用法。中国人在使用刀叉时，主要有两个基本问题应予以注意。

其一，使用方式。具体使用刀叉时，主要有以下两种通行的基本方式。

首先，是英国式。它要求就餐者在使用刀叉时，始终右手持刀，左手持叉。一边进行切割，一边叉而食之。一般认为，此种刀叉的使用方式较为优雅。

其次，是美国式。它的具体做法是：先是右刀左叉，一鼓作气将要吃的食物全部切好，然后再把右手的餐刀斜放在餐盘上面，将左手中的餐叉换到右手，最后右手执叉就餐。此种方式的好处，是较为省事。

其二，使用要诀。使用刀叉就餐时，不论具体采用哪种方式，下述使用刀叉切割食物时的要诀都应被切记。具体要诀如下：

要诀之一，应当动作轻柔，不许搞得铿锵作响。

要诀之二，应当从其左侧开始，由左而右逐步而行。

要诀之三，应当双肘下沉，前后移动，切勿左右开弓。否则，不仅“吃相”不佳，而且又有碍于人，还有可能使正在被切割的食物“脱逃而去”。

要诀之四，应当使每块被切割好的食物入口刚刚合适，不大不小。一般应当以餐叉铲而食之，不可以用餐刀扎着吃，也不可以用餐叉叉起之后一口一口地咬着吃。

要诀之五，刀叉的朝向有其一定的讲究。双手同时使用刀叉时，叉齿应当朝下。右手持叉进食时，则应使叉齿朝上。临时将餐刀放下时，切勿使刀口朝外。

要诀之六，如果刀叉掉落地上，一般不应继续使用，而应马上请侍者另换一副。

三是刀叉的暗示。通过刀叉的不同放置形式，可以由就餐者向侍者暗示本人是否还想再吃某一道菜肴。其具体形式有二。

其一，暗示尚未吃完。在进餐期间，就餐者如果将刀右叉左、刀刃朝内、叉齿向下，二者呈“八”字形状摆放在餐盘之上，这一做法就是暗示侍者：此菜尚未用毕。但是，切勿把刀叉交叉摆放成“十”字形状，否则会被某些人认为十分晦气。

其二，暗示可以收掉。就餐者如果吃完了某一道菜肴，或者因为其不合口味而不想再吃，则可将刀右叉左、刀刃朝内、叉齿向上并排纵放在餐盘之上，或是刀上叉下并排横放在餐盘之上。此种做法则是在暗示侍者，可以将刀叉连同餐盘一道撤下桌去。

2. 餐匙

餐匙，通常又叫作调羹。品尝西餐时，餐匙是一种不可或缺的主要餐具。学习餐匙的使用，应当重点掌握其类别与用法两个问题。

一是餐匙的类别。在西餐的正餐里，一般至少会出现两把餐匙，它们形状不一、用途各异，摆放的具体位置也各不相同。

其一，汤匙。在所有类别的餐匙之中，通常汤匙形状较大。它通常被摆放在就餐者右侧餐刀的最外端，并且与餐刀并列纵放。

其二，甜品匙。一般情况下，它被横放在吃甜品所使用的刀叉的正上方，并且与之并列。如果用餐时不安排甜品的话，甜品匙往往会被同样形状但较小的茶匙所取代。

二是餐匙的用法。使用餐匙时，下列五点技巧性的要求应务必予以遵守。

其一，专司其职。餐匙除了可以饮汤、用甜品外，绝对不可以直接去舀取红茶、咖啡以及其他任何主食和菜肴。

其二，取用有方。以餐匙取食时，一定不要过量。一旦以之入口，就要一次用完，不要反复品尝餐匙中的食物。使用餐匙时，应当将其前端入口，而不可全部含入口中。

其三，干脆利索。使用餐匙的动作应干脆利索，切勿在汤、甜品或者红茶、咖啡之中搅拌不已。以匙舀汤时，应自距自己较近处向距自己较远处舀起，而不是反其道而行之。

其四，整洁干净。应当保持餐匙的整洁干净，不用对其过度装饰。

其五，置放有法。已经使用的餐匙不可再次放回原处，也不可将其插入菜肴或令其直立于汤盘、红茶杯、咖啡杯之中。正确的做法，是可以将其暂放于餐盘之上。有时，以匙柄正对着就餐者，还可以暗示用餐已经完毕。

3. 餐巾

餐巾，在西餐里发挥着多重重要作用。它的铺放方法与禁忌，与中餐的讲究基本类似。以下，具体介绍餐巾在西餐里所发挥的作用。

一是用来保洁服装。西餐里的许多菜肴，不但汁水丰富，而且色彩颇多。把餐巾事先铺在大腿上，就可以以之“迎接”用餐时溢出或者掉落的菜肴、汤汁，从而避免弄脏自己的服装。

二是用来揩拭口部。女士在进餐前，可使用餐巾轻印一下本人的口部，以去掉唇膏。在用餐期间意欲与旁人交谈时，亦可先用餐巾揩一揩嘴角，以防交谈时的尴尬。但是，不要使用餐巾乱擦、乱抹，尤其是不要以之擦脸、擦汗。特别是不要用它擦拭餐具。那样做，等于提醒主人餐具不洁，要求马上对其加以调换。

三是用来掩口遮羞。在西餐的进餐过程中，最好不要当众随口乱吐东西，并尽量不要剔牙。万一非做不可时，则应以左手拿起餐巾遮掩住口部，以防将自己“清污”的动作公之于众。

四是用来进行暗示。在西餐里，餐巾的一大特殊作用，是可以用来做出某种众所周知的暗示。具体而言，其暗示内容通常有三点：

其一，暗示用餐开始。按惯例，享用西餐时，众人皆须向女主人自动看齐。当女主人为自己铺上餐巾时，一般等于正式宣布用餐就此正式开始。

其二，暗示暂时离开。用餐时若需要中途暂时告退，一会儿还会去而复返，则不必大张旗鼓地向他人通报，而只要把本人的餐巾置于自己座椅的椅面之上即可。见此暗示，侍者便不会动手“撤席”，而会维持现状。

其三，暗示用餐结束。按惯例，当主人尤其是女主人把自己的餐巾放在餐桌之上时，意在宣告此次用餐结束。大家见此情景，均应自觉地告退。其他就餐者吃饱之后，亦可采用此法做出示意。

三、西餐的品尝

西餐的各道菜肴，具体的品尝方法均有所不同。若不掌握各道菜肴的具体品尝方法，往往是难以享用好西餐的。

1. 开胃菜

一般情况下，西餐里的开胃菜多以沙拉为主，个别的时候也会上一些海鲜或蜗牛。

一是沙拉。品尝沙拉时，通常必须使用餐叉。这样做，主要是因为沙拉在上桌之前，业已被切割完毕，故而不再需要就餐者煞有介事地“大动干戈”、大切特切了。

二是海鲜。用作西餐开胃菜的海鲜，主要有鲜虾、牡蛎等。对它们的品尝方法稍有不同。

其一，鲜虾。鲜虾有大小之别。吃小虾时，可以用餐叉直接取食。吃大虾时，则应先用手剥壳，再送入口内。有时亦以叉取用大虾，但不必对其进行切割。

其二，牡蛎。吃牡蛎时，通常必须使用专门的餐叉，一只一只地慢慢品尝。

三是蜗牛。蜗牛有带壳与去壳之分。吃带壳的蜗牛，应以专用的夹子将肉夹出食用，然后再吮吸一下壳内的汤汁。若上桌的蜗牛已被去壳，则可以直接以叉取用。

2. 面包

西餐里所供应的面包，主要有鲜面包、烤面包两种。在具体吃法上，二者小有差别。

一是鲜面包。吃未曾烤过的鲜面包，不能一次取用过多。正确的吃法是，用左手取过大小适当、刚巧一次可以入口的一小块，涂上黄油、果酱或者蜂蜜后，再送入口中。不能像吃汉堡包那样双手捧着吃，或者取过一大块后一口接一口地咬着吃。吃未烤过的切片面包时，则允许一小块一小块地撕着吃。

二是烤面包。吃已烤过的面包，不可以撕着食用，否则将导致面包屑纷飞。将其慢慢地咬着吃，则是可以的。吃面包时，可配以黄油、鱼子酱，或者再挤上一些柠檬汁，滋味则会更佳。不论吃哪一种面包，都不能以之蘸汤或“擦盘子”。

3. 汤

在西餐里，汤是一道名副其实的菜。因此，在饮汤时，必须熟悉自己应当如何“有所为”与“有所不为”。

一是正确的方法。饮汤时，必须以右手执匙，由近而远，向外侧将汤舀起，然后将汤匙的一侧就嘴而饮。若汤盆之内的汤所剩无几时，可用左手由内侧托起汤盆，使其向外侧倾斜，然后再用右手执匙舀而饮之。

二是主要的禁忌。在西餐里饮汤有三项禁忌：其一，不能端起汤盆、汤盘饮汤。其二，不能俯身趴到汤盆、汤盘上吸食。其三，不能用口吹汤，或者使用盆、盘、汤匙反复倒汤，以图使之降温。

4. 主菜

西餐的主菜花样甚多，其中以泥子、冻子、鱼肉、鸡肉、牛肉、羊肉、猪肉最为多见。对这些主菜加以品尝时，需要了解一些礼仪知识。

一是泥子。泥子，通常指的是以虾、蟹或者动物的肝、脑为主料，配以鸡蛋、芹菜，加上佐料，搅拌而成的一种需要冷吃的菜肴。品尝泥子时，主要使用餐叉。

二是冻子。冻子，是西餐中使煮熟的食物和汤汁冷却凝结而成的一种冷菜。常见的冻子有肉冻、鱼冻和果冻。品尝冻子时，必须以刀切割之后，再用叉来取用。

三是鱼肉。西餐里所供应的鱼肉，一般均来自海鱼，大都骨、刺较少，并且往往会被提前剔除。在必要时，可先用餐刀将鱼切开，慢慢剥出骨、刺之后，再把它切成小块，以叉入口。若是鱼肉的腥味太重，吃前则可挤上一些柠檬汁。

四是鸡肉。品尝鸡肉时，一般不允许直接下手操练。应当首先设法去掉鸡骨之后，再用餐刀将其切成小块，最后分别叉而食之。

五是红肉。西餐里的红肉，在此指的是以牛肉、羊肉、猪肉为主要内容的菜肴。严格地讲，西餐主菜只能与红肉画上等号。在所有肉菜里，牛排、羊排、猪排，尤其是牛排，属于“重中之重”的主角。鱼肉与鸡肉，则称之白肉。在主菜里，白肉往往可有可无。吃红肉时，务必刀叉并用。

5. 点心

享用西餐时，多多少少总要品尝一些点心。吃点心时，亦须讲究吃相。

一是饼干。吃饼干时，通常应当用右手单独拿起来吃。吃蛋糕时，亦可如此。

二是馅饼。在吃馅饼时，一般需要先用餐刀将其切成大小适度的小块，再用右手托起来品尝。

三是奶酪。它亦称芝士、起司、干酪，既可以与面包、点心、果品搭配食用，也可以作为点心单独品尝。食用奶酪时应使用专用刀叉，切割后再叉而食之。

四是三明治。吃三明治，往往可以双手捧着它吃。要是它并不太大，也可以只用右手捏着它来吃。

五是通心粉。通心粉，又称意大利面条。食用通心粉时，不可以一根一根地挑着吃，或是用力吸食。标准的吃法是：右手持叉，在左手所拿的汤匙的帮助下，将其缠绕到餐叉上，随后入口而食。

六是土豆片。油炸土豆片，在西餐中多被当作点心。吃土豆片时，可以用手取食。但每次所取的不要过量，也不要把它捏碎了再吃。

七是烤土豆。烤土豆作为一道点心，大都连皮一起上桌。食用的时候，应当将其用左手轻轻按住，右手持刀先切上一个口，令其散热。过上一会儿，再用餐叉从口内取食。如果有必要，还可先对其略做切割。吃的时候，还可以先浇上一些专用的肉汁。

6. 甜品

在西餐里，甜品是一道名正言顺的菜肴，故其品尝方式多有讲究。

一是布丁。吃西餐时，上桌的布丁一般是流质的，所以不宜直接下手取食，或是利用刀叉助餐。正确的方法是：使用专门的餐匙取而食之。

二是冰淇淋。在西方国家，冰淇淋一般都是正餐所必备的主要甜品，而非可有可无的一种冷饮。上桌时，它通常会被置于专用的高脚杯之内，需要借助甜品匙取用。

7. 果品

西餐所提供的果品，一般有干果与新鲜水果之分。在西餐的餐桌上，以下几种新鲜水果最为常见。

一是草莓。普通的草莓，均可直接用手取食。若是蘸上一些砂糖或者酸奶油，其味道或许更佳。吃带有调味汁的草莓，则必须使用餐匙。

二是菠萝。供就餐者品尝的菠萝，应当首先被分割为适当的小块儿，然后再用餐叉取食。它的外皮，上桌前应被去掉。不可直接用手抓食菠萝，也不宜举而咬之。

三是苹果。最为正规的苹果的吃法是：取过一个苹果，首先将其切成大小相仿的四块，然后逐块去皮，再用刀叉分而食之。不过，现在绝大多数人都已习惯于用手拿起去皮的小块苹果直接食用。

四是香蕉。食用整根的香蕉，一般应当首先剥除它的外皮，再使用刀叉把它切成小段，以餐叉逐段取食。一边用手剥，一边用手拿着慢慢地咬着吃，则是不允许的。

五是橙子。吃橙子的常见方式有两种：正规的吃法是：先用餐刀去掉外皮，再用刀叉剥离其内皮，最后以刀叉分瓣而食。大众化的吃法，则是用餐刀将其去皮后，首先切为小块，然后用手取食。

六是葡萄。葡萄在餐桌上也有两种不同的吃法：吃成串的葡萄，可取过一小串，一粒一粒用手揪下来食用。葡萄的皮、核，可先悄然吐入手中，然后再转移至餐盘之内。在吃单粒或不成串的葡萄时，则宜用餐叉相助取食。

四、西餐的要求

吃西餐时，特别是在参加正式的西餐宴会时，礼仪方面的具体要求既繁多又严格。扼要地讲，任何人在品尝西餐时，都必须使自己的所作所为在下述三个方面完全合乎其规范化的要求。

1. 举止高雅

由于正统的西餐礼仪出自古代的欧洲宫廷，并且相沿已久，故此其程式化的规定极多。其中最重要者是：要求全体就餐者严格约束本人在餐桌上的举止，力求使之优雅脱俗。有人曾就此指出：吃中餐，主要吃的是美味佳肴；吃西餐，则主要“吃”的是就餐者本人的举止风度。对中国人而言，品尝西餐时，在下述六个方面必须注意。

一是进食无声。品尝西餐时，不论吃东西还是喝东西，都绝对不要制造声响，尤其是不要搞得响声大作。在许多人看来，唯独缺乏教养者才会在进食时出声作响。

二是防止异响。除用餐外，每一位就餐者还需控制本人体内所发出来的任何不雅之声。例如，打嗝、排气、咳嗽、打喷嚏、清嗓子、擤鼻涕或吧唧嘴等。此外，在用餐和就座、离座时，也不要把餐具、座椅或者餐桌搞出怪异、刺耳之声。

三是慎用餐具。享用西餐，一定要首先学会正确地使用餐具。不仅要懂得餐具在什么时候该用、什么时候不该用，而且还要明了每一种餐具的具体使用方法。万一不会使用某一种餐具，切勿贸然行动，弄巧成拙。必要时，可在现场观摩其他人尤其是女主人的具体做法，然后悄然跟进。除有所规定外，切勿把餐具挪作他用。

四是正襟危坐。在餐桌旁就座时，应使身体与餐桌之间保持两拳左右的距离。上身宜呈挺拔之态，而不可东倒西歪、或俯或仰。双手应扶住桌沿，既不要支在桌上，也不要藏在桌下。双腿切勿乱伸、乱踢、乱蹬，或者乱动、乱抖不止。餐具万一跌落地上，不要自己弯腰去捡拾。

五是吃相干净。就餐者在用餐时，不但需要维护环境卫生，而且也需要努力保持个人卫生。在用餐的具体过程中，动作一定要时刻小心细致，不要吃得“满身挂彩”，脸上、手上、身上处处留痕。也不要只顾个人卫生而祸及周围，把餐盘、餐桌、地上以及四周搞得一塌糊涂。

六是熟悉规则。在正式场合享用西餐时，必须认真遵守种种成规。例如，点饮料时，既要关注其与菜肴的搭配，又不可以点任何带有糖分的饮料。

2. 衣着考究

吃西餐时，不论外出赴宴还是前往西餐厅就餐，个人的衣着都应当非常讲究。若是不明此理，或者明知故犯，都会招致批评。根据西餐的规模、档次不同，用餐时的衣着打扮有着不同的要求。大体上讲，赴宴者的衣着有礼服、正装与便装之分。

一是礼服。在隆重的西餐宴会上，赴宴者往往被要求身着礼服。西式的礼服，男装为黑色燕尾服，并且扎领结、系腰封；女装则为袒胸、露背、拖地的长裙，并且配长筒薄纱手套。此外，也可以本国、本地区、本民族的盛装，例如我国的中山装、唐装、藏装、苗装、旗袍等，替代西式礼服。

二是正装。普通的西餐宴会，通常要求赴宴者身着正装。一般而言，在此正装是指深色，特别是黑色、藏蓝色的西服套装或套裙。它的基本要求是：男装不可以色彩过淡、过艳，女装则切勿过短、过小。

三是便装。在一般的聚餐场合，赴宴者可以身着便装。所谓便装，在此是指男士穿浅色西装套装、单件西装上衣，或者长衫与长裤；女士则可以穿时装，或者以长裤代替裙装。但是，切莫将便装理解为随便着装，随心所欲地乱穿一气。

3. 尊重妇女

尊重妇女，是西餐礼仪的一大特征。西餐礼仪里所讲究的尊重妇女，并非纸上谈兵，而是广泛地体现在以下几个方面。

一是礼待女主人。在较为正式的西餐宴会上，女主人通常处于所谓“第一顺序”。具体表现为：由女主人在主位上就座，由女主人宣告用餐的开始或者结束，所有来宾均须向女主人致敬，等等。在正规的西餐宴会上，女主人忙里忙外、四处张罗，甚至无暇入席用餐的情景，都是绝对不会出现的。

二是照顾女宾客。在吃西餐时，不论彼此相识与否，男士们都有义务自觉地充当“护花使者”，对自己周围的女士多加照顾。例如，在用餐之前，应当帮助女士存放外套或是寻找座位。在用餐期间，则应当帮助女士取菜、取调味品、陪伴其交谈、为其化解“窘境”等。重要的是，男士对周围女士的主动照顾，应当不分生疏长幼，一律平等对待。

三是忌用女侍者。正规的西餐馆里，绝对是讲究“女尊男卑”的。根据传统，为了体现对于女士的尊重，遵守传统的西餐厅里一概不得雇用女侍者。因此，除了个别的女性领位员之外，在西餐馆里，尤其是在正式的西餐宴会上，人们往往只能见到清一色的男侍者迎来送往、忙忙碌碌，却难得见到辛勤服务的女侍者。不遵守此项惯例，往往会受到公众舆论的谴责。

第二节 自 助

目前，在国内外职场往来中，多以自助作为常规的就餐方式。所谓自助，亦称自助餐，在此是指就餐者在用餐时，可在既定的范围之内，自主选择、享用自己所中意的任何菜肴，而不受数量、时间上的限制。自己动手、自我帮助、自选菜肴、数量不限，是自助餐最为显著的特征。

一般而言，自助餐虽然可供应一些热菜，但多为冷食、冷菜，因此国外亦称之为冷餐会。

平时，不论内部活动还是对外接待，不少单位都喜欢以自助作为基本的就餐方式，这主要是因为自助餐具有其他用餐方式所难以替代的一些明显的优势。

第一，它适合于多方、多人就餐。当就餐者人数较多，尤其是当来宾方不止一家时，接待方为之安排正式宴会往往勉为其难。以自助餐待客，通常就不存在类似问题。

第二，它可以节省开销。一般的自助餐，均不提供高档的菜肴、酒水，因而可令主办者节约许多开支，并避免浪费。

第三，它可以免除席次与座次排列的难题。在自助餐上，就餐者用餐时可坐、可站，悉听尊便。但是，主办方却没有必要为之安排正式的席次与座次。这样一来，便可省去不少麻烦。

第四，它可以方便就餐者各取所需。在正规宴会上，不论实行分餐，还是一道接一道地上菜，就餐者遇上任何菜肴均应略加品尝。万一碰上忌食之物或厌食之物，往往便会陷入尴尬境地。而在自助餐上，人们完全可以各取所需，这方面的难题便迎刃而解了。

第五，它可令在场之人自主交际。在享用自助餐时，所有就餐者不仅可以自寻方位、自定饮食，而且可以自选现场的交际对象，甚至还可以不与任何人应酬。

总而言之，自助餐的最大优点是简便易行，可使所有就餐者节省时间、费用或精力。

关于自助餐，职员通常所需要掌握的礼仪规范主要涉及备餐的惯例与用餐的要求两个方面。

一、备餐的惯例

有些时候，职员需要以主人的身份来筹备、主办自助餐。准备自助餐时，大体上应对备餐的时机、用餐的时间、就餐的地点、食物的预备、来宾的招待五大问题予以认真关注。

1. 备餐的时机

自助餐在严格意义上并非正式宴会，故此它大多作为单位重大活动中的一个附属环节，而很少独立出来。

在实践中，诸如庆典、仪式、会议、参观等活动进行之后，为参加者准备自助餐，往往都是恰到好处的。但是，一般不应以自助餐作为公务活动的焦点。在一些大单位里，以自助餐作为日常待客的工作餐、商务用餐或内部职员的就餐方式，当前也时有所见。

2. 用餐的时间

在公务交往中，自助餐大都不会像正式宴会一样，对用餐的具体时间做出正式的通知。按照惯例，自助餐并无正式的起止时间，就餐者通常可以随到随吃，而不必等候“统一行动”的号令。用餐完毕后，就餐者亦可随时离开，而不必恭候大家集体退场，或是专门向主人辞行。一般情况下，就餐者在享用自助餐时并无时间方面的任何特殊限制。

若将自助餐作为大型活动的附属项目，通常应安排于活动之后举行。其具体时间，可比照人们平时所习惯的就餐时间。为了衔接顺利，可规定大型活动结束后，为之配套的自助餐即告开始，万勿拖延过久。

3. 就餐的地点

选择自助餐的就餐地点时，不必像举办正式宴会一样反复推敲。一般而言，本单位内部餐厅、内部的露天花园、宾馆的内设餐厅、商务中心的营业性自助餐餐厅，都是很好的选择。

负责选择具体的就餐地点的职员，往往应当注意下列四点：

一是提供一定的活动空间。除就餐区域之外，还应在用餐现场酌情布置好一块专用的交际区或休息区，以供就餐者届时进行必要的交际应酬、休闲小憩。

二是关注现场的通风状况。由于自助餐就餐者较多，倘若现场通风状况不佳，不仅会破坏大家的食欲，而且会大大降低自助餐本身的档次。

三是注意届时的气候变化。主办自助餐，尤其是拟在室外举办较大规模的自助餐时，雨、雪、风、霾、雾、雷、雹、沙尘，或者过于干燥、过于潮湿、过于炎热、过于寒冷，都有可能对其构成干扰，所以对当地届时的气候不可不知，对天气的变化不可不防。

四是预备足量的用餐位置。在用餐现场，一定要保证就餐者位置稍有空余。为此不仅要提前了解大体的就餐人数，而且还应多备一些桌椅以应不时之需。

4. 食物的预备

在为自助餐准备食物时，对下列要点必须一一加以明确：

一是原则性要求。准备自助餐的食物时，首先要了解以下几项原则性的要求。

其一，安全卫生。食物的安全与卫生，可谓准备自助餐的食物时必须高度重视的头等大事。

其二，体现特色。条件允许时，自助餐的食物应当具有一定的特色。

其三，中西兼顾。为了适应就餐者的不同需求，自助餐上所供应的食物可以中西并举。

其四，配合时令。有道是："不时，不食。"假若自助餐所供应的食物能够与季节相适应，例如，时令河鲜、时令蔬菜、时令水果等往往都会大受欢迎。

其五，分类摆放。在正规的自助餐上，食物均应一目了然地分类摆放。

其六，保证供应。一般情况下，自助餐上所供应的食物不宜出现短缺。

其七，品种多多。可能的话，应尽量保证食物的品种能够多有几种选择。

二是程序化规定。按照惯例，标准的自助餐通常以冷菜、汤、热菜、点心、甜品、水果为其规范的取食先后顺序。上述品种以及饮料，在自助餐上均不可或缺。

5. 来宾的招待

普通的自助餐上，都会有专门的服务生提供必要的服务。一般情况下，由服务生为来宾服务即可。

倘若现场找不到服务生，或是没有服务生进行服务时，身为主人的职员亦可主动对来宾加以关照。大体上讲，在自助餐上，主人可以为来宾做四件事：安排座席，介绍菜肴，引见他人，照看衣物。未经要求，切莫越俎代庖，擅自为客人选取菜肴。

二、用餐的要求

享用自助餐时，职员对下列八项基本要求必须认真遵守。越是正式的自助餐，越应当对此重视。

1. 排队选取

享用自助餐时，虽说要求就餐者自己关照自己，但这并不意味着届时完全可以肆意妄为。不论只身前往，还是与大家结队成行，职员均应在选取菜肴时自觉地遵守公共秩序，讲究先来后到，老老实实地排队。不允许出现争抢、乱挤，或是不排队、乱插队等不文明的情形。

一般而言，排队时应与前后之人保持一定间隔。取菜时最好与其他人同向行进。行进的标准方向应为顺时针方向，排队时切忌逆行。取菜时不应瞻前顾后、挑三拣四，取菜应当从速，取菜之后则应当迅速离去。

2. 循序取用

在正规的自助餐上，想要做到既吃饱又吃好，最好的方法就是要依照合理的取菜顺序选取菜肴。下述两点，一定要在取用时加以牢记。

一是至少取菜三次。取菜时，切勿乱七八糟胡取一气，更不应将不同种类、不同风味的菜肴堆放在一起。通常在享用自助餐时，至少应分三次分门别类地取菜：头一次宜取冷菜；接下来宜取热菜；最后才宜取点心、甜品或水果之类。若本末倒置、冷热杂陈，往往会令人见笑。

二是先行掌握情况。有经验的人在取菜时并非每道菜都不放过，一一加以取用，而是首先绕场一周，待自己对全局有所了解后，再酌情加以取舍。

3. 量力而行

享用自助餐时，完全可以爱吃什么吃什么，能吃多少吃多少，这是自助餐给予每一位就餐者的权利，也是其大受欢迎之处。但是，就餐者亦应牢记，取用任何菜肴均应量力而行。切忌贪多、选取过量，甚至造成盘内堆积如山的情形出现，到头来却力不从心，从而导致浪费。严格地讲，取用菜肴时多吃无可厚非，浪费则绝不允许。这通常被称为“每次少取”，亦称“少取规则”。

4. 多次取菜

多次取菜，亦称“多次规则”，指的是就餐者在享用自助餐时如果偏爱某一种类的菜肴，完全可以一而再，再而三地反复去取，直至自己吃得满意为止。但是每次只宜适可而止，而不该一下子装得盘满杯溢，更不可将同一品种的菜肴同时装上几盘，甚至将其完全包干。

在自助餐上，遵守“多次规则”与遵守“少取规则”，实际上应当是同步并举的。“少取”是为了防止浪费，“多次”则是为了量力而行。总之，在享用自助餐时，“多次少取”是人人须知的一项最基本的规则。

5. 文明用餐

享用自助餐时，每一名职员均应表现得文明得体。以下各点，尤应注意。

一是使用公用餐具取菜。切记：不可直接使用自己的餐具选取菜肴。使用公用餐具时，亦应注意其定向专用。

二是自觉远离餐台就餐。站在摆放菜肴的餐台附近就餐，不但有碍观瞻，而且还会影响他人取餐。

三是废弃之物不宜乱扔。废弃之物应置于自己餐盘的一端，切莫乱吐、乱放、乱扔。

四是用餐完毕送回餐具。餐毕，可将自己的餐具送到指定之处，亦可稍加整理之后放在原处。

6. 禁止外带

所有的自助餐都有一项不成文的规定：向就餐者所供应的所有菜肴，只可在用餐现场自行享用，而绝对不允许外带。即便提出此类要求，同样也是失礼的表现。

在任何情况下，自己在自助餐上选取的菜肴务必自己负责彻底解决，而绝对不可浪费。

7. 关照他人

与他人一同享用自助餐时，尤其是身为主人之时，职员理当对对方主动加以关照。倘若对方对自助餐的具体就餐方式或是对自助餐上所供应的个别菜肴不甚熟悉，职员可向对方扼要加以介绍。在对方不反感的前提下，亦可向对方提出一些有关选取菜肴的建议。

一般情况下，陪同他人一起享用自助餐时，职员应与对方一同就座。与对方适当地交谈是允许的，但不应因此而有碍对方用餐。

8. 交际适度

在自助餐上，人们应当利用机会，及时而恰到好处地联络老朋友、结交新朋友，积极地进行交际。以下两点，在交际时尤须注意。

一是扩大自己的交际圈。倘若时间允许、气氛适宜，享用自助餐的职员不妨多转换几个交际圈，以多交朋友、广结善缘。

二是介入陌生的交际圈。可能的话，应积极介入陌生的交际圈。其具体方法有三种：方法之一，是求人引见。方法之二，是毛遂自荐。方法之三，是借机加入。

第三节 洋 酒

在交际场合，尤其是在涉外性质的社交场合，洋酒往往会频频出现。在诸如酒会、派对、家庭聚会一类的活动中，或是在酒吧之中，洋酒则更是大出风头，经常性地充当主角。如果对洋酒不了解、不接受，不仅可能会让人见笑，而且还有可能会有碍于自己的交际应酬。

所谓洋酒，实际上是国人对各种外国酒的一种统称。在海外，除了华人社交圈，此种叫法并不流行。不过，站在中国人的角度来看，洋酒与国酒的确多有不同之处。

在交际应酬尤其是涉外交往中，对洋酒多有接触的职员确有必要掌握一些有关洋酒的基本礼仪规范。对洋酒的具体品种与饮用方式，职员均应有所了解。

一、洋酒的品种

作为外国酒在国人之中的一种统称，洋酒的具体品种其实不可胜数。不过在一般场合，人们所经常见到的洋酒也不过只有数十种。以下，将择最为常见的一些主要品种，诸如葡萄酒、香槟酒、白兰地酒、威士忌酒、伏特加酒、朗姆酒、杜松子酒、苦艾酒、鸡尾酒等，加以系统的介绍。

1. 葡萄酒

在国外，葡萄酒是一种最常见的酒，它以葡萄酿制而成。按其色泽，可将它分为白葡萄酒、红葡萄酒、桃红葡萄酒三种。含糖的葡萄酒叫作甜葡萄酒，不含糖的葡萄酒则称为干葡萄酒，后者目前更受人们的青睐。产地与品种的差异，对葡萄酒的质量影响甚大。目前，人们公认，法国生产的葡萄酒，尤其是法国波尔多、勃艮第地区所生产的葡萄酒最佳。在国外，波尔多葡萄酒被称为“葡萄酒之王”，勃艮第葡萄酒则被叫作“葡萄酒王后”。拉菲、拉图、玛歌、木桐、奥比昂等“五大名庄”葡萄酒，均产于波尔多地区。产于勃艮第地区的罗曼尼康帝，则更是大名鼎鼎。此外，德国、葡萄牙、西班牙所产的葡萄酒也大有名气。

一般情况下，葡萄酒的酒精含量为8%～12%。它的贮藏期，通常以10年为限。在西方国家，葡萄酒是典型的餐桌酒，往往被用作佐餐酒。此外，它亦可净饮。

2. 香槟酒

香槟酒，其实是葡萄酒的一个分支。在民间，它被叫作“爆塞酒”或“葡萄汽酒”，实际上属于一种发泡型的葡萄酒。严格地讲，唯有法国香槟地区所生产的葡萄酒，才可算作正宗的香槟酒。它色泽纯正，泡沫白爽，口感酸涩、清凉且带有一定的果香味。根据含糖度的不同，香槟亦可分为特干、干、半干、微干、微甜、半甜、甜等几种。最著名的香槟酒有酩悦、白雪、凯歌、香槟王、巴黎之花等。

香槟酒的酒精含量通常为13%～15%。一般而言，它均贮藏4～10年左右。香槟酒最经典的用途，是用于宴会上的祝酒干杯，故此称为“干杯酒”。在庆典、仪式等喜庆活动中，它亦被常用。

3. 白兰地酒

白兰地酒，实际上是一种经过蒸馏精制而成的葡萄酒。在法文里，白兰地的含义是“生命之火”。人们公认，产自法国的白兰地酒，尤其是产自法国干邑（又称科涅克）地区的白兰地酒最为名贵。法国政府规定：只有干邑地区所生产的白兰地酒，才准许在商标上标注“干邑”（COGNAC）字样，以示其正宗。上等的白兰地酒必定色泽金黄，具有香甜醇美的特色。根据传统，放入橡木桶，在地窖内贮存时间越久的白兰地酒才越名贵。当前，最为著名的法国干邑白兰地酒品牌有轩尼诗、人头马、马爹利、拿破仑，它们被叫作“干邑白兰地四强”。

白兰地酒的酒精含量一般为38%～43%。其贮藏年代越久，价格越是昂贵。在洋酒大家族里，白兰地酒既是一种烈酒，又被视为一种最名贵的酒。通常，它都被作为餐后酒，充当宴会“压轴戏”的角色。

4. 威士忌酒

在国外，威士忌酒是一种与白兰地酒齐名的洋酒。严格地讲，它是一种以麦类为主要原料酿制的蒸馏酒。迄今为止，世界上生产威士忌酒的国家与地区甚多，例如，日本所产的威士忌酒的口碑就非常不错，但独领风骚者却一直是英国苏格兰地区所生产的威士忌酒。久而久之，在不少人的心目中，苏格兰威士忌酒才算真正的威士忌酒。正宗的威士忌酒色泽纯正，液体透明，香气扑鼻，味醇甘烈。目前，最为著名的威士忌酒有尊尼获加、格兰菲迪、芝华士、珍宝、威雀、占边、山崎等。

威士忌酒的酒精含量为30%～70%。在英国，有关法律专门规定：刚生产出来的威士忌酒，至少要放入橡木桶并在地窖内贮藏3年方可出售。一般情况下，人们大都喜欢净饮威士忌酒。在国外的酒吧里，它向来都是当仁不让的主角。

5. 伏特加酒

伏特加酒又叫俄德克酒，它由俄文“水”一词派生而来。作为一种白酒，它既可以用小麦、大麦、黑麦酿制，又可以把玉米、土豆当作原料。人们公认，世界上最好的伏特加酒来自其故乡俄罗斯，瑞典所产的伏特加酒也很不错。从总体上来看，伏特加酒的最大特色是无色、无味。著名的伏特加酒有斯米诺、白鲸、皇冠、兰牛、绝对等。目前，其他一些欧美国家也在生产伏特加酒。

伏特加酒是最著名的烈酒之一，其酒精含量可高达60%。它对贮存年代讲究不多，通常既可以净饮，又可以兑入其他饮料一同饮用。不少知名的鸡尾酒，都以伏特加酒作为基酒，例如，螺丝刀、敢死队、甜瓜球、血腥玛丽、飞天蚱蜢等。

6. 朗姆酒

朗姆酒，通常都是用甘薯制糖的副产品——糖蜜作为原料，经过发酵、蒸馏、陈酿、调配而成的。上乘的朗姆酒都产自盛产蔗糖的西印度群岛，其中以牙买加所生产的朗姆酒名气最大。从口感上讲，朗姆酒富有甜味，但有厚重、清淡与适中之分。从色彩上看，由于其具体酿造方式的不同，则有无色、褐色、琥珀色之分，但大都看起来是清澈的。名牌的朗姆酒有慕兰潭、外交官、老寿星、百加得、哈瓦那俱乐部等。

朗姆酒的酒精含量为42%~45%。上等的朗姆酒一般都需要在特制的美洲橡木桶内贮藏10年之上。在各国，人们一般喜欢将朗姆酒掺入其他饮料中饮用。以之充当基酒的鸡尾酒，有飓风、虎奶、小艇、库拉达、代基里、巴卡迪、自由古巴等。

7. 杜松子酒

杜松子酒，亦称金酒或琴酒，它是一种以黑麦和大麦芽为原料，发酵后蒸馏而成的酒。因其在酿造过程中加入了杜松子，故称杜松子酒。在世界上，最著名的杜松子酒生产国是荷兰，英国所生产的杜松子酒也大有名气。从口感上说，杜松子酒清爽、芬芳，充满了杜松子的味道。就糖分来说，它则分为不含糖分的干型与含有糖分的甜型两类。著名的杜松子酒有曼丽、白兔、哥顿、必富达、蓝士兵等。

杜松子酒的酒精含量约为40%，它在贮存时间方面要求不高。作为一种可调制性最强的洋酒，它既可作为开胃酒在餐前饮用，又可与其他酒水进行广泛的组合搭配。著名的红粉佳人、修道院、百慕大、橘子花等鸡尾酒，均以杜松子酒作为基酒。

8. 苦艾酒

苦艾酒，在中国称为味美思。它是用以艾叶为主的草本香料与白葡萄酒一道制作而成的，所以俗称苦艾酒。实际上，用以酿造苦艾酒的香料多达20种。不同品牌的苦艾酒所具体选用的香料并不一致，并非一定都要使用艾叶不可。世界上最好的苦艾酒产自意大利与法国，中国亦可生产。它具有芳香、刺激、舒筋活血等特点，深受一些人的欢迎。知名品牌的苦艾酒有马天尼、仙山露、卡帕诺、绿精灵、金巴利等。

苦艾酒的酒精含量为12%~18%。它的贮存时间不宜过久，可充当餐前主要的开胃酒饮用，亦可与其他酒水调配之后饮用。

9. 鸡尾酒

鸡尾酒其实是一种以洋酒为主要配料的混合型饮料。具体而言，它是以蒸馏酒作为基酒，与糖浆、果汁、冰块、苏打水等辅料调配而成的。换而言之，任何一种鸡尾酒都由两种或两种以上酒水组合而成。一份精制而成的鸡尾酒不但口味独特、风格清新，而且层次分明、异彩纷呈，犹如雄鸡的尾巴一般，故称为鸡尾酒。制作鸡尾酒，既讲究工具、手法，更讲究配料、比例。当前，已经成名的鸡尾酒有3 000多种。它的典型代表有马提尼、曼哈顿、螺丝刀、血腥玛丽、红粉佳人、长滩冰茶，等等。

不同的鸡尾酒因其配方各异，酒精含量自然大有差异。在国外，鸡尾酒不仅是酒会上的主角，而且在酒吧、派对以及其他许多社交聚会之中也广受欢迎。

二、洋酒的品尝

品尝洋酒有一定之规，不遵守与此相关的重要礼仪规范，品尝洋酒时就会错误百出，直接影响到品尝的效果。

1. 酒具的要求

饮用洋酒的一大讲究，是品尝不同品种的洋酒应当选择不同式样的酒杯。例如，饮香槟酒要选择香槟酒杯，饮白葡萄酒要选择白葡萄酒杯，饮用红葡萄酒要选择红葡萄酒杯，饮用白兰地酒则要选择白兰地酒杯。

不同式样的洋酒酒杯，不仅外观各异，而且容积有别。假如张冠李戴地取用酒杯，不但影响洋酒的品尝，而且还会见笑于人。

选择洋酒酒杯，有下述三种方法可行。

一是提前系统地学习相关的知识。如此一来，通常就可以防止当众品尝洋酒之时贻笑大方。

二是在宴会上依次取用。在餐桌上，酒杯通常都放在就餐者右前方，并呈一字排列。取用时，可以就座后的视角由右向左依次取用。

三是效仿他人。选取酒杯，亦可跟随他人之后进行，此所谓“紧跟”法则。届时跟着行家走，或者跟着大家走，本人出错的概率自然就会小些。

2. 持杯的方法

在正式场合，洋酒酒杯的具体持握方法颇有讲究。具体而言，下述两点尤其应当注意。

一是不同类型的酒杯有不同的拿法。持握酒杯，不仅与姿势优美与否直接相关，而且涉及酒温等多种制约因素。例如，饮用冰镇的香槟酒或加入冰块的白葡萄酒时，应手持酒杯杯腿。饮用常温的红葡萄酒时，应手握杯身。饮用温度要求稍高的白兰地酒时，则应手掌托着杯底。

二是应当避免错误或者不雅的拿法。在稍正式一些的场合，手握洋酒酒杯时，均应有意地避免错误或者不雅的方法。例如，双手持杯、手托杯腿、手指搭在杯口，或者用手捂住酒杯，均为不当之法。

3. 酒水的搭配

饮用洋酒，有一些固定的搭配不可不知。下列三个方面的固定搭配，尤其应该恪守。

一是酒水与酒具的搭配。此点前面已有介绍，在此不再赘述。

二是酒水与菜肴的搭配。许多洋酒，均可作为餐桌酒在宴会上饮用。如果说菜肴是中餐宴会上的主角，那么完全可以说洋酒是西餐宴会上的重点。在正规的西餐宴会上，人们讲究上一道菜便需要换一种洋酒，不同菜肴与酒水有着其既定的搭配。例如，吃鸡、鸭、鱼等“白肉”时，讲究饮用白葡萄酒；吃牛、羊、猪等“红肉”时，则讲究饮用红葡萄酒；等等。

三是酒水自身所要求的搭配。一些洋酒本身要求某些酒水与之进行搭配。例如，饮威士忌酒时，应添加一些苏打水；饮用白葡萄酒时，可以加入一些冰块；等等。但是，也有一些洋酒，例如红葡萄酒，饮用时则不宜加入任何东西。

4. 洋酒的温度

绝大多数的洋酒，饮用时都有其温度方面的专门要求。不符合这些要求，洋酒在饮用时口感上就往往会大打折扣。一般而言，饮用洋酒时，对其酒温应当注意下列两点。

一是了解温度方面的具体要求。饮用洋酒前，应务必了解它在饮用温度上有无具体要求。应当说明的是，绝大多数洋酒在此方面均有规定。例如，香槟酒适宜4～6℃饮用，白葡萄酒适宜10℃左右饮用，红葡萄酒适宜15℃左右饮用，白兰地酒则适宜18～20℃饮用。

二是调控洋酒温度的基本方法。调控洋酒的温度，目前主要采用两种具体方法：其一，物理方法，即采用冰镇或加入冰块等方式来降低酒温。其二，人工方法，即用手掌托着杯底等方法来略增酒温。

5. 饮用宜适量

饮用洋酒，适量是一项最基本的要求。具体而言，适量这一要求应体现在以下两个不同的方面。

一是装杯定量。业已指出，容积各不相同是洋酒酒杯的基本特征之一。斟倒洋酒时，务必注意装杯具体定量方面的要求。比较而言，在中餐宴会上饮酒，人们讲究“酒满敬人”；而在西餐宴会上饮酒，切忌满杯。大致来说，斟倒洋酒时，应当注意以“七分满”为限，杯满而溢则是绝不允许的。

二是饮用限量。饮用洋酒时，对人对己均应限量。对自己来讲，切莫贪杯，甚至酒醉误事。对他人而言，则应讲究“祝酒不劝酒”，万万不可强人所难。

6. 场合的限制

饮用洋酒，既要注意量力而行，自尊自爱；又要讲究善待他人，关心他人。具体来讲，在不同的场合，饮用洋酒又有一些各不相同的要求。

一是居家饮酒。居家饮酒，图的是自得其乐。只要不会伤害身体，不会有碍自己正常的工作，饮酒时大可不必墨守成规，自我约束过多。

二是酒吧饮酒。外出在酒吧里饮酒，主要讲究的是休闲与消遣。独自一人时，不要闷闷不乐、借酒浇愁、一醉方休；友人聚会时，则不应借题发挥、大吵大闹、有碍别人。

三是仪式饮酒。在庆典或仪式上，往往需要饮用洋酒。此时此刻，最重要的是要遵守与之相关的具体程序，并且坚持适量而止。

四是宴会饮酒。在正式的宴会上饮酒，关键是要以之助兴。自己酗酒或者试图灌醉别人，都是没有教养的表现。在宴会上，不要仅仅注意自己“干杯”。其实，更重要的是要学会品酒，并且懂得以之烘托现场热烈而喜庆的气氛。

第四节　咖　啡

长期以来，咖啡一直是职场上诸多饮料之中的主角之一。咖啡不仅被用来提神、解渴，而且还频频现身于各种各样的社交聚会。近年来，随着对外交流的深入与扩大，作为世界三大饮料之一的咖啡逐渐步入了中国人的日常生活，并已成为国人尤其是文化程度较高的人士所喜爱的一种时尚饮料。

根据惯例，饮用咖啡，需要特别注意饮用的时机、咖啡的种类、饮时的举止三个方面的问题。

一、饮用的时机

饮用咖啡，应当把握适当的时机。具体而言，它包括饮用的时间与饮用的地点两个方面的问题。

1. 饮用的时间

饮用咖啡通常是一种礼仪活动，所以在其具体时间的安排与选择上，有必要细心斟酌，切勿贸然而行。一般而言，饮用咖啡的时间应当根据以下几种具体情况而有所不同。

一是自己饮用。自己饮用咖啡，原则上不必受到时间的限制。若想饮用的话，随时可以。只要记住，不要饮用过量，不要因饮用咖啡而过度兴奋，从而影响休息即可。

二是单位待客。在单位以咖啡待客，不论以饮用咖啡这种形式会友，还是纯粹将其视作饮料，在时间上都不应当超过下午四点钟。因为有很多人在此时间之后不习惯再饮咖啡，否则便有可能直接影响到夜间的睡眠。

三是外出会客。邀人外出在咖啡厅会面时饮用咖啡，一般应当避开上午。最佳的时间：一是周末；二是午后。平时，亦可根据具体情况协商安排。

四是宴会待客。在正式的西式宴会上，往往以咖啡作为其“压轴戏”。由于较为正式的西式宴会大都在晚间举行，所以在宴会上饮用咖啡通常是在晚上。不过为了照顾个人嗜好，在宴会上供应咖啡的同时往往还会备有红茶等，以供来宾自由选择。

2. 饮用的地点

饮用咖啡，讲究具体地点的选择。具体地点不同，饮用咖啡时的礼仪要求往往也会有所不同。一般而言，饮用咖啡最常见的地点有：办公室、会议厅、咖啡厅、咖啡座、花园、餐厅，等等。

一是办公室。在办公室里饮用咖啡，主要是在工作间歇自己享用，有时亦可以之待客。在办公室饮用咖啡，具体要求并不多。

二是会议厅。在会议厅内饮用咖啡，主要适用于在正式会议期间招待客人。

三是咖啡厅。咖啡厅有时又叫咖啡屋、咖啡室、咖啡吧，它是一种装饰高档、气氛温馨的饮食服务点。除供应咖啡外，还可提供其他餐饮。在此处饮用咖啡，往往与鲜花、乐曲、红烛相伴，故经常有一些人选择来此会友。

四是咖啡座。它是一种露天的“咖啡厅”，多设于街道两侧，仅为客人提供桌椅与遮阳伞，适合于自我休息或与友人聊天。在许多大城市它都随处可见，通常它讲究的主要是自由自在、休息观景。

五是花园。在自家花园里饮用咖啡，固然适合于自己与家人消闲休息。此外，也适于招待客人。西方有一种专供女士社交的咖啡会，就是在主人家的花园或庭院中举行的。它不排列位次，时间不长，重在交际与沟通，饮用咖啡只不过是一种形式而已。

六是餐厅。在国外，咖啡往往是正餐中最后出现的一道“菜肴”。在餐馆里用餐时，人们往往会选用咖啡佐餐助兴。

二、咖啡的种类

与茶叶一样，咖啡的种类也非常之多。在非正式场合，职员选择何种咖啡自然悉听尊便。但在正式场合，它却不仅是一个人的习惯问题，而且也是一个涉及身份、教养、见识的问题。故此应当对它充分了解，并认真对待。

由于依据的标准不同，咖啡可被分为许多不同种类。目前，区分咖啡的种类，主要依据的是配料的添加与制作的方法。

1. 根据配料区分

依据饮用咖啡时添加配料的不同，咖啡可被分为多个品种。其中，最为常见的有下述六种：

一是黑咖啡。它是指既不加糖，也不加牛奶的纯咖啡。在正统的西餐里压轴的，就是此种宜于化解油腻的咖啡。时至今日，饮用这种咖啡，仍被许多人视为身份高贵或出身于上流社会的一种标志。

二是白咖啡。它是指饮用之前加入牛奶、奶油或特制的植物粉末的咖啡。饮用这种咖啡时，加糖与否完全自便。它适合在各种情况下尤其是在非正式场合饮用。单纯加入牛奶的咖啡，有时又叫法国式咖啡。

三是浓黑咖啡。它的全名叫意大利式浓黑咖啡。它以特殊的蒸汽加压的方法制作，既黑又浓，不宜多饮。在饮用时，可加入糖或少量的茴香酒，但不宜加入牛奶或奶油。

四是浓白咖啡。它的全名叫意大利式浓白咖啡。其制作方法基本上与浓黑咖啡相类似，只是加入了用牛奶制成的奶油或奶皮，故此显得又稠又浓，口味甚佳。在饮用时，不宜再添加牛奶，加入少许用柠檬榨取的汁液则是允许的。至于是否加糖，则完全由饮用者自己决定。

五是爱尔兰式咖啡。爱尔兰式咖啡的最大特点，是在饮用咖啡之前不加牛奶，而是加入一定数量的威士忌酒。加不加糖，则请君自便。它的味道浓烈，刺激提神。

六是土耳其式咖啡。土耳其式咖啡大致与白咖啡类似，在咖啡之中可以酌情加入适量的牛奶与糖。但是，与其他种类所不同的是，它的咖啡渣并未除去，而是与咖啡一起被装入容积甚大的杯中上桌，供人饮用。土耳其式咖啡稍显浑浊，深受中东地区人民的喜爱。在阿拉伯世界，它亦被称为阿拉伯式咖啡。

此外，目前所流行的拿铁咖啡、摩卡咖啡、康宝蓝咖啡、卡布奇诺咖啡均属于花式咖啡。花式咖啡，即添加了其他饮品、调味品的充当时尚饮品的咖啡。

2. 根据制作区分

根据制作方法的不同，咖啡大体上可被分为现煮的咖啡、速溶的咖啡以及罐装的咖啡三种。

一是现煮的咖啡。现煮的咖啡，这里所指的是当场将一定数量的咖啡豆放入特制的咖啡具，现磨现煮的咖啡。与速溶的咖啡相比，它费时费力，并且不好把握火候，技术水平要求较高。

在习惯饮用咖啡的国家，会不会煮咖啡是一位家庭主妇是否称职的一大标准。例如，西方人有一个习惯，家里来了客人，若有可能，一定要待之以现磨现煮的咖啡，并且由女主人亲自为客人煮咖啡、上咖啡。这既是一种礼遇，又体现着一种档次。所以，遇上女主人这般厚待时，来宾无论如何都不能忘记当面称道一声女主人为自己所煮的咖啡“味道好极了”，否则是极不礼貌的。

二是速溶的咖啡。它是以现代工艺将咖啡提纯、结晶、装罐，饮用时只需冲入适量的热水即可，因其非常方便省事，深受快节奏的现代人士的欢迎。不过，它属于一种方便食品，口味比较单一，档次上难与现煮的咖啡相提并论。在较为正式的场合，一般难觅其身影。

应当切记，自己喝速溶的咖啡与否无可非议。但在款待重要客人时，却最好不要上此种咖啡，尤其是不要把它视为一种高档咖啡而正式介绍给客人。

三是罐装的咖啡。它是指以专门的技术，将已煮好的咖啡液体装入特制的易拉罐之中。需要时，可以开罐即饮。它的优点是：携带方便，易于饮用，干净卫生。在举行会议、外出游览时，罐装的咖啡均为不错的选择。它的主要缺点有二：其一，口味较差；其二，只宜冷饮。

除上述两种区分方式之外，有时人们还习惯于以磨制咖啡时所选择的咖啡豆的具体品种来区分咖啡。讲究饮用咖啡的行家里手提起产于拉美的蓝山咖啡、琥爵咖啡、圣多斯咖啡，产于东南亚的曼特宁咖啡、爪哇咖啡、猫屎咖啡（鲁瓦克咖啡），或者产于非洲的摩卡咖啡等，往往都啧啧称羡。

三、饮时的举止

在较为正式的场合，特别是在大庭广众之中、众目睽睽之下饮用咖啡时，务必在个人举止方面好自为之、处处谨慎，并依礼而行。其中最主要的是要在饮用的数量、配料的添加、饮用的方法三个具体方面多加注意。

1. 饮用的数量

关于饮用咖啡的具体数量，在正式场合应注意如下两点讲究。

一是饮用的杯数宜少。在正式场合饮用咖啡，与其说咖啡是一种饮料，不如说它是一种休闲或交际的陪衬，所以完全可以说人们饮用咖啡时大多是“醉翁之意不在酒”。一般情况下，饮咖啡一杯足矣，至多为三杯。

二是饮用时入口要少。饮用咖啡既然不是为了充饥解渴，那么在饮用时切勿饮相粗鲁，令人见笑。端起咖啡杯扬脖一饮而尽，或是大口吞咽咖啡，甚至饮用时响声大作，都是典型的失礼之举。饮用咖啡时，一杯咖啡总要喝上十来分钟，并应小口饮用。唯有一小口一小口慢慢地品尝咖啡，才能悟出其中的妙处，并且显得自己举止优雅脱俗。

2. 配料的添加

在某些情况下饮用咖啡时，需要饮用者自己动手，根据个人需要和偏好，往咖啡里面添加一些诸如牛奶、方糖之类的配料。遇到此类情况，一定要牢记以下两项基本要求。

一是自主添加。在添加咖啡的配料时自主添加，就是要求大家自己对自己负责、完全自主，不要越俎代庖地为他人添加配料。因为各人的需要与偏好往往相去甚远，只有自己才最了解自己的口味。自作主张地为他人添加配料，往往会强人所难，令对方反感或者不快。当然，若他人为自己添加配料时，还是应当真诚地向其道谢，而不宜责怪对方。

二是文明添加。在添加咖啡的配料时文明添加，就是要求大家在具体操作时自然大方，温文尔雅，尽量避免不卫生、不得体的做法。例如，若大家同时需要添加配料，彼此要相互谦让，不要你争我抢。若某种配料用完需要补充时，不要大呼大叫、责备侍者。需要加牛奶时，动作要稳重，不要倒得满桌都是。打算添加方糖时，应用专用的糖夹或糖匙去取，而不要用自己所用的咖啡匙去取，更不要直接下手去取。

3. 饮用的方法

饮用咖啡时，有许多讲究与禁忌。其中，在礼仪方面要求最多的，通常有咖啡杯持握、咖啡匙使用、甜点的取食、交谈须知四个方面的具体问题。

一是咖啡杯持握。饮用咖啡时，不可以双手握杯，不可以用手托着杯底，不可以俯身就近杯子去喝，不可以用双手端着碟子而直接饮用杯中的咖啡。

持握咖啡杯的得体方法是：伸出右手，用拇指与食指握住杯耳之后，再轻缓地端起杯子。若是用一只手握住杯身、杯口，或者将手指穿过杯耳之后再握住杯身，都是不正确的方法。

在正式场合，咖啡都是盛入杯中，然后放在碟子上一起端上桌的。碟子的作用，主要是用来放置咖啡匙，并接收溢出杯子的咖啡。若碟中已有溢出的咖啡，切勿泼在地上或倒入口中，可用纸巾将其吸干。

饮咖啡时，是否需要同时端起碟子是不好一概而论的。若坐在桌子附近饮咖啡，通常只宜端杯子，而不必端碟子。若距桌子较远，或站立、走动时饮咖啡，则应用左手将杯、碟一起端起至齐胸高度，再以右手持杯而饮。这种方法既高雅，又安全。说它高雅，是因为姿势好看；说它安全，则是可以防止溢出杯子的咖啡弄脏衣服。

二是咖啡匙使用。作为咖啡具大家族中的一员，在正式场合饮用咖啡时，人手一只的咖啡匙其实作用不大。如果穷尽其极，它只能起到以下作用：

其一，加入牛奶或奶油后，可用咖啡匙轻轻搅动，使之与咖啡相互融合。

其二，加入方糖之后，可用咖啡匙略加搅拌，促使其迅速溶化。

其三，若嫌咖啡太烫，可待其自然冷却，或以匙稍作搅动，促使咖啡变凉。

咖啡匙在使用时，有以下两项非常重要的禁忌。首先，不可以用咖啡匙舀起咖啡来饮用。在公共场合这么做，定会令人瞠目。其次，不可以让咖啡匙在咖啡杯中竖立。不用它的时候，可将其平放在咖啡碟里。

三是甜点的取食。在饮用咖啡时，为了不伤肠胃，往往会同时备有一些甜点，供饮用者自行取用。

需要取食甜点时，首先要放下咖啡杯。在饮用咖啡时，手中也不宜同时拿着甜点品尝。切勿双手左右开弓，一边大吃，一边猛喝。这种做法，会显得十分不雅。此外，切勿只吃不喝，使得本末倒置。

四是交谈须知。在饮用咖啡时，应适时地与交往对象进行交谈。在交谈时，务必细语柔声，千万不要大声喧哗、乱开玩笑，更不要与人动手动脚、追追打打。那样做，会严重破坏饮用咖啡的现场氛围。

应当谨记：不要在他人饮用咖啡时向其提出问题。自己饮过咖啡后若要讲话，最好先用纸巾揩一揩嘴，免得咖啡顺嘴流淌，或搞脏嘴角，使得自己出丑。

第五节　茶　饮

茶，历来是中国各族人民最喜爱的一种日常饮料。它在中国的种植与利用，已有约 6 000 年的历史。在世界上，它同样深受许多国家人民的欢迎，并且与咖啡、可可一道并称为“世界三大饮料”。

所谓茶饮，亦称饮茶、喝茶。它在此特指中国茶的饮用。与其他饮料相比，茶饮具有物美价廉、饮用方便、生津止渴、消暑开胃、健身防病等多种优点。因此，在日常生活之中，它最为普及，并且已成为我国人民平日不可或缺的家庭生活必需品，民间早有“开门七件事，柴、米、油、盐、酱、醋、茶”之说。

由于中国人民饮茶的历史源远流长，饮茶的品位也已逐渐提升，形成了独具中国特色的茶文化，并进而影响到日本、英国以及其他许多国家。当前，讲究品茶者崇尚饮茶之道，亦称茶道。

平时，职员在工作单位或是在家中接待来访的客人时，沏茶、上茶已经成为一项不能缺少的待客礼节。若缺少这一礼节，或是在这方面掉以轻心，就是明显地对来宾有失恭敬。中国有句老话，叫作“茶是话博士”，说的就是以茶待客可以活跃交际气氛，增加宾主交谈的兴致。

在比较正式的情况下，不论自饮还是待客，饮茶都颇有讲究。至少，在茶叶的品种、泡茶的用水、沏茶的水温、饮茶的茶具等方面，都丝毫马虎不得。以茶待客时，对这些方面尤需注意。所谓茶道，在此具体所指的就是饮茶的讲究和以茶待客之法。

一、茶叶的品种

饮茶，首先需要区别茶叶的品种。不同的地区、不同的民族、不同的饮茶者，对茶叶的具体品种往往会有不同的偏好。

区分茶叶的品种，可以采取多种方法。不过，目前在中国采用最广的方法，是根据加工、制作方式的不同来区分茶叶的具体品种。根据这一标准，茶叶可分为绿茶、红茶、青茶、黑茶、花茶等最常见的类型。以下，分别对其略作介绍。

1. 绿茶

绿茶，此处特指不发酵茶。它是对新鲜茶叶进行炒制，利用高温破坏其中所含的酶，在制止其发酵之后制作而成的。饮用绿茶，讲究要选用当年的新茶，尤其是要选用“明前茶”，即清明之前所采的茶叶。

精心沏出来的绿茶，茶叶碧绿，茶汤清澈，入口之后，饱含沁人心脾的清香，并且爽口宜人。在夏日饮用，还可以消暑降温。

中国所生产的绿茶品种甚多，其中闻名遐迩的有：产于浙江杭州的龙井茶，产于江苏太湖洞庭山的碧螺春，产于安徽黄山的黄山毛峰，产于安徽六安齐云山的六安瓜片，产于河南信阳大别山区的信阳毛尖，产于贵州黔南都匀山区的都匀毛尖，等等。

2. 红茶

红茶的加工制作方法恰好与绿茶相反，它是以新鲜的茶叶经过控制，使之完全发酵之后制作而成的。在冲泡之前，它的色泽油润乌黑；在冲泡之后，它则具有独特的浓香与爽口的滋味，并且暖胃补气，提神益智。一般而言，红茶性温热，故适宜在冬天饮用，而不宜作为夏日饮品。

中国所生产的红茶品种不少，其中最著名的当推产于安徽祁门的祁门红茶。此外，还有产于福建武夷山的正山小种、产于云南西双版纳的滇红、产于广东英德的英红等。

3. 青茶

青茶，亦称乌龙茶，它的制作加工方法介乎绿茶、红茶二者之间。准确地说，它是一种半发酵的茶叶。其外形粗硕、松散，茶叶边缘发酵，中央不发酵，整体外观上呈黑褐色。

冲泡后的乌龙茶色泽凝重鲜亮，芳香宜人。喝过之后，不仅可以化解油腻，而且健胃提神，令人心旷神怡。

中国著名的乌龙茶多产于福建省，其中大名鼎鼎的有产于闽南安溪县的铁观音，产于闽北武夷山区的武夷岩茶，产于粤东潮汕地区的凤凰单枞等。我国台湾地区所出产的冻顶乌龙，也非常有名。

4. 黑茶

黑茶，即后发酵茶。因其具有安神、润肠、减肥等功效，目前十分流行。广西的六堡茶、湖南的安化茶、云南的普洱茶，都是其代表者。

5. 花茶

花茶又叫香片，它大多是以绿茶经过各种花香熏制而成的茶叶，其中尤以茉莉花茶最受欢迎。它的最大特点，是冲泡之后芳香扑鼻，口感浓郁，味道鲜嫩。一年四季之中，都可以饮用花茶。

在北京、成都、福州、青岛、济南、大连等地，茉莉花茶广受欢迎。

此外，有些地方特意将茶叶压紧之后制成茶砖，这种茶砖颇受西藏、新疆、内蒙古等地少数民族的喜爱，多用于煮饮，尤其是添加奶、糖等之后煮饮。在中亚国家，茶砖往往也大受欢迎。为了饮用方便，人们还将绿茶、红茶、青茶、黑茶或花茶分别装入纸袋之内，制成袋茶。饮用时只需将纸袋置于杯内，然后冲泡即可。袋茶是一种茶的方便饮品。

概括地讲，生活于不同地区的人们对茶叶品种的偏好往往大相径庭。一般情况下，江浙人爱喝绿茶，北京人、成都人爱喝花茶，东南沿海一带的人爱喝乌龙茶，而欧美人则爱喝红茶，尤其是袋装红茶。因此，在以茶待客时，理当因人而异、投其所好。

二、茶具的选择

饮茶是一种文化，所以在选择茶具时，既要干净、卫生、实用，又要美观、大方、悦目。

饮茶之时，根据所选茶叶的具体品种不同，所用茶具的品种也会相应有所变化，但在一般情况下，饮茶大都少不了储茶用具、泡茶用具、饮茶用具三种茶具。下面，简单介绍选择这些茶具时所应注意的要点。

1. 储茶用具

储茶用具，在此指的是平日存放茶叶的专用器皿。它的基本要求是：防潮、避光、隔热、无味。因此，存放上佳的茶叶时最好选用特制的茶叶罐，例如铝罐、锡罐、竹罐等。尽量不要使用不符合要求的玻璃罐、塑料罐、纸罐，更不要长时间以纸张包装、存放茶叶。

待客饮茶之际，最好不要当着客人的面从储茶用具之内取茶冲泡。万一非此不可，则切记不要直接下手抓取茶叶，而应以茶夹、茶匙去取，或是直接以茶罐将茶叶倒入茶壶、茶杯之中。

2. 泡茶用具

讲究饮茶的人，对泡茶用具是十分挑剔的。在比较正规的情况下，泡茶用具与饮茶用具往往一分为二，以确保饮茶有滋有味、有模有样。

在正规的泡茶用具之中，最常见的是茶壶。其大小各异、外观不同，但多以有助于茶水味道纯正的紫砂陶、陶瓷制成。

使用茶壶泡茶之前，应将茶壶洗涮干净，不要使茶垢遍布茶壶之上。不要使用浑身伤残的茶壶去招待尊贵的客人。特别值得注意的是，不要使用茶壶内剩余的旧茶待客。

3. 饮茶用具

饮茶用具，这里所指的是饮茶时所用的茶具。在大多数情况下，饮茶用具主要是茶杯、茶碗。就目前而言，以茶杯饮茶较以茶碗饮茶显得更为常见，也更加正规一些。饮用绿茶、红茶或花茶时，应首选玻璃茶杯。使用茶碗饮茶，主要适用于饮用青茶、黑茶，并且多见于古香古色的茶馆之内。

最好的茶杯应当有助于茶水纯正味道的发挥，符合这一要求的首推紫砂陶茶杯和陶瓷茶杯。若为了欣赏茶叶的形状与茶水的清澈，也可以选用玻璃茶杯。搪瓷茶杯或金属质地的保温杯，则一般不应选用。

出于美观与和谐的考虑，若饮茶时同时使用茶壶，则最好使茶杯与茶壶配套，尽量不要东拼西凑，使二者质地不一，造型各异，风格有别。若同时使用多个茶杯，也应注意其配套问题，不要搞得“千差万别”。

若非自己使用，千万不要选用破损、残缺、带有裂纹的茶杯，尤其切勿以带有茶锈或污垢的茶杯装茶待客。

三、敬茶的程序

自古以来，中国人待客时就有“坐，请坐，请上座；茶，上茶，上好茶”的说法。由此可见，以茶敬客在待客之际是一种绝不可缺少的重要礼仪。

以茶敬客时，最重要的是要注意客人的嗜好、上茶的规矩、敬茶的方法、续水的时机等几个具体的要点。

1. 客人的嗜好

由于口味不同，有人喜欢喝绿茶，有人喜欢喝花茶；有人喜欢喝热茶，有人喜欢喝凉茶；有人喜欢喝果茶，有人则喜欢喝奶茶。所以在以茶待客时，应尽可能照顾来宾，尤其是主宾本人的偏好。

有可能的话，应多备几种茶叶，使客人可以从中自己选择。在上茶之前，应首先询问一下客人喜欢用哪一种茶，并为其提供几种可能的选择。不要自以为是，强人所难。当然，若只有一种茶叶，则务必实事求是地说清楚，不要客套过了头。若客人点出自己所没有的茶叶品种，那时就难以下台了。

与此同时，还应考虑到，有一些人出于各种原因不喜欢饮茶。尤其是一些西方人不喜欢红茶之外的其他茶类。因此，如有可能，在上饮料前应征询一下来宾个人的意见："请问您想喝一点什么饮料？"同时，随即为之提供自己力所能及的几种选择，诸如白开水、矿泉水、纯净水、汽水、绿茶、红茶、咖啡、果茶、奶茶等。

一般认为，饮茶不宜过浓，否则极可能使饮用者"醉茶"——因摄入过量的咖啡因而令人神经过度兴奋，甚至惊厥、抽搐。所以，若客人没有特殊要求，所上的茶水不应过浓。通常，民间以茶待客讲究要上热茶，而且还有"茶满欺人""七茶八酒"之说。其含义是：斟茶不可过满，而以七分满为佳。这样去做，热茶便不会从杯中溢出来烫伤客人了。

2. 上茶的规矩

上茶时有许多相关的讲究，其中有以下两个要点。

一是对奉茶之人的要求。以茶待客时，由何人为来宾奉茶，往往涉及对来宾的重视程度。在家中待客时，通常可由家中的晚辈或是家庭服务员为客人上茶。接待重要的客人时，则应由女主人，甚至由主人本人为之亲自奉茶。

在单位待客时，一般应由秘书、接待人员、专职服务人员为来宾上茶。接待重要的客人时，则应由本单位在场的职位最高者亲自为之上茶。

二是奉茶的顺序。若来访的客人较多时，上茶的先后顺序一定需要慎重对待，切不可肆意而为。目前，国内奉茶时符合礼仪规范的具体做法是：先为客人上茶，后为主人上茶；先为主宾上茶，后为次宾上茶；先为上司上茶，后为部下上茶；先为女士上茶，后为男士上茶；先为长辈上茶，后为晚辈上茶。

如果来宾甚多，且其彼此之间差别不大时，可采取下列四种顺序上茶：

其一，以上茶者为起点，由近而远地依次上茶。

其二，以进入客厅之门为起点，按顺时针方向依次上茶。

其三，在上茶时，以客人的先来后到为先后顺序。

其四，上茶时不分顺序，或者由饮用者自己取用。

3. 敬茶的方法

以茶待客时，一般应当事先将茶沏好，装入茶杯，然后放在茶盘之内端入客厅。如果来宾较多时，务必多备上几个茶杯，以防届时“僧多粥少”，供不应求。

在上茶时，应借机会向客人表达自己的谦恭与敬意。标准的上茶步骤是：双手端着茶盘进入客厅，首先将茶盘放在临近客人的茶几上或备用桌上，然后右手拿着茶杯的杯托，左手附在杯托附近，从客人的左后侧双手将茶杯递上去。茶杯放置到位之后，杯耳应朝向外侧。若使用无杯托的茶杯上茶时，亦应双手捧上茶杯。但其具体的手位，应在杯身高度的 1/2 以下，并确保手指不触及茶杯的杯口。

从客人左后侧为之上茶，意在不妨碍其工作或交谈的思绪。万一条件不允许时，至少也要从其右侧上茶，而尽量不要从其正前方上茶。

有时，为了提醒客人注意，可在为之上茶的同时，轻声告之：“请您用茶。”若对方向自己道谢，不要忘记回答一声“不客气”。如果自己的上茶打扰了客人，应对其道一声“对不起”。

为客人敬茶时，尽量不要用一只手上茶，尤其是不要只用左手上茶。双手奉茶时，切勿将手指搭在茶杯杯口上，或是将其浸入茶水。

放置茶杯时，千万不要随意搁在任何一个地方。不要以之直撞客人，也不要把茶杯放在客人的文件上，或是客人行动时容易撞翻的地方。将茶杯放在客人左手附近，通常是最适当的做法。

4. 续水的时机

为客人端上头一杯茶时，通常不宜斟得过满，更不允许动辄使茶水外溢。得体的做法是：应当斟到杯身的 2/3 处，不然就有厌客或逐客之嫌。

主人若是真心诚意地以茶待客，最适当的做法就是要为客人勤斟茶，勤续水。一般来讲，客人喝过几口茶后，即应为之续水，绝不可让其杯中茶水见底。这种做法的寓意是：茶水不尽，慢慢饮来，慢慢道来。

当然，为来宾斟茶续水一定要讲主随客便，切勿神态做作，再三以斟茶续水搪塞客人，自己却始终一言不发。以前，中国人待客有“上茶不过三杯”一说：第一杯叫作敬客茶；第二杯叫作续水茶；第三杯则叫作送客茶。如果一再劝人用茶而无话可讲，则往往意味着提醒来宾此刻“应该打道回府了”。有鉴于此，以茶招待讲究“老礼”的老年人或海外华人时，切勿再三为之斟茶。

在为客人斟茶续水时，应以不妨碍对方为佳。如果可能，最好不要在其前面进行操作。非得如此时，则应一手拿起茶杯，使之远离客人身体、座位、桌子，另一只手将水续入。

在续水时，不要续得过满，也不要使自己的手指、茶壶或者水瓶弄脏茶杯。如有可能，应在续水时在茶壶或水瓶的口部附上一块洁净的毛巾，以防止茶水“自由泛滥”。

四、品茶的方法

在正式的社交场合，饮茶应当文明、礼貌。具体而言，需要在下述两个方面特别加以注意。

1. 态度谦恭

既然以茶待客是一种礼仪，那么在主人以茶待客时，作为接受款待的一方在饮茶之际，也应对主人投桃报李，勿失谦恭与敬意。

当主人上茶之前，向自己征求意见，询问大家“想喝什么”的时候，如果没有什么特别的禁忌，可以在对方所提供的几种选择之中任选一种，或告之以“随便”。一般情况下，向主人提出过高的要求是很不礼貌的。

如果自己不习惯饮茶，应及时向主人说明。若自己尚未说明而茶水已上，可以不必饮用。千万不要面露不快，直接因此而责怪主人或为自己上茶的人。

若主人，特别是女主人或者长辈为自己上茶时，在可能的情况下，应当立即起身站立，双手捧接，并道以“多谢”。不要视若不见，不理不睬。当其为自己续水时，亦应以礼相还。其他人员为自己上茶、续水时，也应及时以适当的方式向其答谢。

如果对方为自己上茶、续水时，自己难以起身站立、双手捧接或答以“多谢”时，至少应向其面带微笑，点头致意，或者欠身施礼。不喝的凉茶、剩茶，千万不要随手泼洒在地上。

在社交活动中，与交往对象正在交谈之时，最好不要饮茶。交谈对象正在讲话时，自己要是突然转而饮茶，不但会打断谈话，而且也会显得自己用心不专。只有当自己不是主要的交谈对象时，或是与他人的交谈告一段落之后，才可以借此机会喝上一口茶水润润嗓子。

2. 认真品味

在饮茶时，一定要懂得悉心品味。这样做，不仅体现着自身的教养，而且也是待人的一种礼貌做法。

在饮茶时，应当一小口一小口地细心品尝。每饮一口茶水后，应使其在口中稍作停留，再慢慢地咽下去，这样做才能达到品茶的要求。无论如何，饮茶时都不要大口吞咽、一饮而尽，或是喝得口中“咕咚咕咚”直响，茶水顺着腮帮子直流。以那种方法喝茶，只能解渴，却丝毫谈不上对茶水美妙之处的品味。

在端起茶杯时，应以右手持杯耳。端无杯耳的茶杯时，则应以右手握茶杯的中部。不要双手捧杯，不要以手端起杯底，或用手握住茶杯杯口。那样做，或是显得动作粗鲁，或是不够卫生。

使用带杯托的茶杯时，可以只用右手端起茶杯，不动杯托；也可以用左手将杯托连茶杯托至胸前，然后以右手端起茶杯饮之。

饮茶的时候，忌将茶水连同茶叶一并吞入口中，更不能下手自茶杯中取出茶叶放入口中食之。

饮盖碗茶时，可用杯盖轻轻将漂浮于茶水之上的茶叶拂去，不要用口去吹。茶水若太烫的话，也不要去吹，最好是待其自然冷却。

饮用红茶或果茶、奶茶时，不要用茶匙舀茶，也不要将其插放在茶杯中。不用时，将其放在杯托上即可。

若主人告之所饮的是名茶，则饮用前应仔细观赏一下茶水，并在饮用后加以适当的赞赏。不要不予理睬，或是随口敷衍。

从严格意义上讲，果茶、奶茶以及药茶都有别于以茶叶为主角的传统茶饮，而属于时尚性饮品。故在此不予一一赘述。

本章思考题

1. 西餐刀叉的正确用法有哪些？
2. 享用自助餐有哪些要求？
3. 洋酒有哪些品种？
4. 饮咖啡时应在举止上注意哪些问题？
5. 上茶有哪些规矩？
6. 品茶应关注哪些细节？

第五章 服饰礼仪规范

《礼记》曰："服备而后容体正、颜色齐、辞令顺。"

在职场上，职员的服饰有其一定之规。根据礼仪惯例，职员在正式场合所选用的服饰，不仅体现其个人的审美品位，而且还展示其所在单位的整体形象。因此，不允许职员在正式场合穿着打扮过于张扬或随意。

从总体上讲，在正式的职场交往尤其是涉外交往中，职员在服饰选用上应兼顾下列三点：适应本岗位的工作；符合自己的实际身份；与所处的场所相协调。忽略了其中任何一点，都有可能使自己在服饰上出现问题。

具体来说，在职场往来中，置身不同场合、面对不同交往对象的职员，在服饰上往往又有着多种多样的选择。选用不同的服饰，均应遵守相应的礼仪规范。下面，着重介绍有关西装、套裙、制服、饰品、化妆等方面的具体礼仪规范。

第一节 西 装

西装，又称西服，起源于欧洲，目前是全世界最流行的一种男装，也是男职员在正式场合着装的首选。西装造型典雅高贵，拥有开放适度的领部、宽阔舒展的肩部和略加收缩的腰部，穿在男职员的身上，会使之显得英武矫健、风度翩翩。男职员要想使自己所穿的西装真正称心合意，就需要在西装的选择、西装的穿法、西装的搭配三个方面严守相关的礼仪规范。

一、西装的选择

要想使穿在自己身上的西装为自己增色，首先就要对西装进行精心的选择。

一般而言，要挑选一身挺括合体、有模有样，适用于职场穿着的西装，大抵需要关注其面料、颜色、图案、款式、造型、尺寸、做工七个方面的具体细节。

1. 面料

鉴于西装在公务活动中往往充当正装或礼服之用，因此西装面料的选择应当力求高档。一般情况下，毛料应为西装首选的面料。具体而言，纯毛、纯羊绒的面料以及高比例含毛的毛涤混纺面料，皆可用作西装的面料。凡不透气、不散热或发光发亮的各类化纤面料，则尽量不要用以制作西装。

目前，以高档毛料所制作的西装，大都具有轻、薄、软、挺四个方面的特点。所谓轻，指的是西装不重、不笨，穿在身上感觉犹如丝绸。所谓薄，指的是西装的面料单薄，不过分厚实。所谓软，指的是西装穿起来柔软舒适，既合身，又不会给人以束缚之感。所谓挺，则指的是西装外表挺括雅观，不发皱、不松垮、不起泡。

2. 颜色

平时，男职员往往将西装视为自己在公务活动中所穿的制服。因此，西装的颜色必须显得庄重、正统，不能过于轻浮和随便。根据此项要求，适合于男职员在公务交往中所穿的西装的颜色，首推藏蓝色。在世界各国，藏蓝色的西装往往是每一位男职员所必备的正装。

除此之外，还可以选择灰色或棕色的西装，黑色的西装也可予以考虑，不过后者更适合在庄严而肃穆的礼仪性活动中穿着。若是平日上班时穿黑色的西装，则未免有些过于庄重。

按照惯例，男职员在正式场合不宜穿颜色过于鲜艳或发光发亮的西装。朦胧色、过渡色的西装，通常也不宜选择。越是正规场合，越讲究穿单色的西装，因而带有两种以上颜色的多色西装，在大多数情况下不太适合男职员穿着。

3. 图案

男职员所推崇的气质应当是成熟、稳重、文雅，所以其西装一般以无图案为好。不要选择绘有花、鸟、鱼、虫、兽、人等图案的西装，更不要自行在西装上绘制或刺绣汉字、外文、字母、符号、花纹以及其他标志。

通常，上乘西装的特征之一便是没有任何图案。唯一的例外是，男职员可以选择以“牙签呢”制作的竖条纹的西装。竖条纹的西装，以条纹细密者为佳，以条纹粗阔者为劣。在着装异常考究的职场上，男职员最体面的西装，往往就是深灰色的、条纹细密的竖条纹西装套装。

用“格子呢”制作的西装，一般是难登大雅之堂的。只有在非正式场合，男职员才比较适合穿着。

4. 款式

与其他任何服装一样，西装也有自己的不同款式。目前，区别西装的具体款式，主要有两种最常见的方法。

一是按照西装的件数划分。根据此项标准，西装有单件与套装之分。依照惯例，单件西装，即一件与裤子不配套的西装上衣，仅适用于非正式场合。男职员在职场交往中所穿的西装，必须是西装套装。有时，男职员在公务交往中所穿的西装套装，索性被人们称作公务套装。

所谓西装套装，则指的是上衣与裤子成套，其面料、颜色、款式一致，风格上相互呼应的多件西装。通常，西装套装又有两件套与三件套之分。两件套西装套装包括一衣、一裤；三件套西装套装则包括一衣、一裤与一件背心。按照人们的传统看法，三件套西装比两件套西装要显得更加正规一些。最正宗、最经典的西装套装，自然也非它莫属。因此，男职员在高层次的职场往来中，以穿三件套的西装套装为佳。

二是按照西装上衣的纽扣数目来划分。根据这一标准，西装上衣有着单排扣与双排扣之别。一般认为，单排扣的西装上衣比较传统，而双排扣的西装上衣则较为时尚。

具体而言，单排扣西装上衣与双排扣西装上衣的纽扣数目各自又有不同，因而又使它们各自呈现出不同的风格。

单排扣的西装上衣，最常见的有一粒纽扣、两粒纽扣、三粒纽扣三种。一粒纽扣、三粒纽扣这两种单排扣西装上衣穿起来比较时髦，而两粒纽扣的单排扣西装上衣则显得更为正统一些。

双排扣的西装上衣，最常见的有两粒纽扣、四粒纽扣、六粒纽扣三种。两粒纽扣、六粒纽扣的双排扣西装上衣属于流行的款式，而四粒纽扣的双排扣西装上衣则明显地具有传统风格。

5. 造型

西装的造型，又称西装的板型，在此它所指的是西装具体的外观形状。目前，世界上的西装主要有欧式、英式、美式、日式四种主要造型。

一是欧式西装。欧式西装的主要特征是：上衣外观上呈倒梯形；多为双排两粒扣式或双排六粒扣式，而且纽扣的位置较低。它的衣领较宽，强调肩部与后摆，不甚重视腰部，垫肩与袖笼较高，腰身中等，后摆无开衩。其代表品牌，有“杰尼亚”“阿玛尼”“康纳利”等。

二是英式西装。英式西装的主要特征是：上衣外观上呈“X”形；不刻意强调肩宽，而讲究穿在身上贴身、自然。它多为单排扣式，衣领是“V”形，并且较窄。它腰部略收，垫肩较薄，后摆两侧开衩。职场男士所十分推崇的“君皇仕”“登喜路”“保罗史密斯”牌西装，就是典型的英式西装。

三是美式西装。美式西装的主要特征是：上衣外观上呈“O”形；方方正正，宽松舒适，较欧式西装稍短一些。肩部不加衬垫，因而被称作“肩部自然式”西装。其领型为宽度适中的“V”形，腰部宽大，后摆中间开衩，多为单排扣式。美式西装的知名品牌有“奥克斯福德”“布克兄弟”等。

四是日式西装。日式西装的主要特征是：上衣外观上呈“H”形，即不过分强调肩部与腰部。垫肩不高，领子较短、较窄，不过分收腰，后摆也不开衩，多为单排扣式。著名的日式西装的品牌有“青山”“青木”等。

上述四种造型的西装，各有自己的特色：欧式西装洒脱大气，英式西装剪裁得体，美式西装宽大飘逸，日式西装则贴身凝重。男职员在具体选择时，可以自便。不过一般来说，欧式西装要求穿着者高大魁梧，美式西装穿起来稍显散漫，中国人在选择时宜根据自己的身材、体态来做决定。比较而言，英式西装与日式西装似乎更适合中国人穿着。

6. 尺寸

穿着西装，务必大小合身、宽松适度。一套西装，无论其品牌名气有多大，只要它的尺寸不适合自己，就不宜选择。在公务活动中，一位男职员所穿的西装不论过大还是过小、过肥还是过瘦，都肯定会损害其个人形象。

要使自己选择的西装合身，有必要注意如下三点：

一是了解标准尺寸。人所共知，西装的衣长、裤长、袖长、胸围、腰围、臀围等都有一定之规。唯有对此认真了解，才能在挑选西装时有章可循。

二是务必量体裁衣。市场上销售的西装多为批量生产。其尺寸相对比较标准，穿在每一个人身上未必尽如人意。所以，有条件者最好是寻访名师为自己量身缝制西装。

三是反复进行试穿。假如购买成衣，务必反复进行试穿。切勿马马虎虎买来不合身的西装。

7. 做工

一套名牌西装与一套普通西装的显著区别，往往在于前者的做工较为精良，而后者的做工则较为一般。在选择西装时，做工精良，是万万不可以忽略的问题。

在挑选西装时，检查其做工的好坏，需要从下述六点着手：一是看衬里是否外露；二是看衣袋是否对称；三是看纽扣是否缝牢；四是看表面是否起泡；五是看针脚是否均匀；六是看外观是否平整。假如在这六个方面不符合要求，则以放弃为妙。

在选择西装时，除了有上述六个方面的细节必须加以关注之外，还要了解正装西装与休闲西装的区别。一般来说，正装西装适合在正式场合穿着，其面料多为毛料，色彩多为深色、单色，款式则讲究庄重、保守，并且基本上都是套装。休闲西装则恰好与其相反，大都适合在非正式场合穿着。它的面料可以是棉、麻、丝、绒、皮等；颜色多半都是鲜艳、亮丽的，并且多为浅色、多色；款式则强调宽松、舒适、自然，有时甚至以标新立异而见长。通常，休闲西装基本上都是单件的。

二、西装的穿法

男职员在穿着西装时，对具体的穿法应多加重视。不遵守西装的规范穿法，在穿西装时随意而为，都是有违礼仪的无知的表现。

根据西装礼仪的基本要求，男职员在穿着西装时，务必特别注意以下七个方面的问题。

1. 拆除商标

在西装上衣左边袖子的袖口处，通常会缝有一条商标。有时，在那里还同时缝有一块纯羊毛标志。在正式穿西装之前，切勿忘记将它们拆除。这等于是对外界宣告：该套西装已被启用。假如西装穿了许久之后，袖子上的商标依旧停留于原处，好似有意以此招摇过市一般，难免会见笑于人。

2. 熨烫平整

欲使一套穿在自己身上的西装看上去美观大方，首先要使其保持平整而挺括、线条笔直。要做到此点，除要定期对西装进行干洗外，还要在每次正式着装之前，对其进行认真熨烫。千万不要使西装皱巴、不洁，以免其美感全失。

3. 扣好纽扣

穿西装时，上衣、背心与裤子的纽扣，都有一定的系法。在三者之中，又以上衣纽扣的系法讲究最多。一般而言，站立时，特别是在大庭广众之中起身站立时，西装上衣的纽扣应当系上，以示郑重其事。就座之后，西装上衣的纽扣则需要解开，以防其“扭曲”走样。唯独在内穿背心或羊毛衫、外穿单排扣上衣时，才允许站立之际不系上衣的纽扣。

通常，系西装上衣的纽扣时，单排扣上衣与双排扣上衣又有各不相同的具体做法。系单排两粒扣式西装上衣的纽扣时，讲究“扣上不扣下”，即只系上边那粒纽扣。系单排三粒扣式西装上衣的纽扣时，正确的做法则有两种：要么只系中间那粒纽扣；要么系上面那两粒纽扣。而系双排扣式西装上衣的纽扣时，可以系上的纽扣则一律都要系上。

穿西装背心时，不论将其单独穿着，还是将之与西装上衣配套，都要系上纽扣，而不能随意敞开。在一般情况下，西装背心只能同单排扣式西装上衣配套。它的纽扣数目有多有少，但大体上可被分作单排扣式与双排扣式两种。根据西装的着装惯例，单排扣式西装背心的最下面的那粒纽扣应当不系，而双排扣式西装背心的全部纽扣则必须统统系上。

目前，在西裤的裤门上负责“把关”的，有的是纽扣，有的则是拉锁。一般认为，前者较为正统，后者则使用起来更加方便。不论穿着以何种方式“关门”的西裤，都要时刻提醒自己，将纽扣全部系上，或是将拉锁认真拉好。参加重要的活动时，还须提前悄悄检查，以免自己大意而使西裤“开门”。西裤上的挂钩，亦应挂好。

4. 不卷不挽

穿西装时，一定要悉心呵护，维持其原状。在公共场合，千万不要当众随心所欲地脱下西装上衣，更不能把它当作披风一样地披在肩上。需要特别强调的是，无论如何，都不可以将西装上衣的衣袖挽起。否则，极易给人以粗俗之感。一般情况下，随意卷起西裤的裤筒，也是一种不符合礼仪的表现。因此，绝对禁止职员这样做。

5. 慎穿毛衫

男职员欲打算把一套西装穿得有“型”、有“味”，那么除了衬衫与西装背心之外，在西装上衣之内，最好不要再穿其他任何衣物。在冬季寒冷难忍时，只宜暂作变通，穿上一件薄型“V”领的单色羊毛衫或羊绒衫。这样做既不会显得过于花哨，也不会妨碍自己打领带。切勿穿色彩、图案十分繁杂的羊毛衫或羊绒衫，也不要穿扣式的开襟羊毛衫或羊绒衫。更不要一下子同时穿上多件毛衫、背心，甚至再加上一件手工编织的毛衣。那样一眼望去，其领口之处免不了会“层次分明”，犹如不规则的“梯田”一般难看，而且还会使西装鼓胀不堪、变形走样。

6. 巧配内衣

西装的标准穿法，是衬衫之内不穿棉纺或毛织的背心、内衣。至于不穿衬衫，而以T恤衫直接与西装配套的穿法，则更是不符合规范的。出于特殊原因而需要在衬衫之内再穿背心、内衣时，有以下三点注意事项：

一是数量上应以一件为限。若一下子穿上多件，则必然会使自己显得臃肿不堪。

二是颜色上应与衬衫颜色相仿。至少不应使内衣较衬衫的颜色为深，免得令二者反差过于明显。在浅色或透明的衬衫里面穿深色或艳色的背心、内衣，则更易于招人笑话。

三是款式上应短于衬衫。穿在衬衫之内的背心或内衣，其领型以“U”字领或“V”字领为宜。在衬衫之内最好别穿高领的背心、内衣，若露出衬衫的领口则有碍观瞻。此外，还需留意，别使内衣的袖管暴露在别人的视野之内。

7. 少装东西

为保证西装在外观上不走样，口袋里就应少装东西或者不装东西。对待上衣、背心和裤子，均应如此。要是把西装上的口袋当成一只“百宝箱”，用乱七八糟的东西将它塞得满满的，无异于是在糟蹋西装。

具体而言，在西装上，不同的口袋发挥着各不相同的作用：

西装上衣左侧的外胸袋，除可以插入一块用以装饰的真丝手帕外，不应再放置其他任何东西，尤其不应当别钢笔、挂眼镜。西装内侧的胸袋，可用来别钢笔、放钱夹或名片夹，但不要放过厚的东西或无用之物。西装外侧下方的两只口袋，原则上以不放任何东西为佳。

西装背心上的口袋，多具装饰功能。除可以放置怀表之外，不宜再放别的东西。

在西装裤子两侧口袋里，只能够放纸巾、钥匙包或者碎银包；而其后侧的两只口袋，则大都不放任何东西。

三、西装的搭配

熟知西装着装规范的人，大都听说过一句行话：西装的韵味不是单靠西装本身穿出来的，而是用西装与其他衣饰一道精心组合所搭配出来的。由此可见，西装与其他衣饰的正确搭配，对于成功地穿着西装，是何等的重要！

以下，就来分别介绍一下穿着西装时，衬衫、领带、鞋袜与之进行组合搭配的基本常识和技巧。

1. 衬衫

与西装配套的衬衫，应当是正装衬衫。一般而言，正装衬衫具备下述几个方面的特征：

一是面料考究。正装衬衫以高织精纺的纯棉、纯毛制品为主，以棉、毛为主要成分的混纺衬衫，亦可酌情选用。但不要选择以条绒布、丝绒布、水洗布、化纤布制作的衬衫，因为它们要么过于厚实，要么易于起皱、起球、起毛。用真丝、纯麻、牛仔布做成的衬衫，通常也不宜选择。

二是颜色单一。正装衬衫必须为单一颜色。在正式的职场交往中，白色衬衫可谓男职员的唯一选择。除此之外，蓝色、灰色、棕色、黑色，有时亦可加以考虑。但是，杂色、多色、朦胧色衬衫，或者红色、粉色、紫色、绿色、黄色、橙色等穿起来有失庄重之感的衬衫，则是不可取的。

三是绝无图案。正装衬衫大体上以无任何图案为佳。印花衬衫、格子衬衫，带有人物、动物、植物、建筑、文字、吉祥物等图案的衬衫，带有刺绣、装饰之物的衬衫，均非正装衬衫。唯一的例外是，较细的竖条衬衫在一般性的公务活动中可以穿着。但是，必须禁止同时穿着竖条纹的西装。

四是领型保守。正装衬衫的领型多为方领、短领和长领等风格保守的领型。具体进行选择时，需要兼顾本人的脸型、脖长以及将要打的领带结的大小，千万不要使它们相互之间反差过大。扣领的衬衫，有时亦可选用。此外，立领、翼领或异色领的衬衫，大都不适合与正装西装相配套。

五是衣袖有别。正装衬衫必须为长袖衬衫，短袖衬衫则具有休闲性质。以其袖口而论，衬衫又有单层袖口与双层袖口之别。双层袖口的衬衫又称法国式衬衫，主要的作用是可以佩戴装饰性袖扣。装饰性袖扣又称链扣或袖链，使用时如恰到好处，可为自己平添高贵而优雅的风度。在国外，装饰性袖扣早已被视为职场人士在正式场合所佩戴的重要饰物。但是，若将其别在单层袖口的衬衫上，则未免有些煞有介事的味道。

六是慎用衣袋。正装衬衫以无胸袋者为佳，即便穿有胸袋的衬衫，也要尽量少往或不往胸袋里放东西。

除了上述介绍的正装衬衫的特点之外，还要留意穿正装衬衫与西装相配套的问题，在此方面有下述四点注意事项：

其一，衣扣要系上。穿西装时，衬衫的所有纽扣都要一一系好，不论是衣扣、领扣还是袖扣，概莫能外。只有在穿西装而不打领带时，才可以解开衬衫的领扣。

其二，袖长要适度。穿西装时，衬衫的袖长最好长短适度。最美观的做法，是令衬衫的袖口恰好露出来1～2厘米左右。要是衬衫的袖口外露过长，甚至被一卷再卷，直至翻到西装上衣的袖口之上，不免有些滑稽。不过，使衬衫袖口永远“不见天日”，也是犯规的。

其三，下摆要掖好。穿长袖衬衫时，不论是否穿外衣，均应将其下摆均匀而认真地掖进裤腰之内。不要使它在裤腰的交界之处皱皱巴巴，或者上下错位、左右扭曲，尤其是不要使之部分或全部露在裤腰以外“自由活动”。

其四，大小要合身。除休闲衬衫之外，衬衫既不宜过于短小紧身，也不应当过分宽松肥大、松松垮垮。选择正装衬衫时，务必使之大小合身。特别需要注意：其衣领与胸围要松紧适度，下摆不宜过短。

此外，还应指出：男职员在自己的办公室里，可以暂时脱下西装上衣，直接穿着长袖衬衫、打着领带。但是，要以此种打扮外出办事，就有失体统了。简言之，不穿西装上衣而直接穿着长袖衬衫、打着领带外出参加正式活动，是不合乎礼仪规范的。

2. 领带

领带可以说是男职员穿西装时最重要的饰物。因此人们才说：男人的领带，总是缺少一条。在职场上，领带往往与手表和装饰性袖扣并列，称为“成年男子的三大饰品”。

作为西装的灵魂，领带的选择讲究甚多。男职员在挑选领带时，至少要重视如下几点。

一是面料。最高档的领带，应当是用真丝或者羊毛制作而成的。以涤丝制成的领带有时也可以选用。除此之外，用棉、麻、绒、皮、革等物制成的领带，在公务活动中均不宜佩戴。

二是颜色。从颜色方面来看，领带有单色与多色之分。在公务活动中，蓝色、灰色、棕色、黑色、紫红色等单色领带都是十分理想的选择。男职员在正式场合中所佩戴的领带最好与西装为同一色彩，并切勿使自己佩戴的领带多于三种颜色。同时，还应尽量少打浅色或艳色领带。浅色、艳色领带与三种颜色以上的领带一样，仅适用于在休闲活动中佩戴。

三是图案。适用于公务活动中佩戴的领带，主要是单色无图案的领带，或者是以条纹、圆点、方格等规则的几何图形为主要图案的领带。至于以人物、动物、植物、景观、徽记、文字、数字、字母、符号或电脑绘画为主要图案的领带，则主要适用于社交或休闲活动。

四是款式。领带的款式往往受到时尚的左右。在这个问题上，主要应注意以下四点：其一，领带有箭头与平头之分。一般认为，下端为箭头的领带，显得比较传统、正规；下端为平头的领带，则显得时髦、随意一些。其二，领带有宽窄之别。除了要尽量与流行保持同步之外，根据常规，领带的宽窄最好与本人的胸围以及上衣的衣领相配。其三，慎用简易式的领带。诸如“一拉得”领带、“一挂得”领带等，均不适合在正式的公务活动中使用。其四，领结宜于同礼服、翼领衬衫相搭配，并且主要适用于社交场所。

五是配套。有时，领带与装饰性手帕会被组合在一起成套销售。与领带配套使用的装饰性手帕，通常与领带本身的面料、颜色、图案完全相同。二者同时“亮相”，大多见于社交活动之中。

六是质量。一条好的领带，必须具有良好的质量。其主要特征为：外形美观、平整，无跳丝、无疵点、无线头，衬里为毛料，不变形，悬垂挺括，较为厚重。宁肯不打领带，也不要以次充好。

挑选好了领带之后，还要面临如何发挥领带的功效、体面地打好领带的问题。一条打得漂亮的领带，在穿西装的人身上会发挥画龙点睛的作用。而要充分发挥领带的作用，就务必关注场合、服装、性别、位置、结法、长度、配饰等几个方面的问题。

其一，场合。对职场人士而言，打领带有其适用的特定场合。因为打领带便意味着郑重其事，所以在上班、办公、讲学、开会或走访等执行公务的场合，以打领带为佳。在参加宴会、舞会、音乐会时，为表示尊重主人，亦可打领带。在休闲场合，则通常是不必打领带的。

其二，服装。打领带，必须考虑与之配套的服装。一般而言，穿西装套装是非打领带不可的。穿单件西装上衣时，领带则可打可不打。在非正式活动中单穿西装背心时，可以打领带。不穿西装的时候，例如，穿风衣、大衣、夹克、毛衣、短袖衬衫时，通常是不宜打领带的。

其三，性别。严格地讲，在公务活动中，领带仅适合男士佩戴。领带是男职员的基本标志之一。由于男女有别，一般女职员在正式活动中不宜打领带。若是女士将其视为普通饰物而在社交场合加以使用，则是允许的。

其四，位置。将领带打好后，需要将其置于适当的位置。穿西装上衣与衬衫时，应将其置于二者之间，并令其自然下垂。在西装上衣与衬衫之间加穿西装背心或羊毛衫、羊绒衫时，应将领带置于西装背心、羊毛衫、羊绒衫与衬衫之间，切勿将领带夹在西装上衣与西装背心、羊毛衫、羊绒衫之间，尤其是不要在穿两件羊毛衫或羊绒衫时将领带掖在二者中间。

其五，结法。领带打得漂亮与否，关键在于领带结打得如何。打领带结的基本要求是：令其挺括、端正，并且在外观上呈倒三角形。领带结的具体大小，则最好与衬衫衣领的大小形状成比例。要想使之稍有变化，则可在它的下面压出一处小窝或一道小沟来，此所谓“男人的酒窝”，是当今所流行的领带结法之一。打领带时，最忌讳领带结不端不正、松松垮垮。在正式场合露面时，务必提前收紧领带结，千万不要为使自己舒适，而将其与衬衫的衣领“拉开距离”。

其六，长度。领带打好之后，必须长短适度。最标准的长度是：领带打好之后，下端的大箭头正好抵达皮带扣的上端。超过了这一长度，领带有可能暴露于上衣衣襟之外。而达不到这一长度的话，领带则很有可能会时不时地从上衣衣襟里“蹦跳”出来。

其七，配饰。依照惯例，打领带时大可不必使用任何领带的配饰。职场上目前的主流做法是：除了在有必要限制领带的“活动范围”或穿制服之时，大都不应使用领带夹。即便使用领带夹，也不宜令其处于外人视野之内，而宜将其夹在领带打好后的“黄金分割点”上，即七粒纽扣的衬衫自上而下的第四粒至第五粒纽扣之间。如果愿意，打领带时亦可使用领带针或领带棒。前者应插在领带打好后偏上方的正中央，后者则只能用在衬衫衣领上。应当强调的一点是，使用任何领带的配饰，数量上均应以一件为限，千万不要同时使用多件，更不要滥用、乱用。

3. 鞋袜

穿西装时，男职员所穿的鞋子与袜子均应符合既定的要求，必须与之配套。对男职员来说，鞋袜在正式场合亦被视为“足部的正装”。若不遵守相关的礼仪规范，则必定会令自己“足上无光”。

首先，与西装配套的鞋，只能是皮鞋。旅游鞋、布鞋、球鞋、凉鞋或拖鞋，显然都是与西装互不适宜的。

与西装配套的皮鞋，应当是真皮制品而非仿皮。一般来说，牛皮鞋与西装最为般配，羊皮鞋、猪皮鞋则不甚合适。至于以鳄鱼皮、鸵鸟皮、蟒蛇皮等珍稀动物皮革制作的皮鞋，穿出去多有炫耀之嫌，一般也不宜选择。

需要说明的是，磨砂皮鞋、翻毛皮鞋、编织皮鞋、拼色皮鞋大都属于休闲皮鞋，也不太适合与西装相配套。

与西装配套的皮鞋，按照惯例应为深色、单色。浅色皮鞋、艳色皮鞋与多色皮鞋，例如，白色皮鞋、米色皮鞋、红色皮鞋、蓝色皮鞋、绿色皮鞋、金色皮鞋、银色皮鞋、拼色皮鞋等，都不宜在穿西装时选择。人们通常认为，最适于同西装套装配套的皮鞋，只有黑色一种。就连棕色皮鞋，正式场合往往也会受到排斥。

男职员在正式场合所穿的皮鞋，应当没有任何图案、装饰。打孔皮鞋、绣花皮鞋、压花皮鞋、拼图皮鞋、带有文字或者金属扣的皮鞋等，均应不予考虑。

男职员所穿皮鞋的款式，理当庄重而正统。根据这一要求，系带的制式皮鞋才是最佳之选。各类无带皮鞋，如船形皮鞋、盖式皮鞋、拉锁皮鞋等，都不符合这一要求。

此外，在正式场合，男职员穿各类皮靴、厚底皮鞋、高跟皮鞋、坡跟皮鞋或高帮皮鞋也会显得不伦不类。

男职员在公务活动中穿皮鞋时，有以下五点必须切记：

一是鞋内无味。可能的话，皮鞋要勤换、勤晾，免得其味道过于浓重。

二是鞋面无尘。皮鞋必须天天上油，反复擦拭。不论鞋子是何种名牌，假如使它“蒙尘”良久，自然也不会给人以好感。

三是鞋底无泥。擦皮鞋时，切勿忘记同时打扫一下鞋底。雨天、雪天拜访他人时，还要在进门前再次检查一下鞋底是否“拖泥带水”，并采取适当的措施及时将其去除。

四是鞋垫相宜。职场上所穿的皮鞋，通常不宜配以鞋垫。若确有必要，则使用鞋垫时，一定要令其大小与皮鞋相适应，以防其动辄在自己行走之际“逃脱”在外。

五是尺码合适。正式场合所穿的皮鞋，其尺码大小必须合适。如果小了，肯定会夹脚、磨泡；如果大了，则难免不跟脚，走起路来踢踢踏踏，极不自然。

穿西装、皮鞋时所穿的袜子，最好是纯棉、纯毛制品。有些质量好的以棉、毛为主要成分的混纺袜子，也可以选用，但最好别选择尼龙袜、丝袜。

与西装、皮鞋相配套的袜子，以深色、单色为宜，并且最好是黑色的。千万别穿与西装、皮鞋的颜色对比鲜明的白色袜子。发光、发亮的袜子则更是绝对不宜采用的。

在袜子上，允许出现以几何图案为主的具有庄重风格的图案。当然，穿没有任何图案的袜子更为合适。

男职员在穿袜子时，必须遵守下列四项规则：

一是干净。袜子务必做到一天一换，洗涤干净，以防止其异味令自己难堪、令他人难忍。

二是完整。穿袜子之前，一定要检查一下它有无破洞、跳丝。如果发现有此类现象，切记及时更换。

三是成双。无论如何，穿袜子时都要穿成双的袜子。不要自行将原非一双的两只袜子随意组合后穿在一起，尤其当二者颜色不同、图案各异时，则更不应该那么做。

四是合脚。在正式场合穿的袜子，其大小一定要合脚。特别应当注意，别穿太小、太短的袜子。袜子太小，不但易破，而且容易从脚上滑下去。袜子太短，则时常会使脚踝外露。一般而言，袜子的长度不宜低于自己的踝骨。

最后，还需强调，在正式场合赤脚穿皮鞋属于典型的失仪之举，男职员绝对不宜那么做。

第二节 套 裙

职场的着装，一向讲究男女有别。崇尚传统的人士一直坚持认为：女职员在正式场合的着装以裙装为佳，各种裤装都是不宜选择的。这种观点近年来虽稍有改变，但绝大多数人依旧持此观点。

不仅如此，职场上的许多单位还约定俗成地认为：在所有适合于女职员在正式场合所穿着的裙式服装之中，套裙又是名列首位的选择。在一些人的眼里，套裙甚至与职场上的职业女装直接画上了等号。

套裙，通常是西装套裙的简称。其上身为一件女式西装，下身则是一条半截式的裙子。准确地讲，女式西装其实最早是由男式西装演变而来的。然而，一旦将潇洒、刚健的西装上衣与柔美、雅致的代表女性化服装的裙子组合到一起，二者便刚柔相济、相得益彰，套裙因此也就脱颖而出了。

在日常生活中，将套裙穿在任何一位女职员的身上，都会无一例外地使其精神倍增、神采奕奕。它不仅会使着装者看起来精明、干练、成熟、洒脱，而且还能烘托出白领丽人所独具的魅力，使其显得优雅、文静、娇柔和妩媚。所以有人曾说：穿着套裙，可以马上让一位职业妇女显得与众不同，并且能够恰如其分地展示其认真的工作态度和温婉的女性美。在塑造女职员的职业形象方面，套裙确实功不可没。迄今为止，就“包装”女职员而言，还未见到其他任何一种女装能够与套裙相媲美。

平时，女职员所穿着的套裙，大致可以分成下列两种基本类型：其一，“随意型”。它是用女式西装上衣同随便的一条裙子所进行的自由搭配与组合，故此被叫作“随意型”套裙。其二，“成套型”。它指的是女式西装上衣和与之同时穿着的裙子为成套设计、制作而成，被称为“成套型”或“标准型”套裙。严格地讲，套裙目前一般指的仅仅是后一种类型。

顾名思义，任何一套套裙都应当以裙为主，并成套穿着。也就是说，离开了裙子的套装不应当称作套裙，女式西装上衣与裙子不配套也不能算作套裙。这种说法绝非多余之言，女职员对此理当引起重视。

进而言之，每一套正宗的套裙，一般都是由一件女式西装上衣和一条半截裙所构成的两件套女装。有些时候，也可以见到三件套的套裙，它只不过是在女式西装上衣与半截裙之外，再加上一件背心而已。自从套裙问世至今，占主导地位的一直都是两件套套裙。

根据职场礼仪规范，一套经典的、可供女职员在正式场合穿着的套裙，通常必须具备如下特色：它应当是由高档面料制作的，上衣与裙子应当采用同一质地、同一色彩的素色面料。它在造型上讲究典雅大方与扬长避短，因此提倡量体裁衣，做工考究。它的上衣注重平整、挺括、贴身，较少使用饰物、花边进行点缀。它的裙子则应以窄裙为主，并且裙长应当及膝或者过膝。

一、套裙的选择

时至今日，套裙早已在职场上大为普及，而且还在许多著名的服装设计师手里花样翻新，渐渐地具有某种“时装化”的倾向。但是从本质上来看，它们依旧万变不离其宗，与“古典化”套裙相比，变化尚且不多。以下，就先来介绍一下女职员在选择套裙时需要兼顾的七个问题。

1. 面料

总体而言，套裙在面料上的选择余地远远要比西装套装大得多。其主要的要求是：套裙所选用的最好既是纯天然质地的又是质量上乘的面料。上衣、裙子以及背心等，应当选用同一种面料。在外观上，套裙所选用的面料，讲究的是匀称、平整、润滑、光洁、丰厚、柔软、悬垂、挺括，不仅要求弹性好、手感好，而且还应当不起皱、不起毛、不起球。

通常，人们对于套裙上衣、裙子以及背心等面料的一致性最为看重。之所以如此，是因为这样一来不仅可以使套裙浑然一体、朴素自然，而且还会使穿着者看起来高雅、脱俗、美观、悦目。

目前，人们依照以上标准来选择套裙的面料，除了薄花呢、人字呢、女式呢、华达呢、凡尔丁、法兰绒等纯毛面料之外，高档的府绸、丝绸、亚麻、麻纱、毛涤以及一些化纤面料，也在选择之列。皮套裙，尤其是黑色皮套裙，一般不宜充当女职员的职业装。

2. 色彩

在色彩方面，套裙的基本要求是：以冷色调为主，借以体现出着装者的典雅、端庄与稳重。用常人的眼光来看，套裙的颜色应当清新、雅气而凝重。因此，不应选择鲜亮抢眼的颜色。与此同时，还需要使其与时尚的各种“流行色”保持一定的距离，以示自己的传统与持重。

具体而言，标准而完美的套裙的颜色，不仅要兼顾着装者的肤色、形体、年龄与性格，而且要与着装者从事公务活动的具体环境协调一致。一般情况下，各种加入了一定灰色的颜色，例如，藏青、炭黑、烟灰、雪青、茶褐、土黄、紫红等稍冷一些的颜色，往往都是女职员可予以考虑的。由此可知，同男职员所穿的西装套装相比，女职员所穿的套裙不一定非得是深色的不可，而且其选择范围也远远不止于蓝、灰、棕、黑等寥寥几种。

不仅如此，套裙的颜色有时还可以不受单一颜色的限制。以两件套套裙为例，它的上衣与裙子可以同为一色，也可以采用上浅下深或上深下浅等两种并不相同的色彩，使之形成鲜明的对比，来强化它所留给人们的印象。在上面所提及两种套裙颜色的组合方法中，前者庄重而正统，后者则富有活力与动感，二者各有千秋。

有时，即使穿着上衣、下裙同为一色的套裙，也可以采用与其颜色所不同的衬衫、纽扣、丝巾、皮包等衣饰，来对其加以点缀，以使之生动而活泼。此外，还可以采用不同颜色的面料，来制作套裙的衣领、兜盖、前襟、下摆，这种方式也可以“激活”套裙的色彩。

应当切记的是：一套套裙的全部颜色至多为三种，否则就会显得杂乱无章。

3. 图案

选择套裙，讲究的是朴素而简洁。在具体考虑其图案时，也必须注意到这一点。

按照常规，女职员在正式场合穿着的套裙，可以不带有任何图案。如果本人喜欢，以各种或宽或窄的格子、或大或小的圆点、或明或暗的条纹为主要图案的套裙，大都可以选择。其中，采用以方格为主体图案的格子呢所制成的套裙，穿在女职员的身上，可以使人感觉静中有动，充满活力。多年以来，它一直盛行不衰，大受白领丽人们的欢迎。一般认为，套裙不应以花卉、宠物、人物、卡通、字母、数字、文字、符号为主体图案。一名白领丽人假如穿着那样的套裙行走于职场，不但会过于引人注目，而且看起来也会让人感到头晕目眩。总而言之，绘有此类图案的面料，在本质上与套裙的风格是不相符的。

4. 点缀

一般情况下，套裙上不宜添加过多的点缀，否则极有可能使其显得琐碎、杂乱、低俗和小气。有的时候，点缀过多还会使穿着者有失稳重。

一般以贴布、绣花、花边、金线、彩条、扣链、亮片、珍珠、皮革等加以点缀或装饰的套裙，穿在女职员的身上，都不会有太好的效果。通常，这一类的套裙往往是不为绝大多数人所接受的。

不过，并非所有带有点缀的套裙均应遭到排斥。有些套裙上适当地采用了装饰扣、包边、蕾丝等点缀之物，实际效果其实也不错。关键在于，套裙上的任何点缀都宜少不宜多、宜精不宜糙、宜简不宜繁。

5. 尺寸

从具体的尺寸上来讲，套裙可谓变化无穷。但从根本上讲，套裙在整体造型上的变化，主要表现在它的长短与宽窄两个方面。

一般来说，套裙的上衣与裙子的长短是没有明确而具体规定的。以前，在欧美主要国家，女职员的套裙曾被要求上衣不宜过长，下裙不宜过短。比较而言，人们对于裙子的长度似乎关注得更多一些。传统的观点是：裙短则不雅，裙长则无神。裙子的下摆恰好抵达着装者小腿肚上最为丰满之处，乃是最为标准、最为理想的裙长。然而，在现实生活中依旧墨守此规者并不多见。目前，套裙之中的裙子，有的是超短式，有的是及膝式，有的则是过膝式。女职员在具体选择时，主要考虑的是个人偏好、身材特点以及流行时尚。

应予强调的是，在套裙之中，虽然超短裙已被渐渐地接受，但是出于自尊自爱与职业道德等方面的缘故，女职员仍需注意，套裙之中的超短裙并非越短小、越“迷你”越好。在工作场合过多地裸露自己的大腿，无论如何都是不文明的。一般情况下，女职员所穿着的套裙中的超短裙，裙长应以不短于膝盖以上 15 厘米为限。

上衣与裙子的具体尺寸，主要有上长下长式、上短下短式、上长下短式、上短下长式四种基本形式。只要选择适当，它们穿起来都能够在视觉上令人赏心悦目。

在套裙之中，由于背心需要内穿，因而不宜过于宽松肥大。由于裙子强调贴身为美，故此以窄为主。套裙宽窄的问题，实际上主要与上衣有关。

以宽窄肥瘦而论，套裙之中的上衣分为紧身式与松身式两种。紧身式上衣的肩部平直、挺拔，腰部收紧或束腰，长不过臀，整体上呈倒梯形造型，线条硬朗而鲜明；松身式上衣的肩部则大都任其自然，或稍许垫高一些，腰部概不收缩，衣长往往直至大腿，线条上讲究自然流畅。一般认为，紧身式上衣显得较为正统，松身式上衣看起来则更加时髦一些。

6. 造型

套裙的造型，具体是指它的外观与轮廓。从总体上来讲，套裙的基本造型可以大致上分为“H”形、“X”形、“A”形、“Y”形四种类型。

一是“H”形。“H”形套裙的主要特点是：上衣较为宽松，裙子亦多为筒式。这样一来，上衣与下裙便给人以直上直下、浑然一体之感。它既可以让着装者显得优雅、含蓄，也可以为身材肥胖者所青睐。

二是“X”形。“X”形套裙的主要特点是：上衣多为紧身式，裙子则大都是喇叭式。实际上，它是以上宽下松来有意识地突出着装者腰部的纤细。此种造型的套裙轮廓清晰而生动，可以令着装者看上去婀娜多姿、楚楚动人。

三是“A”形。“A”形套裙的主要特点是：上衣为紧身式，裙子则为宽松式。此种上紧下松的造型，既能体现着装者上半身的身材优势，又能适当地遮掩其下半身的身材劣势。不仅如此，它还在总体造型上显得松紧有致、富于变化和动感。

四是“Y”形。“Y”形套裙的主要特点是：上衣为松身式，裙子多为紧身式，并且以筒式为主。它的基本造型，实际上就是上松下紧。一般来说，它意在遮掩着装者上半身的短处，同时表现出其下半身的长处。此种造型的套裙往往会令着装者看上去亭亭玉立、端庄大方。

7. 款式

套裙在款式方面的变化，主要集中于上衣与裙子。一般来说，背心的变化往往不会太大。

套裙之中上衣的变化，主要表现在衣领方面。除了最为常见的平驳领、戗驳领、一字领、圆状领、“V”字领、“U”字领之外，青果领、披肩领、燕翼领、蟹钳领、束带领等领型，也是比较常见的。

上衣的另外一个主要变化，则是在衣扣方面。它既有无扣式的，也有单排扣式、双排扣式的；既有明扣式的，也有暗扣式的。在衣扣的数目上，少则只有一粒，多则不少于十粒。就具体作用而言，有的纽扣发挥实际作用，有的纽扣则只起着装饰作用。

除了领型、纽扣等方面的变化，套裙之中的上衣在门襟、袖口、衣袋等方面，往往也会花样翻新、式样繁多。

作为套裙的主角，裙子的式样也不乏变化。就最常见者而言，西装裙、一步裙、围裹裙、筒式裙、褶裥裙等，均款式端庄、线条优美；百褶裙、旗袍裙、开衩裙、“A”字裙、喇叭裙等，则飘逸洒脱、高雅漂亮。它们都是大受欢迎的式样。

与男职员的西装相比，女士的套裙在款式上千变万化，令人眼花缭乱。此种状况，是男职员在选择西装时根本不会碰到的。

二、套裙的穿法

女职员在正式场合要想显得衣着不俗，不仅要注意选择一身符合常规要求的套裙，更要注意的是，套裙的穿着一定要得法。也就是说，在穿着套裙时，必须讲究套裙的具体穿着方式。具体而言，主要注意的问题大致有以下五个：

1. 大小适度

一套做工精良的优质面料的套裙，穿在一位白领丽人的身上，无疑会为之平添魅力。但是，如果真的想让穿在自己身上的套裙美丽而生动，就必须大小相宜。租借的套裙，过大或过小、过肥或过瘦，尤其是过于短小、过于紧身的套裙，尽量都不宜贸然穿着。

通常认为，套裙之中的上衣最短可以齐腰，而其中的裙子最长则可以到达小腿的中部。但是，一般情况下，上衣不可以过短，裙子也不可以太长。否则，便会给人以勉强或者散漫的感觉。

应当特别注意的是，上衣的袖长以恰恰盖住着装者的手腕为佳。衣袖如果过长，甚至在垂手而立时挡住着装者的大半个手掌，往往会使其看上去矮小无神；衣袖如果过短，动不动就使着装者“捉襟见肘”，甚至将其手腕完全暴露，则会显得滑稽而随便。

还应注意，上衣或裙子均不可过于肥大或包身。如果说过于肥大的套裙易于使着装者显得萎靡不振的话，那么过于包身的套裙则往往使穿着者过于招人关注自己的身材，甚至因此而“引火烧身”。

2. 穿着到位

在穿套裙时，必须依照常规的穿着方法，认真穿好，令其处处到位。尤其需要注意：上衣的领子要完全翻好，衣袋的盖子要拉出来盖住衣袋；不允许将上衣披在身上，或者搭在身上；裙子要穿得端端正正，上下需要对齐之处务必对齐。特别需要指出的是，女职员在正式场合露面之前，一定要抽出时间仔细地检查自己所穿衣裙的纽扣是否系好、拉锁是否拉好。

按照职场的常规，女职员在正式场合穿套裙时，上衣的衣扣必须一律系上。不允许将其部分或全部解开，更不允许当着别人的面随便将上衣脱下来。此种做法，往往会损害自己的形象。

3. 考虑场合

女职员尽管非常适合穿套裙，但是并不意味着不论干什么事情都可以穿套裙应付自如。与任何服装一样，套裙自有其适穿的特定场合。

职场礼仪规定：女职员在各种正式的公务交往中，一般以穿着套裙为好。在涉外活动中，则务必要穿着套裙。除此之外，大都没有必要非穿套裙不可。

女职员在出席派对或宴会、舞会、音乐会时，可酌情选择与此类场面相协调的礼服或时装。此刻依旧穿套裙，则会使自己与现场格格不入，并且还有可能影响到他人的情绪。

外出观光旅游、逛街购物，或者进行健身锻炼时，女职员一般以着休闲装、运动装等便装为宜。在这些场合还身着套裙，不仅“劳而无功”，而且还会使他人觉得着装者煞有介事。

4. 协调妆饰

职场高层次的穿着打扮，讲究的是着装、妆容与佩饰风格统一，相辅相成。因此，在穿着套裙时，女职员必须具有“全局”意识，应将其与妆容、佩饰一道通盘加以考虑。忽略了这一点，搞不好就会使它们彼此矛盾、不相协调。

就化妆而言，女职员在穿套裙时的基本守则是：既不可以不化妆，也不可以化浓妆。穿套裙时，女职员必须维护好个人的形象，因此是不能不化妆的。之所以要求不可以化浓妆，则主要是因为女职员在工作岗位上要突出的是工作能力、敬业精神，而并非自己的性别特征和靓丽容颜，所以应当只化淡妆，“妆成有却无”，恰到好处即可。

就佩饰而言，女职员在穿套裙时的主要要求是：以少为宜，合乎身份。在工作岗位上，可以不佩戴任何首饰。如果要佩戴的话，则至多为三种，每种则不宜多于两件。不仅如此，穿套裙的女职员在佩戴首饰时，还必须兼顾自己的职业女性这一身份。按照惯例，既不允许佩戴与个人身份无关的珠宝首饰，也不允许佩戴有可能过度张扬自己的“女人味”的胸针、耳环、手镯、脚链等首饰。

5. 兼顾举止

虽说套裙最能够体现女性的柔美曲线，但假如着装者举止不雅，在穿套裙时对个人的仪态毫无顾忌，甚至肆意而为，则会大煞风景，破坏其应有的美感。

穿上套裙之后，女职员要站得又稳又正。不可以双腿叉开、东倒西歪，或是随时倚墙靠壁而立。就座以后，务必注意姿态，切勿双腿分开过大，或是翘起一条腿来，或是脚尖抖动不已。更不可以脚尖挑鞋直晃，甚至当众脱下鞋子。

一套剪裁合身或稍为紧身一些的套裙，在行走时或取放东西时，都有可能对着装者的举止产生一定程度的制约。由于裙摆所限，穿套装者走路时不能够大步流星地奔走，而只宜以小碎步行走。行进之中，步子以轻、稳为佳，不可走得“通通”直响。需要取放某物时，若其与自己相距较远，可请他人相助，千万不要逞强，尤其是不要踮起脚尖、伸直胳膊费力地去够，或是俯身、探头去拿去放，免得露出自己身上不该暴露的部位，甚至使套裙因此而开裂。

三、套裙的搭配

在涉及套裙的搭配时，主要应当考虑衬衫、内衣、衬裙、鞋袜的选择是否适当。

1. 衬衫

与套裙配套穿着的衬衫，通常有不少的讲究。从面料上讲，主要要求其轻薄而柔软。故此真丝、麻纱、府绸、罗布、花瑶、涤棉等，都可用作其面料。从颜色上讲，主要要求其雅致而端庄，并且不失女性的妩媚。除了作为基本选择的白色之外，其他各式各样的颜色，包括流行色在内，只要不是过于鲜艳，并且与同时所穿套裙的颜色不相互排斥，均可用作衬衫的颜色。不过，它还是以单色为最佳之选。此外，还要注意使衬衫的颜色与同时所穿套裙的颜色互相般配，要么外深内浅，要么外浅内深，形成两者之间的雅致而耐看的深浅对比。

与套裙配套穿着的衬衫，最好不要带有繁杂的图案。选择无任何图案的衬衫最为得当。除此之外，顶多可以再选择带有条纹、方格、圆点、碎花或暗花的衬衫。假如在穿着带有图案的套裙时穿带有图案的衬衫，应使二者或是外简内繁，或是外繁内简，以求变化有致。

女式衬衫的款式甚多。其变化多体现在领型、袖管、门襟、轮廓、点缀等方面。应当说明的是，与套裙配套穿的衬衫不必过于精美，在领型等细节上也不宜十分新奇夸张。那些样式极其精美、新奇、夸张的衬衫，其实仅适合于单穿。

穿与套裙所搭配的衬衫时，女职员需要注意下述事项：

一是衬衫的下摆应掖入裙腰之内。不得任其悬垂于外，或是将其在腰间打结。

二是衬衫的纽扣应将其一一系好。除最上端一粒纽扣按惯例允许不系外，其他纽扣均不得随意解开。

三是衬衫在公共场合应禁止直接外穿。出于礼貌，不许可在外人面前脱下上衣，直接以衬衫面对对方。身穿紧身而透明的衬衫时，特别应当牢记这一点。

2. 内衣

内衣，被女职员称为“贴身的关怀”。在穿着套裙时，依惯例亦需对同时所穿的内衣慎加选择，并注意其穿着之法。

一套内衣，往往由胸罩、内裤、衬裙以及腹带、吊袜带、连体衣等构成。内衣应当柔软贴身，并且起着支撑和烘托女性线条的作用。有鉴于此，选择内衣时，最关键的是要使之大小适当，既不能过于宽大，也不能过于窄小。

内衣所用的面料，以纯棉、真丝等面料为佳。它的颜色可以是常规的白色、肉色，也可以是粉色、红色、紫色、棕色、蓝色、黑色。不过，一套内衣最好同为一色，而且其各个组成部分亦为单色。就图案而论，着装者完全可以根据个人爱好加以选择。

内衣的具体款式甚多。在进行选择时，特别应当关注的是：穿上内衣以后，不应当使它的轮廓一目了然地在套裙之外凸现出来。不然，就很有可能使自己为他人所蔑视。

在内衣的穿着方面，女职员必须具体注意如下五点：

一是内衣一定要穿。无论如何，在工作岗位上不穿内衣的做法都是失礼的。在西方某些国家所流行的不戴胸罩的做法，并不值得国人效仿。

二是内衣不宜外穿。有人为了显示自己新潮，在穿着套裙时索性不穿衬衫，而直接代之以连胸式衬裙或文胸。此种出格的穿法，甚为不雅。

三是内衣不宜外露。穿内衣之前，务必检查一下它与套裙是否般配。若是无意之中在领口露出一条胸罩的带子，或是在裙腰外面露出一圈内裤，都会给自己的形象造成无可挽回的损害。

四是内衣不宜外透。选择与内衣一同穿着的套裙、衬衫时，应使三者厚薄有别。切勿令三者一律又薄又透，而且色彩反差甚大。那样的话，内衣就会显而易见。

五是内衣不宜外凸。选择内衣时，既要令其大小合身，又要防止其现于外衣之外，否则便有碍观瞻。

3. 衬裙

衬裙，在此特指穿在裙子之内的裙子。一般而言，女职员穿套裙时是非穿衬裙不可的。穿套裙时，尤其是穿丝、棉、麻等薄型面料或浅色面料的套裙时，假如不穿衬裙，就很有可能会使自己的内裤轮廓动辄为外人所见，那样是很不应该的。

选择衬裙时，可以考虑各种面料，但以透气、吸湿、单薄、柔软者为佳。过于厚重或过于硬实的面料，通常不宜用来制作衬裙。

在颜色与图案方面，衬裙的讲究是最多的。衬裙的颜色宜为单色，如白色、肉色等，但必须使之与外面套裙的色彩相互协调。二者要么彼此一致，要么外深内浅。不论怎样，都不允许出现二者之间内深外浅的情况。与此同时，衬裙上一般也不宜出现任何图案。

从款式方面来看，衬裙亦须与套裙相配套。总体上来说，衬裙的款式应特别关注线条简单、穿着合身、大小适度三点。它既不能长于外穿的套裙，也不能过于肥大而将外穿的套裙撑得变形。

穿衬裙时，有两点重要的注意事项：

一是衬裙的裙腰切不可高于套裙的裙腰。那样的话，会使衬裙暴露在外。

二是衬衫下摆应掖入衬裙裙腰与套裙裙腰二者之间。切记：不可将其掖入衬裙裙腰之内。否则行走的时间一长，或是动作过大时，它就有可能连累衬裙裙腰“重见天日”。

4. 鞋袜

通常，鞋袜被称为女职员的“腿部景致”或“足上风光”。因此，每一位爱惜自身形象的人都切不可对其马虎大意。有人曾言：欲了解一位白领丽人的服饰品位，看一看她所穿的鞋袜即可。此言更是说明了鞋袜对于女职员的重要性。

选择鞋袜时，自当首先注意其面料。女职员所穿的用以与套裙配套的鞋子，宜为皮鞋，并且以牛皮鞋为上品。同时所穿的袜子，则应为尼龙丝袜或羊毛袜。

鞋袜的颜色，则有许多特殊的要求。与套裙相配套的皮鞋，以黑色最为正统。此外，与套裙颜色一致的皮鞋亦可选择。但鲜红、明黄、艳绿、浅紫的鞋子，则最好莫穿。穿套裙时所穿的袜子，可有肉色、黑色、浅灰、浅棕等几种常规选择，但其宜为单色。多色袜、彩色袜，以及白色、红色、蓝色、绿色、紫色等色彩的袜子，都是不适宜的。

需要强调的是，穿套裙时，应兼顾鞋、袜、裙三者之间的色彩是否协调。一般认为，鞋、裙的颜色必须深于或者与袜子的颜色相一致。若一位女士在穿白色套裙、白色皮鞋时穿上一双黑袜子，则显然是搭配不当。

不论鞋子还是袜子，其图案与装饰均不宜过多，免得“喧宾夺主”。其实，带有网眼、镂空、拼皮、珠饰、吊带、链扣、流苏、花穗的鞋袜，或印有时尚图案的鞋袜，有时穿起来效果反而不佳。

鞋袜在与套裙搭配穿着时，其款式有一定之规。与套裙配套的鞋子，宜为高跟、半高跟的船式皮鞋或盖式皮鞋。系带式皮鞋、丁字式皮鞋、皮凉鞋、皮靴等，都不宜采用。高筒袜与连裤袜通常与套裙相搭配比较合适，中筒袜、低筒袜等则绝对不宜与套裙同时穿着。

穿套裙的女职员在选择鞋袜时，有下列五点注意之处：

一是忌大小不当。鞋子大了不跟脚，袜子大了则会松松垮垮，甚至还可能掉下来。

二是忌残破不堪。鞋子如果开线、裂缝、掉漆、破残，袜子如果出现破洞、跳丝，均应立即更换。

三是忌当众脱下。有些女职员喜欢有空便脱下鞋子，或是处于半脱鞋状态。还有个别人经常将袜子撸下去一半，甚至当着外人的面脱去袜子。此类做法，都是有失身份的。

四是忌随意乱穿。不允许同时穿两双袜子，不可以在穿套裙时将健美裤、七分裤、九分裤等裤装当成袜子来穿。趿拉着鞋子，亦属不当之举。

五是忌袜口外露。袜口，即袜子的上端。将袜口暴露在外，是一种公认的既缺乏服饰品位又失礼的表现。女职员不仅穿套裙时应自觉避免此种情形的发生，而且还应当在穿开衩裙时对此点加以注意。即使在走动时，也不应当让袜口偶尔一现于裙衩之外。

应强调的是，穿套裙时不穿袜子或不穿皮鞋，均为不当之举。

第三节　制　服

在职场上，职员们在其工作之时往往会身着面料、颜色、款式整齐划一的服装。所谓制服，指的就是上班族在其工作岗位上按照规定所必须穿着的，由其所在单位统一制作下发的，面料、颜色、款式整齐划一的服装。对职员而言，制服其实是自己在工作岗位上按规定所必须穿着的上班装，或曰工作服。

在现代社会里，要求本单位的全体从业人员一律身穿制服上班，是职场上许多单位的明文规定。职员在工作中身着式样统一的制服，至少有如下四大好处：

第一，体现职员的职业特征。为了实际工作的需要，不同的职业往往需要具有不同特征的制服。与军服、警服、铁路服、海员服、空乘服、邮政服等彼此各具特色一样，从事不同类型工作的职员所穿的制服，通常也各不相同。它们不仅适合于职员具体的工作性质，而且也具有职员的共同基本特征。

第二，表明职员的职级差异。在工作岗位上，职员的分工往往有所不同，这一点通常在制服上是有所体现的。即便在同一个单位里，不同部门、不同级别、不同职务的人员，往往从其制服上就可以区别开来。这样做，既是为了分工明确，也是为了增进着装者的荣誉感，并且取得各方的监督。

第三，实现队伍的整齐划一。从总体上讲，职员在自己的工作岗位上是不允许过多地张扬个性的。身着式样统一的制服，不仅有助于体现整个单位的共性、全体职员的良好合作性与凝聚力，而且也便于单位更为有效地对全体职员进行要求和管理。

第四，树立单位的良好形象。根据现代公共关系理论，要求全体员工身着式样统一的制服上班，实际上是一个社会组织用以树立自身形象的常规表现手法。换言之，要求全体职员在工作岗位上身穿易于被识别的制服，久而久之，可促使本单位的形象深入人心。

由于职场上所包含的具体职业不胜枚举，因此制服亦可谓变化万千。有时，即便是在同一个单位里，它往往也会呈现出不同的特色。虽则如此，在千变万化、形形色色的制服之中，仍然可以发现许多具有共性的、规律性的一致之处。这种一致之处，即为制服的礼仪规范。

职员穿着制服的礼仪规范，主要涉及制服的制作和制服的穿着两个具体的方面。

一、制服的制作

制服的制作，既与每一名必须穿着制服的职员相关，更主要地取决于所在单位决策者的个人态度。鉴于此事与单位形象息息相关，因此每一家单位的负责人均应亲自过问此事，不应将它交由办事人员自由经办。

制作一套适合职员穿着的制服，所要考虑的重点包括面料、色彩、款式、分类、做工等。简而言之，对职员所穿着的制服在其制作方面的具体要求就是：面料好、色彩少、款式雅、分类准、做工精。

1. 面料好

为职员制作制服，应当尽可能地选择精良上乘的面料。一般情况下，本着既经济实惠又美观体面的方针，应当优先考虑纯毛、纯棉、纯麻、棉毛、棉麻、毛麻、毛涤等面料。

纯毛、纯棉、纯麻等面料，不仅质地天然，而且吸湿、透气、贴身、舒适，外形美观，穿在身上显得较有档次。经济条件如能允许，应予以优先考虑。

棉毛、棉麻、毛麻、毛涤等面料，皆属于高档混纺面料。与前者相比，它们可以说是一种退而求其次的选择。它们大都具备悬垂挺括、结实、耐折、耐磨等特点，在价格上相对比较便宜，因而经济实惠。

有些时候，为了从事某些特殊工作或是适应某些特殊环境的需要，用以制作制服的面料，通常还会被要求具备某些比较特殊的功能。例如，防火、防水、防风、防尘、防污染、防辐射、防静电、防氧化、防高温、防低温等。在选择此类特种用途的制服的面料时，务必精益求精、严格把关，绝对不允许降低标准、以次充好。

如果不是情况较为特殊的话，一般不应当选择涤纶、涤丝、尼龙、中长纤维等人造化学纤维面料来制作职员的制服。用各种化纤面料制作的制服，在短时间内，大都色泽鲜艳、免烫抗皱、坚牢耐穿，而且还可以大大降低制作成本。只是它们往往经不起时间的考验，穿的时间久了，通常都会被磨得发光发亮，表面往往也会藏污纳垢、起毛起球，并且还极易跳丝或产生静电。这样一来，就给外人以劣质低档之感。所以，即使不要求职员穿制服，往往也比要其身穿劣质低档的化纤制服所留给他人的印象要好得多。

2. 色彩少

统一制作制服时，切不可使其色彩过于繁多或图案过于杂乱。不然看起来显得杂乱无章，或者花里胡哨，有损于本单位的整体形象。所以，从总体上讲，制服的色彩宜少而不宜多。

具体来说，选择制服的色彩时，有三点应予重视：

一是优先考虑本单位的标志性色彩。在用来塑造单位形象的可识别性符号之中，标志性色彩往往占据着重要的位置。标志性色彩，在此是指某一单位为了体现自身特色、表现自身理念，而特意选定一种或数种色彩用以代表自己。在公务活动中，它被广泛地应用于本单位的标志、徽记、广告、标语、商标、旗帜、建筑等各方面。以标志性色彩作为职员制服的主色，亦是一种国际上通行的做法。

二是力求色彩单一而偏深。如果与单位的标志色并不矛盾的话，则制服的色彩以单一而偏深为好。一般情况下，在一套制服里，上衣、裤子或裙子最好采用同一种色彩。出于庄重、耐脏等考虑，制服通常不宜采用浅色、花色、艳色。根据职场的常规，可为制服所选择的、符合上述要求的色彩，大体上仅有蓝、灰、棕、黑等几种。蓝色的制服表示严谨，灰色的制服表示稳重，棕色的制服表示文雅，黑色的制服则表示高贵。在世界各国，它们都是最为常用的制服的“基本色”。

三是在进行色彩搭配时总体上坚持“三色原则”。它的主要要求是：与制服一同搭配的衬衫、领带、帽子、鞋袜，包括制服本身在内，其色彩应在总量上被限定在三种以内。这样做，可使配色的效果最佳。具体而言，职员在穿制服时，全身一色未必不可，全身两色不能算少，但是至多不宜超过三色。遵守“三色原则”，主要是为了体现出职员着装简洁大方的整体风格。具体进行操作时，有以下两点务请切记：其一，采用两色或三色时，最好使其中的一种色彩为白色。其二，不论采用两色还是三色，都不要按同等比例进行搭配。

此外，除本单位的标志或徽章之外，制服上不宜出现任何图案或饰物。

3. 款式雅

职员的制服，总的要求是：雅气端庄。它应当既突出自己的实用性，又传统而保守；既与众不同，又不宜一味追逐时尚，甚至走在时尚之前；既应当体现出本单位的特色，又不可为了标新立异而以奇装异服的面目出现。简而言之，职员穿上制服后，应当显得庄重大方、精明干练、精神焕发、文质彬彬、温文尔雅。这些要求体现在制服的款式方面，就是要求它要以“雅”为本。

具体而言，制服目前多为两件套式，即由一件上装与一件下装所构成。由于行业不同、部门不同、要求不同，制服的具体款式可谓变化多端，令人目不暇接。

制服中的上装，有西装式、猎装式、夹克式、衬衫式、两用衫式等；制服中的下装，则有裤装式、裙装式、背带装式等。

不论制服具体采用哪一种款式，根据雅气端庄的总体要求，都必须力戒露、透、短、紧，此所谓“制服款式四戒”。

一是戒露。制服作为衣服理应发挥为人体遮羞的基本功能，对职员在工作岗位上不宜裸露在外的身体部位加以遮掩。通常认为，制服是不应当使着装者的肩部、胸部、腹部、背部、大腿在外“曝光”的。此五个不宜外露之处，通称为“制服五不露”。假如达不到这一要求，就会让着装者的乳沟、胸毛、腋毛、腿毛、肚脐、脊背等处，甚至连同内衣一道公然示众，非常不文明。

二是戒透。制服面料即使极为色浅单薄，也绝对不应当是透明的。如果职员在上班时所穿的制服成了变相的“透视装”，令本属于着装者“绝对隐私”的背心、胸罩、内裤、腹带、衬裙等若隐若现，甚至赫然在目，不但有碍观瞻，而且也会使着装者失掉自尊自爱。

三是戒短。无论如何，制服都应当合身。有些制服因为工作的需要，允许相对宽松肥大一些。但是，不应使制服过分短小。不然，既显得小气，又会给人以不文明之感。一般情况下，制服上装不宜短于腰部，否则会露出裤腰、裙腰甚至肚皮，成了改头换面的“露脐装”。裤装式的制服，一般不宜为短裤式样。裙装式的制服，裙摆则大都应长于膝盖。此种规定，对着装者其实也是一种保护。

四是戒紧。必须明确的是：制服并非时装，因此不应使之过于紧身，以凸显着装者的线条。通常，以高弹面料制作制服是不合适的。应当注意的是：欲体现本人的苗条身材而随意改动制服的做法是不可取的。

4. 分类准

要使制服在公务活动中真正地发挥良好的作用，就必须在恪守上述几项规则的前提下，对其进行必要的分类。在实际工作中，制服的分类有多种方法。不论具体采用何种分类方法，都应当使之适应实际工作的需要，并且有助于维护本单位的形象，定位恰到好处。这就是所谓分类准。

就目前而言，制服的分类通常采用的主要有下述四种方法：

一是按照性别分类。总的说来，制服明显地具有“中性化”趋向。有时，它甚至可以不分男女。不过为了照顾男女的不同生理特点，并且在工作中得以分辨清楚，故此制服通常都有男式与女式的区别。

二是按照季节分类。在我国，一年四季，寒暑不同，制服自然应当随之而有所变化。在四季明显的地区，制服往往被分为三类，即夏装、冬装与春秋装。而在一年只有冷暖两季的地区，制服则可分为暖季制服与冷季制服两类。在热带地区，制服实际上则只有夏装一种。

三是按照用途分类。制服被称为上班装，但职员的具体工作岗位往往各不相同，因此制服依照其具体用途可以分为办公服、礼宾服与劳动服三类。办公服，主要供日常在办公室里办公的职员穿着；礼宾服，主要适合礼仪人员在礼宾岗位上穿着；劳动服，则仅仅适用于在从事体力劳动的现场劳作之时穿着。

四是按照职级分类。在职场上，讲究的是职员分工明确，下级服从上级。这一特色，往往也会在制服的分类上得到体现。在许多大单位，不同级别者的制服各不相同，不同部门的制服也区分得一清二楚。它的好处是：不仅方便了自己的交往对象，而且亦可增强着装者的责任心与荣誉感。

5. 做工精

制作制服时，重视节省费用、反对铺张浪费是非常有必要的，但这些要求都不能以牺牲做工的精细严谨为代价。

要做到不允许对制服进行粗制滥造这一点，就必须严守制服的制作标准。没有制作标准与不遵守制作标准，同样都是有害的。应当切记：绝对不允许以任何借口在制作制服时偷工减料，使其看起来粗陋不堪，面目全非。也不允许在制作制服时马马虎虎，使其“好景不长”。为此在制作制服的外加工阶段，务必要严加监管、抽查与验收。

制服的做工要精，这是制服美观耐用的前提，同时更与维护着装者和其所在单位的形象直接相关。为此，在检查一套制服的制作质量时，尤其需要注意下列细节：领子是否大小相当；衣袖、裤筒是否长短一致；衣袋是否端正而对称；肩线、裤缝、裙腰是否平直；衬里是否外露；纽扣、别针、挂钩、拉锁、裤襻、裙襻是否钉得结实；纽扣与扣眼是否对应；拉锁是否能用、耐用；等等。

除此之外，制服的做工要精，还应包括量体裁衣、大小合身。

二、制服的穿着

制服既然属于上班装，那么对身着制服上班的职员而言，穿着和搭配制服，就必须严格地遵守有关的礼仪规范和本单位的具体规定。

在穿着制服上班时，职员必须注意以下四个方面的问题。它们亦称“制服穿着四忌”。

1. 忌脏

穿着制服，必须努力使之保持干净整洁的状态。上班所穿的制服难免会被弄脏，这并不值得大惊小怪。重要的是，对于制服的清洁与否，一定要时刻留意。一旦发觉它脏了，就应当及时进行换洗。换而言之，对制服定期或者不定期地进行经常性的换洗，应当成为每一名职员用以维护自我形象的自觉而主动的行为。不仅如此，除制服之外，与之同时配套穿着的内衣、衬衫、鞋袜，亦应定期进行换洗。

在外人面前，职员所穿的制服必须无异味、无异物、无异色、无异迹。若是制服汗臭扑鼻，或是遍布油垢、汗迹、汤渍、漆斑，并不一定表明着装者勤劳辛苦，却往往会令人感到其肮脏不堪。

2. 忌皱

穿着制服的一项重要要求，就是制服须外观整齐、平展。由于制服所用的面料千差万别，并非所有的制服都能够悬垂挺括、线条笔直，但是不使其皱皱巴巴、折痕遍布，却是每一名职员均应做到的。无论从哪一个方面来说，身穿一套皱皱巴巴制服的职员，都难以赢得他人的尊敬。除了邋邋遢遢、消极颓废、懒惰不堪、不修边幅这一类的评价之外，恐怕再也找不到适于对其加以评论的言辞了。

为了防止制服产生褶皱，必须采取一些必要的措施。例如，脱下来的制服应当挂好或叠好，切勿信手乱扔。洗涤之后的制服，要加以熨烫，或是上浆。穿制服时，不要乱倚、乱靠、乱坐，等等。最重要的，则是要在思想上时刻提醒自己注意此点。

3. 忌破

在工作中，有时职员所穿的制服经常会在一定程度上出现破损的现象。除了因公破损这一因素之外，制服穿着的时间久了，也会自然地发生“老化”，例如，开线、磨毛、磨破、纽扣丢失等。

发现制服“挂彩”之后，职员应采取必要的补救措施，并且根据具体情况分别加以对待。一般情况下，制服一旦在外观上发生明显的破损，例如掉扣、开线或形成破洞等，就不宜在工作岗位上继续穿着。在办公室里，特别是在某些“窗口”部门工作的职员，或是担任领导职务的职员，更是要注意这一点。千万不可对此视而不见、听之任之。

对残破的制服，应分别进行处理。若其为劳动服，在经过认真修补后，仍然可以再穿。但不应对修补残破之处敷衍了事，在此贴胶布或别上别针，都是不规范的。若其为礼宾服或办公服，残破之处经过修补后痕迹明显者，例如打补丁或换上式样不配套的纽扣之类，则不宜再度在正式场合穿着。

4. 忌乱

如果本单位规定全体职员着制服上班，则每一名职员都必须“从我做起”，认真遵守此项规定。不仅如此，还须注意：欲使制服真正发挥功效，穿着者还必须认真地依照着装规范行事。

在要求穿制服上班的单位里，最忌讳一个“乱”字。职员穿制服时所谓的“乱”，主要反映在如下两个方面：

一是不按照规定穿制服。在某些要求穿制服的单位里，总有个别人以“忘记了”“不舒服”“不合身”“不喜欢”为由拒绝穿制服。他们甚至自以为是地将街市装、宴会装、沙滩装、洞洞装、卧室装穿到单位里来。此类表现，不仅可能会使人误会其到单位来的真正目的，而且还会因此破坏了单位的制度与秩序，让外人觉得本单位管理不严。

二是穿制服时不守规矩。在职场上，某些人虽然按照规定穿了制服，但是却自行其是、制便混穿、随便乱穿。例如，敞胸露怀、不系领扣、高卷袖筒、挽起裤腿、乱配鞋袜、不打领带、不束衬衫下摆，以制服与牛仔服或运动服配套等如此种种做法，皆有损制服的整体造型。客观地讲，这些做法的危害性并不亚于不按照规定穿制服。

除去上装与下装两大主体部分之外，职员往往还需要按照有关规定，使自己其他部分的衣饰与制服协调、系统地组合搭配。

在一般情况下，职员穿制服时与其配套使用的衣饰，主要有衬衫、帽子、鞋袜、皮带等，它们往往会与制服一起下发，在整体风格上与制服保持相互一致。职员穿制服时，若是离开了这些衣饰，往往会使其所穿制服失去本应具有的特色与神韵。因此，穿制服时，必须按规定同时使用应与其配套使用的衣饰，不准不用或以其他非配套使用的衣饰代替。

即使本单位未对穿制服时其他部分的衣饰进行统一规定，职员在选用其他衣饰时，亦应将它们与制服协调与否的问题置于首位予以考虑，切切不得滥用衣饰。

第四节　饰　品

在职场交往尤其是涉外交往中，除西装、套裙、制服等正装之外，职员们通常还离不开许多重要的饰品。饰品的选择、搭配与使用等一系列的细节，往往也能充分、客观地反映出职员的素养。

饰品，又叫作饰物。对职员而言，所谓饰品，乃是指在其整体服饰中发挥装饰作用的一些配件。顾名思义，饰品主要具有装饰作用。然而，不少饰品在装扮其使用者的同时，往往还发挥着不可替代的实际功能。因此，在规范职员的衣饰时，绝对不应对饰品有所忽略。

下面，主要介绍首饰、手表、钢笔、皮具、围巾等几种最为常用的饰品的礼仪规范。

一、首饰

首饰，是人们平日使用最多的一种饰品。严格地说，它指的是那些功能专一的装饰品，诸如戒指、耳环、项链、胸针，等等。有的时候，首饰往往被人们与饰品直接画上等号。

在一个人的穿着打扮中，首饰处于画龙点睛的位置。有鉴于此，职员在选用首饰时，务必三思而行。对下述几项有关首饰的礼仪规范，一定要认真地予以遵守。

1. 符合身份

在正式的公务交往中选戴首饰时，职员务必使之与自己的身份相称。一般而言，在工作中，职员是要讲究“首饰三不戴”的：

一是有碍工作的首饰不戴。如果佩戴某些首饰会直接影响自己的正常工作，那么就应当坚决地不佩戴它们。

二是炫耀财力的首饰不戴。在工作场合佩戴过于名贵的珠宝首饰，难免会给人以招摇过市、不务正业之感。

三是突出性别的首饰不戴。胸针、脚链之类的首饰，因佩戴于特定之处，间接地突出了佩戴者的性别特征，从而有可能引起异性过多的注意，在工作场合也不宜佩戴。

2. 男女有别

从某种意义上讲，首饰实际上是属于女性的“专利品”。除结婚戒指等极少数类别的首饰之外，男性通常是不宜在正式场合佩戴过多首饰的。这项社会上普遍通行的规则，对于全体男职员同样是适合的。

与此相反，在佩戴首饰时，女性则往往有多种多样的选择。俗称“女性首饰三大件”的戒指、项链、耳环，许多职业女性是经常佩戴的。对于此点，社会上并无任何非议。

3. 遵守成规

对职员特别是白领丽人们来说，在上班时佩戴首饰，还需要自觉遵守以下几项约定俗成的常规。

一是以少为佳。职员在上班时即便可以佩戴首饰，也要限制其具体数量，并以少为佳。一般而言，佩戴首饰时，总量上不宜多于三种，每种则不宜超过两件。

二是同质同色。同时佩戴多件首饰时，应尽量选择质地、色彩上都基本相同的首饰。至少，也要使其色彩相似。否则搞得五花八门、异彩纷呈，往往会令人感到佩戴者粗俗不堪。

三是风格划一。风格划一，在此既指同时佩戴的多件首饰应当风格统一，也指所佩戴的首饰应当与自己的其他衣饰在风格上协调一致。

二、手表

对职员来说，手表既是一种常用的计时工具，又是一种重要的饰品。社会上早就流行“男人看表”一说，可见在男职员身上，手表是一件令人瞩目的饰品。

手表，亦称腕表。在此，它特指以表带佩戴于手腕上的计时工具。职员在佩戴手表时，主要应当在其档次、款式、功能、戴法四个方面遵守成规。

1. 手表的档次

在职场上，人们非常讲究档次。选择手表时，其档次的高低颇受关注。一般而言，市面上销售的手表有高、中、低三个档次。它们不仅在价格方面相差甚大，而且其佩戴者的身份亦不一样。

一是高档表。高档表，多为瑞士名表，其价位多在10万元人民币以上，代表品牌有江诗丹顿、百达翡丽、爱彼等。通常认为，佩戴高档表的多为商界头面人物。

二是中档表。中档表，一般价位为1万～10万元人民币，既有国产表，又有外国表。代表品牌有海鸥、上海、雷达、浪琴、欧米茄等。在当前，它是大多数中高层职员的选择。

三是低档表。低档表，在此通常指的是价位在1万元人民币以下的手表。一些普通职员，大多喜欢选择这一档次的手表。

2. 手表的款式

选择手表的款式，通常讲究甚多。职员在正式场合佩戴手表时，在其款式方面主要应考虑下述各点。

一是男女有别。男款表与女款表，是手表在款式上最基本的区别。佩戴手表时，一般不允许男女不分、胡乱戴之。

二是风格庄重。在公务交往中所佩戴的手表，其风格以庄重、保守为主。因此，职员大多喜欢佩戴比较传统的机械表，而很少选择时髦的石英表、电子表、智能表。

三是重视外观。职员选择正式场合所佩戴的手表时，大都十分重视其外观，尤其关注下述两点：

其一，轮廓。一般而言，正圆、正方、椭圆、长方等形状的手表都是适宜之选，而异形手表则不宜考虑。

其二，色彩。手表表盘、表壳、表带的色彩均极有名堂。职员在正式场合中，往往首先考虑选戴“全黄表”、“全银表”与“全黑表”。有时，有人也喜欢表盘为乳白色，而表壳、表带为金色、银色、黑色的“两黄一白表”、“两银一白表”与“两黑一白表”。

3. 手表的功能

手表的功能在此指的是它的具体用途。在此方面，一般要求职员遵守如下“五不戴”。

一是不戴广告表。若非本单位的广告表，在正式场合中是不宜佩戴的。

二是不戴时装表。时装表只宜与时装进行搭配，上班时穿着正式的套装、套裙、制服的职员显然不宜佩戴。

三是不戴珠宝表。上班时，任何人都不宜招摇过市，所以奢华抢眼的珠宝表不宜佩戴。

四是不戴特种表。一些有特种用途的手表，例如，太空表、潜水表、血压表、卡通表、纪念表等，职员均不宜佩戴。

五是不戴残损表。残损表，在此特指那些功能与外观均已严重损坏的手表。上班时佩戴这种表，无疑是缺乏自尊自爱的表现。

4. 手表的戴法

佩戴、使用手表时，职员大都应当注意下述三点：

一是不宜不戴手表。在外人面前，不戴手表的职员通常会被视为时间观念不强的人。

二是不宜乱戴手表。作为腕表，手表只宜戴于手腕之上。将其挂于胸前、腰上，或装入口袋中，都显得不伦不类。

三是不宜滥用手表。佩戴手表，意在察看时间，但在职场交往中，面对外人而频频看表、反复上弦，则是不允许的。那样做，往往会有逐客或心不在焉之嫌。

三、钢笔

随着科技的进步，电脑、打印机等已广泛地应用于公务场合。职员平时在互行文书时，已越来越多地使用电脑、打印机等。尽管如此，作为传统书写工具的典型代表，钢笔的重要地位依旧是不可替代的。

在职场上，钢笔历来被视为职员的“武器”。在选择与使用钢笔时，职员应认真遵守以下礼仪规范。

1. 钢笔的选择

选择钢笔，实际上大有讲究。一般来看，选择钢笔主要是应对品牌、式样、功能、类别四个方面的具体问题给予重视。

一是品牌。在选择钢笔时，职员特别是单位的高层人士往往对其品牌特别关注。在国外，人所共知的著名钢笔品牌有万宝龙、威迪文、派克等。在国内，英雄、永生等品牌的钢笔亦有口皆碑。

二是式样。职员所使用的钢笔，其式样应强调朴实、大方。具体而言，它的外观色彩应当单一而又传统，并以黑色、灰色、红色、金色、银色为佳。它的长度，应为12～15厘米，过长或过短都未必得体。与此同时，它的装饰则应简洁。

三是功能。在公务交往中，职员所使用的钢笔不仅具有实用功能，而且具备一定的装饰功能。但是其主要用途仍然是书写，因此，职员尽量不要选用附加功能过多的钢笔。

四是类别。有些类别的笔具，例如，签字笔、宝珠笔、书法笔、工艺笔等，属于正式钢笔的变种，一般情况下，若无特殊原因，职员不宜选用它们。

2. 钢笔的使用

职员在使用钢笔时，有五点基本注意事项。

一是随身携带钢笔。平时，职员应养成随身携带钢笔的习惯。不随身携带钢笔的人，往往会在一些关键场合遇到尴尬的情况。

二是带有两支钢笔。训练有素的职员，通常还会在正式场合同时携带两支钢笔。这样一来，一支钢笔出现故障时，另外一支钢笔便可以及时救场。

三是保证墨水充足。因公外出前，有经验的职员都会循例检查一下自己随身携带的钢笔，了解其墨水是否充足。一般而言，在职场上所使用的钢笔墨水应为黑色或蓝黑色。纯蓝色以及红色、紫色、绿色、棕色、金色等彩色墨水，往往都在禁用之列。

四是禁止借用钢笔。通常，在工作之中，职员是不宜向他人借用钢笔的。

五是置于适当之处。在正式场合，职员随身携带的钢笔应被置于公文包、上衣口袋、笔袋等既定的规范之处。乱放钢笔，例如，夹在耳朵上、吊在脖子上、插在衣襟上、别在西装上衣外侧口袋上、放在裤兜内，都是不适宜的。

四、皮具

皮具，在此特指以皮革所制作的较高档次的工作与生活用品。对职员而言，皮具兼具实用与装饰之功效。要想发挥皮具的良好功效，首先要选择好的皮具。选用皮具时，职员对以下五个基本点应有所了解。

第一，皮具的质地。职员所选用的皮具，多为牛皮、羊皮制品。有时，亦可选用质地稍逊一筹的猪皮制品。但珍稀、名贵动物的皮革制品，一般不宜选用。

第二，皮具的颜色。职员在正式场合使用的皮具，大多选用单色，并且往往优先考虑白色、黑色与棕色。对杂色、花色、艳色、多色的皮具切勿滥用。

第三，皮具的形状。根据惯例，职员在正式场合所使用的皮具，形状多为长方形、正方形、椭圆形、半圆形、六边形等较为规范的几何图案。

第四，皮具的做工。正规场合使用的皮具，不论其式样如何、用途怎样，均应制作精良。粗制滥造的皮具，职员则还是不使用为妙。

第五，皮具的品牌。在一些重要场合，尤其是在国际交往中，人们对职员所用皮具品牌的关注，往往甚于对其质地、颜色、形状等方面的关注。路易威登、爱马仕、普拉达、香奈儿、古驰等品牌，都是知名的一流国际皮具品牌。而金利来、七匹狼、万里马等国内知名皮具品牌，也有众多的拥戴者。

在日常工作与生活中，职员所使用的兼具实用性与装饰性功能的皮具主要有皮包、皮夹、皮带等，下面分别对其各自的礼仪规范进行简述。

1. 皮包

皮包，在此是指真皮制成的各类包袋。在日常工作与生活中，每一名职员均离不开对皮包的使用。选用皮包时，对下述几点必须予以注意。

一是皮包的用途要明确。不同类型的皮包，显然其具体用途不同。例如，旅行包用于差旅，公文包用于办公，电脑包用于放置电脑，手包用于社交，腰包用于休闲。它们通常各司其职，切记不可混淆其具体用途而滥用一气。

二是选用皮包要讲究搭配。使用于正式场合的皮包，非常讲究与其使用者整体服饰的搭配。下述各点，尤需重视：

其一，颜色搭配。职员所使用的皮包的颜色，一般应当使之与自己整体服饰的主色调相似。有时，亦可令其与自己所穿着的服装的颜色呈对比色。在特别正式的公务交往中，有一则特别的讲究，那就是职员所使用皮包的颜色，最好要与其同时穿着的皮鞋的颜色相一致。

其二，质地搭配。使用皮包时，应有意识地使自己同时使用的各类包袋皆为皮质，并且最好脚穿皮鞋。不然的话，就会有碍服饰的和谐统一。

其三，款式搭配。使用皮包时，还应同时使其与自己的其他服饰在款式上较为一致。例如，它们要么都是商务款，要么同为休闲款。

其四，整体搭配。在任何情况下，选用皮包时，皆应使其服从于自己服饰上的整体搭配。对使用者的性别、年龄、身份、身高等，均应予以考虑。

三是使用皮包要讲究内容分类。有人曾经讲过：了解一个人为人处世严谨与否的捷径，就是打开他的皮包，去看一看其皮包里面摆放的物品是否井然有序、各就各位。因此，职员对使用于正式场合的各类皮包，均应注意以下三点：

其一，减少内容。平时，没有必要把自己有用没用的物品一股脑地塞入皮包之内。对使用于正式场合的皮包，一定要提前进行删繁就简的整理，以求轻装上阵。

其二，分类摆放。在皮包里，常用之物均应分类放置。这样一来，使用时便会一目了然。

其三，固定位置。常用的物品既要分类放置，更要固定其摆放位置，以求寻找之时"手到擒来"。

四是皮包要携带有方。携带皮包时，对一些基本的礼仪规范均应认真遵守。

其一，不要乱用皮包。外出之际，该用什么样的皮包就用什么样的皮包。诸如谈判时系腰包，逛街时拎皮箱，都只会令人讥笑。

其二，不要乱拿皮包。皮包的携带法颇有讲究。旅行箱应当拉着，公文包应当提着。反其道而行之，通常是不允许的。

其三，不带多只皮包。若非外出旅行，随身携带的大型皮包不宜多于一只。必要时，宁肯选用一只更大一些的皮包。

其四，不要乱放皮包。上门做客时，皮包不应乱放。一般情况下，可将其交由主人存放，存入专用的衣帽厅，也可以放在自己脚边的地板上。

2. 皮夹

皮夹，在此特指某些较小的皮包。依据皮夹的用途，职员最为常用的皮夹有钱夹、碎银夹、钥匙夹、名片夹、笔记夹、支票夹、护照夹，等等。使用皮夹时，通常要求职员重视以下三点。

一是内容专一。皮夹通常容积较小，因此其具体内容越专一越好。以钱夹为例，其中只宜放置纸币与银行卡。若是里面既放硬币又放名片，再放上电话卡，便会显得乱七八糟，有碍观瞻。

二是外形美观。皮夹虽小，但因其使用较多，故备受瞩目。使用于正规场合的皮夹，应外观优美。外观出了明显问题的皮夹，例如，褪色、残破、缺损、开线等，则最好不用。

三是放置到位。在正常情况下，职员所使用的皮夹，应存放在公文包或办公桌内。在其他地方乱摆乱放，均属不当。即使有时将其放在衣服口袋内，也不甚合适。

3. 皮带

皮带，又叫腰带。除了可以束腰，系住裤子与裙子之外，皮带有时亦可作为饰品。比较而言，在男职员身上，皮带所发挥的装饰作用尤其突出。

选用皮带时，职员一般应注意皮带的颜色、图案、尺寸、环扣与系法等几点。

一是皮带的颜色。职员使用于正式场合的皮带，在颜色上有三点讲究。

其一，宜为单色。使用多色皮带，通常是不允许的。

其二，宜为深色。职员所使用的皮带，一般应为深色，并且以黑色、棕色皮带为首选。

其三，宜重视搭配。众所周知，皮带的颜色，通常宜与同时所使用的皮鞋、皮包的颜色保持一致。

二是皮带的图案。除商标之外，正式场合所使用的皮带应当没有任何图案。它宜为光面，而并非压花、磨砂之类。

三是皮带的尺寸。皮带在尺寸上，主要有下述两个方面的具体要求：

其一，宽度。皮带的宽度男女有别。正式场合所使用的皮带，男式宜宽 3 厘米，女式宜宽 2 厘米。皮带过宽或过窄，都是不允许的。

其二，长度。皮带的长度，应为系好之后长过皮带环扣约 10 厘米。

四是皮带的环扣。环扣是皮带上最醒目之处，它一般应为金属制品，并且多为单一的金色、银色或黑色。除商标之外，皮带环扣上不宜出现其他任何文字、字母、符号、图案。

五是皮带的系法。系皮带时，下述各点均为既定之规，应予以遵守：

其一，位于中央。一般而言，系皮带时其环扣均应位于正中央。

其二，进入襻带。系皮带时，大都应当认真将其穿入裤子、裙子上的每一个襻带之内。

其三，不挂他物。在正规场合，皮带上不宜悬挂诸如手机、钥匙、打火机等任何物品。

五、围巾

围巾，在传统意义上一般指的是围在脖子上保暖的针织品或纺织品。在现代生活中，许多职员，尤其是女职员，往往喜欢选用围巾作为自己重要的装饰之物。对职员而言，不论选择还是使用围巾，都有一些既定的规则。

1. 围巾的选择

选择围巾时，其质地、颜色、图案、规格、品牌等，均须予以注意。

一是质地。围巾的质地，往往多种多样。目前，人们公认真丝或羊绒质地的围巾乃是上品。

二是颜色。围巾的颜色，在选择时可兼顾三点：个人偏好；整体风格；流行时尚。应当注意的是，一条围巾上的颜色最好别多过三种。

三是图案。具体的图案，往往是女职员选择围巾时关心的重点。从总体上讲，使用于正式场合的围巾，可以没有任何图案。喜欢带有图案的围巾的人，亦可选择具有典雅、庄重等特点的图案。

四是规格。围巾的具体尺寸，往往多种多样。在选择时，可以根据个人的具体需要而定。

五是品牌。围巾的知名品牌甚多。国内的雪莲、鹿王、鄂尔多斯，国外的古驰、爱马仕，都是其中的佼佼者。

2. 围巾的使用

使用围巾时，一般要求职员对下列四点予以注意。

一是男女有别。比较而言，男职员使用围巾时，大都依旧偏重于“围脖”这一御寒的传统功能。女职员使用围巾时，则往往偏重于装饰或点缀。例如，不少女职员喜欢选用围巾束发、束腰、束腕、披肩。

二是季节有别。一般情况下，职员在选用围巾时，往往会首先考虑到所处具体季节的差异。在冬季，人们青睐羊毛、羊绒围巾；而在其他季节，真丝、纯麻的围巾则是大多数人的首选。

三是场合有别。一般来讲，在较为正式的场合，职员使用围巾时宜强调其庄重、大方；而在轻松愉快的场合，职员使用围巾时则应讲究其时尚、俏丽、别致。

四是形状有别。就围巾的基本形状而论，围巾有正方形、长方形、三角形三种基本形状。此外，还有不规则形状的围巾。具体使用时，长方形围巾使用最广，并且可以形成多种变化，因此最受白领丽人的喜爱，有人甚至因此而称长方形围巾为围巾的“基本型”。

第五节 化 妆

在日常工作与生活中，职员尤其是白领丽人，往往对化妆的问题极其重视。化妆，在此是指人们采用专门的化妆品来打扮自己，从而使自己的容颜更加靓丽可人。

一般来讲，在正常的人际交往中，成年人特别是成年女性事前进行适度的化妆，通常是非常必要的。这样做，既是本人自尊自爱的一种显著表现，也是对交往对象重视的直接体现。在正式交往中，不论上班还是参与社交活动，一名成年妇女如果不化妆，往往便会被视为不懂得礼仪。

应当强调：职员在化妆方面必须遵守一系列的专门规定。其基本要求是：化妆上岗；提倡淡妆。

此项要求主要包含两层意思：一方面，职员上班时通常应当化妆。另一方面，则最好是化淡妆。因为化淡妆与职员的身份最是相称，而浓妆艳抹则会显得其不务正业。

总体而言，有关职员化妆的礼仪规范，主要包括化妆的守则、化妆的禁忌两个具体方面的内容。

一、化妆的守则

职员如果有必要化妆的话，就一定要遵守化妆守则。所谓化妆守则，就是人们在化妆时所必须遵守的共同规则。它对于人们的化妆发挥着指导性、规范性的重要作用。

从总体上来看，职员平时所进行的化妆主要是一种工作妆。由于受其特殊身份及特殊氛围所限制，职员的工作妆与常人的生活妆存在着显著的不同。职员的化妆守则，主要包括以下五个方面的内容。

1. 淡雅

职员平日化妆，应当以淡妆为主。换而言之，所谓淡妆，即指化妆淡雅，是职员化妆时的优先选择。

化淡妆，一般都是相对于化浓妆而言的。它的主要风格是：真实、自然。因此，它也叫自然妆。所谓浓妆，则以夸张、抢眼为主要风格，它多适用于新娘、主妇或演员，往往类似于舞台妆，一般性的日常活动并不一定适用。

职员要做到化妆淡雅，主要讲究妆面的自然、素净、雅致，而不宜刻意进行雕琢或强调。若是做到了“妆成有却无”，化妆之后看不出其明显的痕迹，令化妆者本人天然若此一般美丽，才是真正高水准的化妆。

2. 庄重

精明强干、朝气蓬勃、好学上进，通常都是当今社会对职员所提出来的基本要求。在进行个人化妆时，尤其是为参加正式的职场活动而进行化妆时，职员有必要谨记这一基本要求，通过化妆使自己显得更加庄重大方。

欲使自己所化的妆具有庄重的特征，关键是在化妆时要认真恪守成规，符合传统，与公众主流的审美标准相吻合。不要在化妆时标新立异，借题发挥，过分地张扬个性，过度地追求稀奇古怪与前卫。

职员平时所化的妆，切勿显得轻浮、随便，从而给人以华而不实、不务正业之感。一些在社会上流行一时的化妆方式，诸如金粉妆、印花妆、晒伤妆、鬼魅妆、乞丐妆、梦幻妆、新娘妆、玩偶妆、娃娃妆等，都不应为职员所取。

3. 简洁

就一般情况而言，职员日常工作中所化的妆，应当以简单明了为本。也就是说，平日职员所化的妆应当是一种简妆。如果动辄盛妆而出，只要化妆就非得搞一次大全套化妆不可，既浪费时间又与身份不相称。

要求职员化妆简洁，是遵守淡雅、庄重两项守则的必然。一个人所化的妆要做到淡雅而庄重，往往就必须以简洁为主。反过来说，一个人所化的妆若是真正地做到了简洁，通常就会给人以淡雅、庄重之感。

要求职员们化妆简洁，主要的操作方法，就是化妆时应抓住重点，应以眼睛、嘴唇、面颊为化妆的主要部位，而不必讲究面面俱到、无一遗漏。与此同时，化妆的手法应当简单易行，风格应当简单明快。

4. 协调

从根本上来讲，能够真正反映出职员化妆水平高低的，是其化妆是否协调。具体而论，化妆的协调与否，又体现在下述四个方面：

一是化妆与身份是否协调。在任何情况下，职员在化妆时都必须牢记自己的职场身份，不要因为化妆不慎而有失身份。

二是化妆与场合是否协调。在不同场合，化妆的具体要求往往有所不同。在工作之际，宜化淡妆；在社交场合，化妆可稍许偏浓；而在参加休闲活动时，则大可不必化妆。

三是化妆与服饰是否协调。化妆的时候，亦应考虑自己同时穿戴的具体服饰的款式、档次，令二者彼此和谐、般配，方为得体。

四是化妆的各部位是否协调。在化妆时，应当有意识地使一些醒目部位的妆面在色彩、浓淡上遥相呼应。

5. 避短

职员平时所化的工作妆，当然以美化自身形象为主要目的。要在化妆时美化自身形象，关键是要善于凭借化妆手段，为自己扬长避短。

扬长避短，是职员化妆时必须恪守的基本原则。所谓扬长，就是要在化妆时强调自己在形象上的主要长处，适当地展示自身的优势。所谓避短，则是指在化妆时应当努力回避自己在形象上的突出短处，通过化妆掩饰自身的不足。显而易见，扬长与避短相辅相成，是常人化妆时均应兼顾的。

在化妆时扬长避短的问题上，职员必须清醒地意识到：自己化妆的重点应当是避短，而不应当是无限度地扬长。在化妆时着意避短，是为了不使自己形象受损、见笑于人，因而非常必要。而在化妆时若无限度地扬长，则有过度炫耀之嫌，所以是不合适的。

二、化妆的禁忌

既然要化妆，职员就要防止自己化妆时出现差错。人们在化妆时经常有可能出现的严重差错，即化妆者所必须努力避免的化妆时的禁忌。

对于职员来说，化妆时所必须避免的禁忌，主要包括以下五项：

1. 忌技法错误

职员所进行的正常化妆，一定要遵守正规的化妆方法。否则，其妆容便难以为他人所接受。假使一名职员不谙化妆之道，那么即便不化妆，也比自己贸然化妆导致化妆时出错，因而贻笑大方要好得多。

之所以强调此点，主要是因为一个人不化妆时，顶多是其个人形象欠佳一些而已，而要是化妆时在技法上出现了显著的错误，则必然会暴露出其自身素质方面的严重不足。

例如，上班时，一名女职员若是以粗黑的眼线、鲜红的唇彩、满颊的腮红、厚重的妆粉、袭人的香气示人，则不仅不会提升其个人的品位，反而会给人以粗鄙之感。

2. 忌离奇古怪

就一般状况来讲，职员平常所化的妆，最重要的是要与其朝气蓬勃、精明强干、好学上进的精神风貌协调一致，进而有助于塑造出其英姿勃发、仪表堂堂、光彩照人的良好形象。有鉴于此，职员通常所进行的化妆，绝对不应该以怪异、另类、出位的风格而见长。

不论社会上正在流行何种化妆风格，职员都应该对其保持冷静的态度，切记不可全盘照搬，使自己化的妆完完全全地为时尚流行所左右。

在正常情况下，职员的化妆十分忌讳离奇古怪这一点。也就是说，职员的化妆如果有意地偏离了社会对自己的角色定位，而专门去追求自己妆容的荒诞、怪谲、神秘与异化，或者存心使自己的化妆出格、出位，从而达到引人注目的目的，甚至产生令人咋舌和毛骨悚然的效果，都会有损于职员的个人与群体形象。

3. 忌残妆示人

职员一旦化妆，就要坚持有始有终，努力维护妆面的完整性。具体而言，就是要时常对妆面进行检查，并且及时进行补妆。所谓补妆，就是指化妆者在发现妆面出现问题时，适时适度地对其进行局部性的修补与复原。如果疏忽了这一点，化妆者的妆容就可能出现残缺，并且随着时间的推移而进一步扩大，从而使其化妆效果乃至个人形象受损。

因此，化了妆的职员无论如何都不应该以残妆示人。在此问题上，有四点事项值得注意：

一是化妆后常做检查。化妆后，需要对自己的妆容经常进行检查，免得其出现明显的残缺而自己却未能察觉。休息之后、用餐之后、饮水之后、出汗之后、更衣之后，尤其应该及时地自查妆容是否完整。

二是妆残时尽快补妆。发现自己的妆容出现残缺以后，化妆者即应立即抽身进行补妆。切莫长时间地以残妆示人，更不能索性对其不管不顾。

三是补妆时回避他人。补妆之际，化妆者一定要选择无人在场时进行。切不可随时发现随时补妆，而置在场的其他人士于不顾。

四是补妆时方法得当。补妆虽为临时性措施，但也不可马虎大意。正确的补妆，既非重新进行一次化妆，亦非在原有的妆面上进行重描，不然化妆就有可能变成化“脏”。补妆必须以补为主，重在弥补原有妆面的残损之处。

4. 忌当众化妆

根据礼仪规范，化妆乃是一种私人行为，只适合在无人在场之际悄然进行。要是在大庭广众之中旁若无人地进行化妆，显然是一种犯规之举。经常化妆的人，一定要谨记这一点。

不当众化妆这一要求，具体包括以下三个方面的内容：

一是不在公共场合化妆。在公共场合化妆，是一种既不尊重自己，也不尊重其他在场者的表现。在某些特殊的公共场合当众化妆，有时还可能会招惹是非，甚至有辱自身。

二是不在熟人面前化妆。有人认为，在外人面前化妆属于失礼，而在熟人面前化妆则未必不可，此种看法其实是错误的。当着熟人的面化妆，等于对自己漂亮起来的原因自行揭秘，因而会直接破坏自己化妆的效果。

三是不在异性面前化妆。面对异性，不论对方与自己的关系密切与否，都切记不可化妆。否则就会使对方产生自己是在搔首弄姿、吸引异性的不良印象。

5. 忌指教他人

职员在任何场合，不论直接还是间接地对别人化妆进行指教，都是不礼貌的。

不指教别人化妆这一要求，主要体现于以下几处：

一是不议论别人化妆。化妆与否，怎样化妆，都是纯粹的个人自由。因此，不允许随随便便地对别人的化妆指手画脚、说三道四。

二是不打探别人化妆。正是由于化妆属于一种私人行为，所以对于其他人士所用化妆品的品牌、价格以及化妆的具体手法等，都不允许贸然打听。

三是不批评别人化妆。一般情况下，如果其他化妆者未曾直接向自己进行讨教的话，便绝不允许对对方的化妆进行批评或否定。当众那样做，则更为不妥。

本章思考题

1. 穿西装的基本要求有哪些？
2. 穿套裙的基本要求有哪些？
3. “制服款式四戒”指的是什么？
4. “制服穿着四忌”指的是什么？
5. 佩戴首饰有哪些礼仪规范？
6. 化妆有哪些禁忌？

主要参考文献

1. 中共中央文献研究室．习近平关于社会主义文化建设论述摘编．北京：中央文献出版社，2017.

2. 朱熹．四书章句集注．北京：中华书局，2012.

3. 郑玄．礼记注．北京：中华书局，2021.

4. 李荣建．礼仪训练．4 版．武汉：华中科技大学出版社，2022.

5. 彭林．礼乐中国．杭州：浙江文艺出版社，2022.

6. 傅莹．大使衣橱：外交礼仪之旅．北京：中信出版社，2021.

7. 杨金波．政务礼仪．4 版．北京：中华工商联合出版社，2021.

8. 史兴松．国际商务礼仪：英文版．3 版．北京：对外经济贸易大学出版社，2020.

9. 周加李．涉外礼仪．北京：机械工业出版社，2017.

10. 常峻．中国礼仪：一天、一年、一生和一家．上海：上海大学出版社，2017.

11. 平原春．西方礼仪文化．昆明：云南人民出版社，2016.

12. 徐醒民．常礼举要讲记．北京：团结出版社，2013.

13. 纪亚飞．服务礼仪标准培训．北京：中国纺织出版社，2012.

14. 钟敬文．中国礼仪全书．合肥：安徽科学技术出版社，1995.

15. 李斌．国际礼仪与交际礼节．北京：世界知识出版社，1982.

16. 弗鲁瓦德维尔，费尔海勒．商务外交礼仪通用手册．北京：国家行政管理出版社，2020.

17. 鲍德瑞奇．礼仪书：得体的行为与正确地行事．北京：中国人民大学出版社，2012.

18. 霍德夫斯．礼貌的力量．北京：中信出版社，2010.

19. 迪索．礼仪：交际的工具．北京：外语教学与研究出版社，2005.

后　记

2022年下半年以来，我应中国人民大学出版社的邀请，对自己所撰写的，2009年初版、2015年再版的《职场礼仪》一书进行了较为全面的修订。现该书作为“高等学校通识课程系列教材”之一，即将由中国人民大学出版社出版。值此机会，我对新版的作为教材的《职场礼仪》进行如下几点说明。

第一，关于本教材的基本内容。孔子尝言：“礼者，敬而已矣。”孟子亦云：“不以规矩，不能成方圆。”本教材以敬人的规矩为其基本内容。具体而言，它向学生所教授的是做人的规矩，是未来立足于职场所应遵循的主流社会的规矩，是为祖国服务、为社会服务、为人民服务的处世的基本规矩。

概而言之，本教材以当代大学生为对象，以其未来更好地立足于职场为目标，具体介绍了有关衣、食、住、行、访、见、谈、送等方面的职场礼仪规范，明确了与之相关的“有所不为”“有所为”的各项要求。

第二，关于本教材的主要目标。《中华人民共和国教育法》明文规定：“教育应当坚持立德树人”，“国家在受教育者中进行爱国主义、集体主义、中国特色社会主义的教育，进行理想、道德、纪律、法治、国防和民族团结的教育”。遵照这一规定，本教材以教育学生学规矩、知规矩、守规矩为主要目标，以传承中华优秀传统礼仪文化、明大德守公德严私德、爱国守法、爱岗敬业为基本要求，力求使学生将来在其工作岗位上更好地面向现代化、面向世界、面向未来，并且不断地向美、向善、向上。

第三，关于本教材的此次修订。在此次修订中，我主要做了下述几项工作：

其一，在主旨上，与时俱进和弘扬中华优秀传统礼仪文化并重。古为今用、洋为中用、推陈出新、关注现实，都是其侧重之处。

其二，在格式和叙述上，均以符合高校教材尤其是“高等学校通识课程系列教材”的基本规范为指南。为此，我不遗余力。

其三，在篇幅上，有所删减。这样做，意在使学生通过学习所获得的知识更为简明扼要、更为切实可行。

《礼记》云：“学然后知不足，教然后知困。知不足，然后能自反也；知困，然后能自强也。故曰：教学相长也。”我今已年过 60，从事礼仪研究与教学也已 30 余年。从事这一工作的时间越久，我越是感觉到《礼记》上述所言甚是。正是因为如此，我非常感谢中国人民大学出版社以此次《职场礼仪》一书的修订，给了我一个反躬自省、再次学习、再接再厉的机会。对此机会，我非常珍惜，同时也力求为本次修订而尽心尽力。

非常感谢中国人民大学出版社各位领导，尤其是郭晓明副社长对我的信任与鼓励！非常感谢本书策划编辑徐小玲老师与责任编辑孟庆晓老师、梁保菊老师对我不厌其烦的指导、鞭策！

与此同时，我也借此良机感谢广大同学、各位同行、各位前辈既往对我的支持、帮助与批评！子曰：“见贤思齐”，“过，则勿惮改”。怀着感恩之心，我愿与大家一道继续努力、奋发图强、久久为功，共同为我国的礼仪教育尽一己绵薄之力。

金正昆

2022 年 10 月 19 日

图书在版编目（CIP）数据

职场礼仪 / 金正昆著. --3 版. --北京：中国人民大学出版社，2023.7
高等学校通识课程系列教材
ISBN 978-7-300-31856-1

Ⅰ.①职… Ⅱ.①金… Ⅲ.①心理交往—礼仪—高等学校—教材 Ⅳ.①C912.12

中国国家版本馆 CIP 数据核字（2023）第 121985 号

高等学校通识课程系列教材
职场礼仪（第三版）
金正昆　著
Zhichang Liyi

出版发行	中国人民大学出版社		
社　　址	北京中关村大街 31 号	**邮政编码**	100080
电　　话	010－62511242（总编室）		010－62511770（质管部）
	010－82501766（邮购部）		010－62514148（门市部）
	010－62515195（发行公司）		010－62515275（盗版举报）
网　　址	http://www.crup.com.cn		
经　　销	新华书店		
印　　刷	唐山玺诚印务有限公司	**版　　次**	2008 年 1 月第 1 版
开　　本	787 mm×1092 mm　1/16		2023 年 7 月第 3 版
印　　张	19 插页 1	**印　　次**	2023 年 7 月第 1 次印刷
字　　数	344 000	**定　　价**	68.00 元

教学支持说明

（教学课件）

中国人民大学出版社政法分社秉承“出教材学术精品，育人文社科英才”的出版宗旨，多年来，出版了大批高质量的法学、教育学、政治学、政治理论公共课教材和学术著作。

我们为本教材制作了相应的 PPT 教学课件，任何一位采用本书作为授课教材的教师均可免费获得该课件。为了确保该课件仅为授课教师获得，烦请您填写如下材料，并将相关信息通过 E-mail 发送给我们，我们将在收到相关信息后通过 E-mail 给您发送该课件。欢迎您加入我们的 QQ 群（全国政管教师交流二群，群号为 648117133），或登录我社官方网站（www. crup. com. cn），注册并认证成为教师会员，以获得更好的服务。

我们的联系方式：

地址：（100872）北京市中关村大街甲 59 号文化大厦 1202 室

中国人民大学出版社政法分社

电话：（010）62515383　62514775（传真）

E-mail：ggglcbfs@vip. 163. com

兹证明＿＿＿＿＿＿大学/学院＿＿＿＿＿院/系＿＿＿＿＿专业＿＿＿＿＿学年第＿＿＿＿＿学期开设的＿＿＿＿＿＿＿＿课程，采用中国人民大学出版社出版的＿＿＿＿＿＿＿＿＿＿＿＿＿＿＿＿＿＿（书名、作者）作为本课程教材。授课教师为＿＿＿＿＿＿，授课班级共＿＿＿＿个、学生＿＿＿＿人。授课教师需要与本书配套的教学课件。

联 系 人：＿＿＿＿＿＿＿＿＿＿＿＿＿＿

通信地址：＿＿＿＿＿＿＿＿＿＿＿＿＿＿

邮　　编：＿＿＿＿＿＿＿＿＿＿＿＿＿＿

电　　话：＿＿＿＿＿＿＿＿＿＿＿＿＿＿

E-mail：＿＿＿＿＿＿＿＿＿＿＿＿＿＿＿

系/院主任：＿＿＿＿＿＿（签字）

（系/院办公室章）

＿＿＿＿年＿＿＿月＿＿＿日